江西财经大学东亿学术论丛·第一辑

中国省际环境全要素生产率
测算、收敛及其影响因素分析

罗良清　胡晓琳　著

Analysis on China's Provincial Environmental Total Factor Productivity Calculation Convergence and Influencing Factors

本书获2017年度国家社科基金重大项目“贫困退出考核评估的统计测度研究”(项目编号:17ZDA094))的资助。

经济管理出版社
ECONOMY & MANAGEMENT PUBLISHING HOUSE

图书在版编目（CIP）数据

中国省际环境全要素生产率测算、收敛及其影响因素分析/ 罗良清，胡晓琳著．
—北京：经济管理出版社，2019.10
ISBN 978-7-5096-5360-9

Ⅰ.①中…　Ⅱ.①罗…②胡…　Ⅲ.①区域经济发展—研究—中国　Ⅳ.①F127

中国版本图书馆 CIP 数据核字（2019）第 250580 号

组稿编辑：王光艳
责任编辑：李红贤
责任印制：黄章平
责任校对：赵天宇

出版发行：经济管理出版社
（北京市海淀区北蜂窝 8 号中雅大厦 A 座 11 层　100038）
网　　址：www. E-mp. com. cn
电　　话：（010）51915602
印　　刷：三河市延风印装有限公司
经　　销：新华书店
开　　本：720mm×1000mm/16
印　　张：15.5
字　　数：231 千字
版　　次：2019 年 12 月第 1 版　　2019 年 12 月第 1 次印刷
书　　号：ISBN 978-7-5096-5360-9
定　　价：68.00 元

前 言

目前，日益严峻的环境问题已经成为阻碍经济社会可持续发展的重要原因，如何有效地解决环境污染与资源紧缺问题一直是学术界研究的热点。中国在经过改革开放 40 多年的高速发展后，取得了丰硕的成果，已经成为世界第二大经济体。然而，中国的快速发展却是以牺牲生态环境为代价的，经济增长的过程中伴随着大量的资源消耗与污染排放。因而，中国的环境治理已刻不容缓，我国已经没有先污染后治理的资本了，必须以前所未有的高度重视环境问题。近年来，中国政府已经明确提出要推进生态文明建设，加快形成新的经济增长模式。其中，“转变经济增长方式”就是要摒弃过去依靠增加资金与物质资源投入拉动经济发展的方式，转变为通过提高生产率来实现经济增长的模式。同时，新古典经济增长理论认为，可持续发展的源泉就是生产率的提高。鉴于此，生产率已经成为学术界研究经济增长问题最重要的工具之一，国内外学者基于不同的视角对中国生产率问题进行了研究，并得出了许多可供借鉴的结论。

然而，由于研究方法等方面的限制，现有对中国全要素生产率的研究仍然存在一些不足，诸如仅考虑劳动、资本等传统的生产要素，忽视了与经济可持续发展密切相关的资源环境要素；不能处理投入与产出变量同时存在径向与非径向特征的情况；缺乏对资源环境约束下我国全要素生产率增长省际差异的深入研究，尚未准确刻画出环境全要素生产率分布演化的长期发展趋势；假设经济个体独立存在，忽略了经济单元在地理经济关系中的空间关联性与空间溢出效应；对于我国环境全要素生产率影响因素的研究有待进一步完善等。随着环境污染与资源短缺问题的日渐突出，我国不但要重视协调投入要素节约与经济增长的关系，而且要充分考虑资源环境的承载能力，实现环境保护与经济发展的“双赢”平衡。环境污染程度的相对降低与资源、能源的相对节约是生态经济增长绩效提升的重要标志，也应该是环境全要素生产率分析的研究课题。提高环境全要素生产率已经成为解决资源供求危机、构建集约型经济增长模式的必然要求。因而，克服现有研究的局限性，对中国省际环境全要素生产率测算、收敛性及其影响因素进行研究显得十分必要和紧迫。

鉴于此，本书研究的总目标是：在全面推进“美丽中国”建设、加快适应和引领经济发展新常态的背景下，把资源环境因素纳入到传统的全要素生产率分析框架中，基于资源、环境约束的视角系统性地研究中国省际环境全要素生产率的相关问题。测算我国不同省份的环境全要素生产率水平，分析我国省际环境全要素生产率的收敛性，甄别出影响省际环境全要素生产率的主要因素，为制定有助于实现资源环境与经济社会协调可持续发展的公共政策提供理论支撑。这有助于我国加快转变经济增长方式、促进形成人与自然和谐发展的现代化建设新格局，并为全球生态安全做出应有的贡献。本书在“绿色富国、绿色惠民”、主动适应和引领经济新常态理念的时代背景下具有重要的现实意义，也是最终实现我国环境保护与经济发展“双赢”平衡的迫切需要与内在要求。

全书共包括六个章节，主要内容和基本观点可概括如下：

第一章绪论，主要介绍了研究背景和意义、研究目标和假说、结构安排和方法以及创新点。

第二章环境全要素生产率相关文献综述，主要对环境全要素生产率的理论研究、测算方法、收敛性研究以及影响因素分析分别进行了文献整理与述评，以便能更好地吸收与借鉴前人的研究成果，并为后续研究打下坚实的基础。

第三章中国省际环境全要素生产率的测算研究，首先介绍了环境效率与环境全要素生产率的测算方法，通过指出现有文献中常用的传统 DEA 模型与 SBM 模型的缺陷，引出当前学术界前沿的 EBM 模型。随后，对 Malmquist-Luenberger 生产率指数以及 Zifio（2007）的分解方法进行了简要介绍。接下来主要介绍了省际环境效率与环境全要素生产率测算的指标选择与数据来源。最后详细分析了省际环境效率与环境全要素生产率变动的测算结果。

第四章省际环境全要素生产率的收敛性研究，本部分内容根据收敛假说的相关理论与分析方法，分别采用 δ 收敛、绝对 β 收敛、条件 β 收敛、核密度估计方法以及马尔可夫链方法对中国省际环境全要素生产率的收敛性及其省际差距的动态演变趋势进行了全面分析。

第五章省际环境全要素生产率影响因素的空间计量分析，每个省份都不是独立存在的个体，与其他省份都有经济和社会上的往来。区域间的经济行为在地理上具有一定的空间交互作用，这种空间作用导致传统的计量经济模型的前提假设不再成立。鉴于此，本书运用空间计量经济学把空间结构与空间效应纳入到研究框架中，对中国省际环境全要素生产率的影响因素进行了实证分析。

第六章结论与政策建议，回顾并总结了此前各章节的主要内容与研究结论，提出了一些关于提高中国省际环境全要素生产率水平、实现环境保护与经济发展“双赢”平衡的政策建议，此外还讨论了研究的局限性以及未来的研究方向。

总体来看，本书为定量的评价当前中国经济增长所产生的资源环境代价提供了一种可供借鉴的分析框架，丰富了区域环境全要素生产率研究的理论与方法体系，有助于更加客观地评估我国生态经济发展的质量，对推进“美丽中国”建设以及实现环境保护与经济发展的双赢平衡有所助益。

本书的出版得到了各方面的帮助。感谢江西财经大学统计学院的各位同仁！感谢各位从事环境全要素生产率研究的专家、学者，感谢 2017 年度国家社科基金重大项目“贫困退出考核评估的统计测度研究”的资助。本书在写作过程中参考了很多相关资料和前人研究的成果，参考文献和注释如有遗漏或标注不当，敬请谅解。同时，书中很多内容仍需细化，企盼能与更多的专家、学者一起对它进行完善和发展。感谢经济管理出版社的大力协助！

由于水平所限，书中错误和疏漏在所难免，不妥之处，敬请读者批评指正。

罗良清　胡晓琳

2019 年 7 月于蛟桥园

目　录

第一章

绪 论

第一节 研究背景与研究意义

一、研究背景

近年来，日益严峻的环境问题已经成为阻碍经济可持续发展的主要障碍，如何有效地解决环境污染与资源紧缺问题已经成为世界各国关注的焦点。中国作为最大的发展中国家，在经过改革开放40多年的高速发展后，已经成为了世界第二大经济体，取得的成果显而易见：2017年国内生产总值比1978年增长了34.52倍，年均增长速度9.5%①。然而，中国的快速发展却是以消耗大量的自然资源与能源为代价的。比如，耶鲁大学从2006开始，每两年公布一次全球环境绩效指数（EPI），中国在参与排序的国家中的相对位置一直处于0.7左右②。

作为环境污染的典型特征，旷日持久的大范围雾霾天气再次引发了我们对中国环境问题的深深忧虑，也再度敲响了治理污染刻不容缓的警钟：2013年的雾霾波及中国25个省份、100多个大中型城市，全国平均雾霾天

① 数据来源于2018年《中国统计年鉴》。

② 董战峰，郝春旭，李红祥，葛察忠，赵艺柯．2018年全球环境绩效指数报告分析［J］．环境保护，2018，46（7）：64-69.

数高达29.9天，创52年来之最。雾霾也只揭露了我国生态环境危机的冰山一角。其实，中国的水污染、土壤污染同样严重：据新华社记者2014年11月的调研报道，全国十大水系的水质已有近一半被污染；全国六成地下水的水质处于较差或极差水平；国控重点湖泊的水质大约四成已被污染；31个大型淡水湖泊的水质有17个被污染等①。环境保护部和国土资源部在2014年联合发布的土壤污染状况调查公报中显示，全国土壤总点位超标率高达16.1%；耕地点位超标率达到了19.4%；土壤镉超标率为7.0%；重污染企业和周边土壤超标点位是36.3%；固体废弃物集中处理处置场地土壤超标点位为21.3%等，显然，我国的环境现状并不乐观。

环境污染也阻碍了中国经济的可持续发展，根据环保部环境规划院的测算结果，环境污染和生态破坏的经济损失大约占了每年国内生产总值的7%~8%，并且呈现出逐年上升的趋势。可见，中国的环境治理已经到了刻不容缓的地步，我国已经没有先污染后治理的资本，理当以前所未有的高度重视环境问题②。鉴于此，中国政府制定了一系列的政策措施：从2015年1月1日起，史上最严《环保法》利剑出鞘；同年3月召开的中央政治局会议，首次提出“绿色化”概念，延续五十一年的“四化”目标升级成为了“五化”目标③；十九大报告明确指出我国经济已由高速增长阶段转向高质量发展阶段，正处在转变发展方式、优化经济结构、转换增长动力的攻关期，必须坚持质量第一、效益优先，以供给侧结构性改革为主线，推动经济发展质量变革、效率变革、动力变革，提高全要素生产率。同时，新古典经济增长理论认为可持续发展的源泉就是生产率的提高。鉴于此，生产率已经成为学术界研究经济增长问题最重要的工具之一，国内外学者基于不同的视角采用不同的方法对中国生产率问题进行了研究，试图分析我国经济增长的路径与方式，并得出了许多可供借鉴的结论（陶长琪等，2010；Scherngell等，2014；刘瑞翔，2013；王俊，2016等）。

---

① 王尔德．九三学社：应提高财政科技投入效率［N］.21世纪经济报道，2015-03-03.

② 林立国．环境保护有赖于顶层设计和市场激励［N］．文汇报，2014-06-09.

③ 2015年3月24日的中央政治局会议在“新型工业化、农业现代化、信息化和城镇化”的“四化”基础上又加入“绿色化”，“新四化”全面升级为“五化”。

然而，由于研究方法的限制，早期文献对中国全要素生产率的研究都存在一定的缺陷：诸如仅仅考虑劳动力、资本等传统的生产要素，忽略了与经济可持续发展密切相关的资源环境要素；不能处理投入与产出变量同时存在径向与非径向特征的情况；缺乏对资源环境约束下我国全要素生产率增长地区差异的深入研究，尚未准确刻画出全要素生产率分布演化的长期发展趋势；假设经济个体独立存在，忽视了经济个体在地理经济关系中的空间关联性与空间溢出效应；对于我国环境全要素生产率影响因素的研究有待进一步完善等。事实上，正如前文所述，中国经济在快速发展的同时存在十分严重的资源浪费和环境污染，并且已经对我国经济的长期增长产生了很大的负面影响。随着环境污染与资源短缺问题的日渐突出，我国不但要重视协调投入要素节约与经济增长的关系，而且要充分考虑资源环境的承载能力，实现环境保护与经济发展的“双赢”平衡。环境污染程度的相对降低与资源、能源的相对节约是生态经济增长绩效提升的重要标志，也应该是环境全要素生产率分析的研究课题。提高环境全要素生产率已经成为解决资源供求危机、构建集约型经济增长模式的必然要求。因而，克服现有研究的局限性，对中国省际环境全要素生产率测算、收敛性及其影响因素进行研究显得十分必要和紧迫。

二、研究意义

（一）理论意义

1. 丰富了环境全要素生产率评价研究的理论与方法体系

近年来，国内外专家学者围绕我国环境生产率的评价理论与评价方法进行了大量研究，取得了十分丰硕的成果。但关于环境生产率研究的各种理论与方法都自成一派，相互之间尚未有机地结合起来，甚至部分方法之间还存在互相矛盾之处，尚未形成一套完整的体系，这表明环境全要素生产率还有深入研究的空间，其理论体系还有待于进一步完善，评价方法也需要进一步改进。因而，本书结合我国实际情况，把环境全要素生产率的前沿理论与方法有机结合起来，构建了一套科学的省际环境全要素生产率与环境效率的评价理论体系，这对于完善现有的区域环境全要素生产率评价研究的理论与方法体系具有十分重要的意义。除此之外，资源环境约束下的全要素生产率评价也将为我国绿色 GDP 核算提供一套可供借鉴的理论方法与研究框架。

2. 拓展了区域环境全要素生产率的研究内容

环境全要素生产率区域差异的收敛性能够反映我国地区生态经济的均衡发展状况，遗憾的是笔者发现当前文献仍然缺乏对我国省际环境全要素生产率增长差异的深入研究，尚未具体刻画出环境全要素生产率增长的动态变化机制。鉴于此，本书系统地分析了我国省际环境全要素生产率增长的绝对收敛性、条件收敛性、整体分布形态以及内部流动性。此外，现有文献对环境全要素生产率影响因素的指标选取主观性较强，缺乏系统性和逻辑性；对指标选取科学性的理论分析不足，缺少对环境全要素生产率作用机理的系统分析；忽视了空间地理因素对全要素生产率的影响等。鉴于此，本书系统、科学地选择环境全要素生产率的影响指标，并对各影响因素的作用机理进行了详细分析；采用空间面板计量经济模型克服传统计量经济模型的设定偏差问题，使实证分析更符合实际情况。本书关于中国省际环境全要素生产率收敛性及其影响因素的研究对于拓展区域环境全要素生产率的研究内容具有十分重要的意义。

（二）现实意义

本书结合新经济增长理论、生产理论、空间经济理论以及环境经济学相关理论，试图将资源环境因素纳入传统的全要素生产率研究框架中，沿袭绿色 GDP 的视角，有效地评价了我国省际环境全要素生产率，并对其收敛性与影响因素进行了研究。这有助于我国加快转变经济增长方式、促进形成人与自然和谐发展的现代化建设新格局，并为全球生态安全做出应有的贡献。本书在“绿色富国、绿色惠民”、主动适应和引领经济新常态理念的时代背景下具有重要的现实意义，也是最终实现我国环境保护与经济发展“双赢”平衡的迫切需要与内在要求。

1. 有助于适应资源环境约束的时代要求，缓解我国生态环境的恶化趋势

随着世界经济的发展，环境恶化逐渐加剧，自然资源也日益紧缺，导致各国的环境贸易壁垒不断增加，当前世界已经步入资源环境约束时代。

由前文分析可知，中国的环境治理已经到了刻不容缓的地步，我国已经没有了先污染后治理的资本。在这种时代背景下，对于环境全要素生产率的研究具有十分重要的现实意义：只有提高省际环境全要素生产率水平，才能真正解决我国环境污染严重、自然资源匮乏的困境。

2. 有助于实现环境保护与经济发展的双赢平衡，提升我国的国际竞争力

经济发展不但是指经济总量的增长，还包括经济发展质量的提升。我国的环境危机在很大程度上是由粗放型的经济增长方式所导致的。鉴于此，“十三五”规划中明确提出要坚持“绿色富国、绿色惠民”，协同推进国家富强、人民富裕与中国美丽①。而环境全要素生产率是绿色经济的合适测度，环境全要素生产率的提升是实现经济和环境协调可持续发展的必要条件。在此意义上，本书提出的政策建议有助于实现环境保护与经济发展的双赢平衡。

已有研究证明，一个国家的竞争力与其环境全要素生产率密切相关，而国际竞争力的大小又决定了国家国际地位的高低。目前我国依然处在国际价值链的低端，出口的大多是“高能耗”、“高污染”“高排放”的“三高”产品，这进一步加剧了我国的环境恶化。因而，本书对于环境全要素生产率影响因素与提升路径的研究，有助于改善这种不良现状，促进经济与资源环境协调发展，提升我国的国际竞争力。

3. 有助于缩小地区发展差距，全面落实统筹区域发展战略

随着我国经济的持续发展，不同地区间的经济差距不断增大，生态环境状况也不断恶化；与此同时，地区之间的经济联系日益强化，区域经济的集聚性持续增强。“十三五”规划中明确提出，要统筹区域协调发展，构建要素流动自由有序、资源环境可承载的地区协调发展新格局。因而，仅仅考虑时间效应，忽视经济发展、环境污染在空间上的相关性与异质性会产生偏误。本书将空间因素纳入到省际环境全要素生产率的研究框架中，深入分析了省域经济增长的内在驱动力，进一步探讨了我国省际经济发展的空间差距及其产生原因，为我国缩小地区发展差距，全面落实统筹

① 出自中华人民共和国国民经济和社会发展第十三个五年规划纲要（2016~2020 年），简称“十三五”规划。

区域发展战略提供了一定的参考。

4. 有助于我国适应和引领经济发展新常态，推进美丽中国建设

经济发展新常态的主要特点之一就是，不断优化升级经济结构，摒弃粗放型的经济增长方式。在中国经济新常态下，吃“环境饭”“资源饭”和“子孙饭”的传统发展模式正在逐步让位于以生产率的提升、结构转型升级和科技创新驱动为主的包容性可持续发展路径。由此可知，环境全要素生产率的提升是经济发展新常态的主要驱动力，也是当前供给侧结构性改革的最终目标。鉴于此，本书对于省际环境全要素生产率相关问题的研究成果能够为国家制定科学、合理的政策措施提供借鉴，这对于适应和引领经济发展新常态、推进美丽中国建设以及贯彻“创新、协调、绿色、开放、共享”的发展理念具有重要的现实意义。

第二节　研究目标与研究假说

一、核心概念界定

（一）环境全要素生产率

“全要素生产率”概念是希朗·戴维斯在其著作《生产率核算》中首次提出的。全要素生产率指的是在考虑全部投入要素（包括劳动、资本、能源、土地等）的条件下，全面反映经济发展过程中总投入转化为产出的效率，是一个国家（区域）社会经济发展质量、管理能力与效率的体现。全要素生产率的增长则是指剔除资本、劳动等投入要素的作用以外，其他所有因素带来的产出增长率，通常归因于科学技术的进步与技术效率的改进。随着环境问题对我国可持续发展的负面影响日益显著，很多专家学者已经意识到资源环境因素不只是经济发展的内生变量，也是经济增长的刚性约束。鉴于此，在对全要素生产率进行测度时，不但要考虑资本与劳动等传统的投入要素，也不能忽视环境污染与资源消耗在经济发展中的重要作用。

作为“非期望产出”的环境因素在计量模型中的位置与处理方式也在不

断地发展变化：研究初期，一些学者（Berg 等，1992；Reinhard，2000；王波，2002）把资源环境因素作为投入变量处理，但这种方式会扭曲真实的投入产出关系，可能导致测算结果的偏误；此外，还有学者运用数据转换函数法把越少越好的污染物产出转化为越大越好的普通期望产出处理，常用的数据转换函数形式包括负产出法、线性数据转化处理法和非线性数据转化处理法，这三种方法也违背了真实的生产过程，不符合效率评价的基本要求；Chung（1997）等学者将方向距离函数应用到瑞典纸浆厂的全要素生产率评价中，根据污染物的弱处理性，构建了一种基于方向距离函数的 DEA 环境生产率评价框架，沿着特定的方向改进决策单元的效率，使期望产出增加的同时，非期望产出同比例减少，并提出了 Malmquist-Luenberger（ML）指数，该指数能测算非期望产出存在时的全要素生产率，弥补了污染物投入处理法与数据转换函数法单维改进的缺陷。此后，很多学者都采用该函数对考虑非期望产出的全要素生产率进行测度（Boyd 等，2002；Zaim，2005；Heshmati，2010；王兵，2010；陈诗一，2010；肖攀，2013；刘华军，2014；李小胜，2015 等），并称为环境全要素生产率（绿色全要素生产率、生态全要素生产率等）。

在前人研究的基础上，笔者把资源环境因素纳入到传统的全要素生产率研究框架中，将能源作为与劳动、资本并列的投入要素，污染排放作为非期望产出，以此计算的全要素生产率增长称为环境全要素生产率（Environmental Total Factor Productivity）①。其本质是在考虑资源环境的约束下，经济增长中剔除了资本、劳动等投入的增长所余下的部分。环境全要素生产率的增长归因于环境技术进步的变动以及环境经济技术效率的改进。本书的省际环境全要素生产率是基于非参数混合径向 EBM 模型结合 Malmquist-Luenberger 指数测算的环境全要素生产率指数的动态变化，并可以进一步分解为环境技术进步变化与环境技术效率变化（详细分解原理见第三章第一节），其中，环境技术进步是经济持续平稳增长的关键。与传统的全要素生产率相比，环境全要素生产率更能反映真实的经济增长绩效。

（二）环境效率

在经济学背景下，效率指的是资源投入转化为产出的有效程度。也就

① 本书用“环境全要素生产率”表示资源环境因素约束下全要素生产率的增长。

是说，在不减少任何一种产品生产的情况下，就不能增加另一种产品的生产，则这种运行状态就是有效率的。Farrell（1957）指出，效率包括技术效率与配置效率两个方面，这两种效率之和是生产单元总的经济效率。其中，技术效率指的是在一定的投入要素水平下实现产出最大化，或者在一定的产出水平下实现投入最小化的能力，即为现有资源的最优利用能力；配置效率是指在价格与生产技术一定的条件下，实现投入（产出）组合最优化的能力。在完全竞争市场中，各种要素的产出弹性与投入要素占总成本的比重相等，只有这种情况下配置是有效率的；此外，根据现有的统计资料难以得到全部投入要素的价格数据，不能测算出投入资源的配置效率。鉴于此，已有研究成果中的生产效率一般都是指技术效率，通常是给定一组投入要素的前提下，生产单元的实际产出与假设前提下最大可能产出的比值，该比值越接近 1，说明经济效率越高①。本书中的环境效率②指的是 Farrell（1957）所定义的技术效率，也就是生产单元在技术一定的条件下，期望产出增加的同时投入和非期望产出（污染排放）减少的潜力，是一种相对效率，其效率值在 0~1。环境效率把能源使用与环境代价纳入到生产过程中，综合考虑了能源投入与非期望产出，其本质是在区域经济效率的基础上综合了能源利用与污染排放代价后，所得到的“环境”经济效率值，可以衡量区域经济环境的协调发展程度。本书采用考虑非期望产出的非参数混合径向 EBM 模型，将资本、劳动和能源作为投入要素，将各省份的地区生产总值作为期望产出，并将“三废”污染排放作为非期望产出，通过相关公式计算环境效率值。环境效率可以从静态角度衡量中国各省份的生态经济活动接近技术前沿的程度。

二、研究目标

本书研究的总目标：在全面推进“美丽中国”建设、着力加强供给侧结构性改革、加快适应和引领经济发展新常态的背景下，把资源环境因素

① Farrell，M. J. The measurement of productive efficiency［J］. Journal of the Royal Statistical Society. 1957，120（3）：253~290.

② 与环境全要素生产率对应，本书将考虑资源环境因素的经济效率称为环境效率。

纳入到传统的全要素生产率分析框架中，基于资源、环境约束的视角系统性地研究中国环境全要素生产率相关问题。测算我国不同省份的环境全要素生产率水平；分析我国省际环境全要素生产率的收敛性；甄别出影响省际环境全要素生产率的主要因素，为制定有助于实现环境保护与经济发展双赢平衡的公共政策提供理论支撑。具体的研究目标包括如下几点。

其一，从静态和动态两种角度分别对资源环境约束下我国省际环境效率与环境全要素生产率水平进行测算。

其二，研究我国省际环境全要素生产率的收敛性，分析省际环境全要素生产率差距的静态现状与动态演化趋势。

其三，分析我国省际环境全要素生产率的空间相关性，研究各省份环境全要素生产率与邻近省份环境全要素生产率之间的关系。

其四，甄别出我国省际环境全要素生产率的主要影响因素，以便制定科学的公共政策促进环境全要素生产率的提升。

三、研究假说

为了实现上述研究目标，笔者提出以下研究假说：

其一，不同的测算方法对我国省际环境效率与环境全要素生产率的评价结果具有显著影响。就全国整体情况来看，混合径向 EBM 模型效率值小于径向 CCR 模型效率值，大于非径向 SBM 模型效率值；测算方法选择不当会导致各省份环境效率与环境全要素生产率评价值偏离实际水平，需要谨慎选择。

本书将根据环境经济学理论结合新经济增长理论与生产理论对此假说进行验证。试图将资源环境因素纳入到传统的经济效率与全要素生产率的研究框架中，分别采用传统的 DEA 相关模型、基于非期望产出的 SBM 模型和基于非期望产出的 EBM 模型结合 Malmquist-Luenberger 指数从静态和动态两个不同方面对我国省际环境效率与环境全要素生产率进行测算，对比分析不同的测算方法对环境效率与环境全要素生产率评价结果的影响（详见第三章内容）。

其二，我国环境全要素生产率的省际差距不会呈现出逐渐缩小的趋势。

本书研究的是资源环境约束下的省际环境效率与环境全要素生产率水平，由于现阶段我国环境治理与绿色生产技术相对匮乏，导致先进的环境技术并不容易被模仿，因而，笔者认为我国省际环境全要素生产率的差距不会呈现出逐渐缩小的收敛趋势。

为了对此假说进行验证，本书根据经济收敛的相关理论与方法，从绝对收敛、条件收敛、增长分布形状以及增长分布的内部流动性四个方面对我国省际环境全要素生产率的收敛性进行全方位的检验。首先，对各省份的环境全要素生产率进行绝对收敛检验，考察各省份环境全要素生产率的差异是否会自动消失；其次，利用面板数据进行条件收敛检验，探究环境全要素生产率的收敛性是否与不同省份特定的条件有关，并检验初始条件相近的地区，其环境全要素生产率的内部差异是否会逐渐消失；再次，采用核密度估计方法刻画出省际环境全要素生产率增长分布的整体形态，试图把握其不同时期增长分布的动态特征；最后，运用马尔可夫链方法分析环境全要素生产率增长分布的内部流动性，根据增长的动态分布机制来研究不同省份之间环境全要素生产率的差异问题（详见第四章内容）。

其三，环境全要素生产率具有显著的空间效应，一个省份的环境全要素生产率水平在一定程度上会受到与其空间特征近似的相邻省份的影响。

一方面，相邻省份在资源环境禀赋与绿色生产技术方面具有较高的相似性，相邻省份的环境技术扩散与溢出也更为容易，由此导致各省份的环境全要素生产率不但依赖于自身，还与其他省份特别是邻接省份的环境全要素生产率水平密切相关；另一方面，每个省份都不是独立存在的个体，与其他省份会存在经济、社会上的往来。改革开放后，随着我国市场经济体制的日益完善与地区开放程度的扩大，各种生产要素的空间流动性逐渐增大，不同地区间的联系也愈发紧密，因而，相邻省份之间的环境技术溢出效应也会更加显著。鉴于此，笔者预计中国省际环境全要素生产率具有明显的空间相关性。

为了进一步验证此假说，本书运用空间经济学结合环境经济学理论对省际环境全要素生产率进行空间相关性检验（详见第五章内容）。

其四，环境全要素生产率受到空间地理因素、经济发展水平、外资利用因素、技术进步因素、产业结构因素、能源消耗因素以及政府环境规制等因素的影响，各因素的作用方向与影响程度均不相同。

本书将采用空间面板计量经济模型对该假说进行验证，各影响因素对我国省际环境全要素生产率的作用机理详见第五章内容。

第三节　结构安排与研究方法

一、结构安排

根据新经济增长理论，全要素生产率是经济发展的根本动因与主要源泉。而在当前环境问题对经济社会可持续发展的影响日益显著的情况下，对于环境全要素生产率的研究意义更为显著。本书以中国 29 个省（直辖市、自治区）的环境全要素生产率为研究对象，以新经济增长理论、环境经济学理论、生产率理论以及空间经济学理论为基础，首先对 2002~2015 年全国以及各省份的环境效率与环境全要素生产率进行了测算；在此基础上，结合经济收敛理论，考察了我国省际环境全要素生产率水平差异的趋势；然后采用空间计量分析方法，在充分考虑空间效应的前提下，对影响省际环境全要素生产率水平的主要因素进行了分析。遵循以上思路，根据研究目标与主要内容，本书共分为六章，具体结构安排如下。

第一章：绪论。绪论主要内容：首先，对研究背景与意义进行介绍，引出所要研究的主要问题；其次，明确研究目标，并提出本书的研究假说；再次，简要阐释本书的结构安排与主要研究方法；最后，总结本书的创新与不足之处。

第二章：环境全要素生产率相关文献综述。本章主要对环境全要素生产率的相关理论与国内外现有文献进行了回顾与述评，指出过去研究成果的优点与缺陷，为更好地理解并深入研究中国省际环境全要素生产率的相关问题提供了依据。

第三章：中国省际环境全要素生产率的测算研究。本章的主要内容：首先，简要介绍了环境全要素生产率的测算方法，通过指出现有文献中常用的传统 DEA 模型与 SBM 模型的缺陷，引出当前学术界前沿的非参数混合径向 EBM 模型。随后，对 Malmquist-Luenberger 生产率指数及其分解方法进行了阐释。其次，对省际环境全要素生产率测算的指标选择与数据来源进行了解释。最后，详细分析了我国省际环境效率与环境全要素生产率的测算结果。分别从静态和动态两个方面评价不同省份环境保护与经济发展是否实现了双赢平衡，对比分析不同测算方法的实证结果；并对省际环境全要素生产率进行分解，从而探讨不同省份环境全要素生产率无效的来源，为制定科学合理的可持续发展战略提供实证支持。

第四章：省际环境全要素生产率的收敛性研究。本章根据收敛假说的相关理论与分析方法考察了我国省际环境全要素生产率水平的收敛性及其动态演化趋势。首先，分别对中国省际环境全要素生产率进行了传统的绝对收敛检验与条件收敛检验；然后，采用核密度估计方法对我国省际环境全要素生产率增长分布的形状动态进行了研究，直观地分析了各省份环境全要素生产率的动态变化；最后，应用马尔可夫链方法对省际环境全要素生产率增长分布的内部流动性进行了刻画，进一步分析了我国省际环境全要素生产率差距的长期发展趋势。

第五章：省际环境全要素生产率影响因素的空间计量分析。本章首先对中国省际环境全要素生产率进行了空间相关性检验，以考察环境全要素生产率的空间效应；其次采用空间面板计量模型对中国省际环境全要素生产率的主要影响因素进行了系统分析，研究这些因素对环境全要素生产率的作用机理、方向、路径与大小，以便制定科学合理的政策措施，通过制度创新与公共投资等方式促进各省份环境全要素生产率的提升，实现我国资源环境与经济的协调可持续发展。

第六章：结论与政策建议。本章的主要内容：首先，简要总结了全书的主要研究结论；其次，根据本书相关理论与实证分析结果提出了相应的政策建议；最后，对需要进一步解决的问题与未来的研究方向进行了展望。

根据上述研究目标与结构安排，本书沿着图 1.1 的技术路线展开。

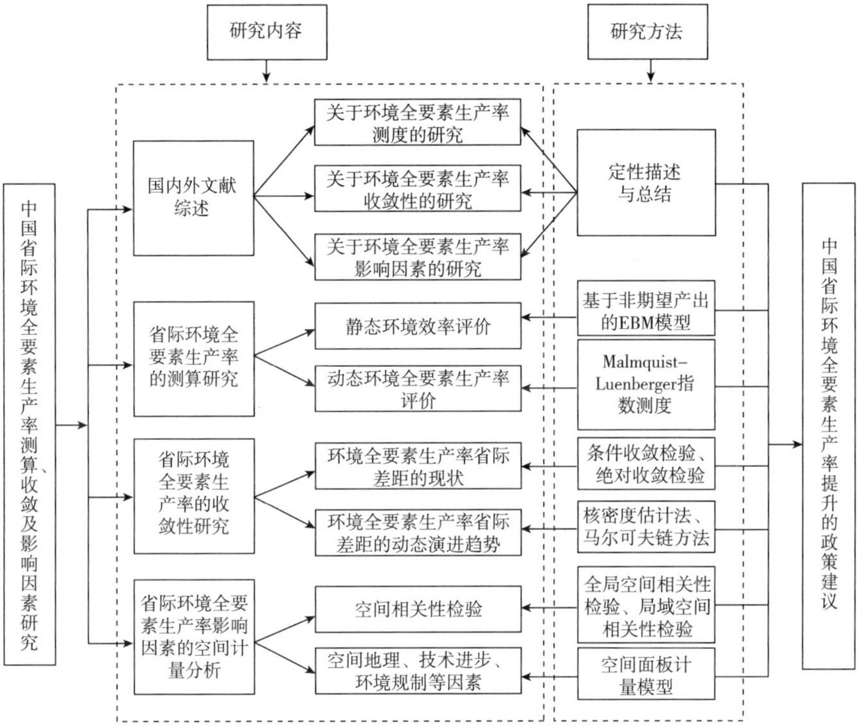

图 1.1 技术路线图

二、研究方法

根据研究目标与研究内容，本书将采用多种定量与定性研究方法进行理论与实证分析，涉及环境经济学、空间经济学、区域经济学和统计学等多种学科。在研究过程中，笔者以环境全要素生产率研究的现实背景与已有研究的缺陷为突破口，尽可能地吸收前人研究方法的优点，并对其不足之处进行改进。具体的主要研究方法如下①：

（一）基于非期望产出的 EBM 模型结合 Malmquist-Luenberger 指数

EBM 模型能在一定程度上弥补传统 DEA 模型和 SBM 模型的缺陷。这

① 主要使用的分析软件包括 Maxdea6.6、Eviews8.0、Arcgis10.2、Geoda095i 和 Matlab7.0 等。

是由于当非期望产出存在时，资源、能源消耗（投入因素）与污染物排放之间是“不可分的”，它们的关系是径向的；而其他要素投入和产出之间却是“可分的”、非径向的关系。但无论是传统的 DEA 模型还是 SBM 模型，都不能处理投入和产出变量同时具有径向和非径向特征的情况。此外，传统的 DEA 模型不能很好地处理非期望产出存在下的效率评价问题；SBM 模型在处理正值和零值时，源自线性规划解决方案的特征加剧了投入与产出变量之间的最优松弛的对比，可能导致计算结果偏离实际情况。鉴于此，本书采用一种同时包含径向与非径向两类距离函数的混合模型——EBM 模型克服现有文献所用方法的缺陷。首先，运用非参数混合径向 EBM 模型对我国静态省际环境效率进行了测算；其次，结合 Malmquist-Luenberger 指数测算了我国动态省际环境全要素生产率，并根据 Zifio（2007）分解方法将其分解为纯技术效率变化、规模效率变化、纯技术变化和规模技术变化四部分（参见第三章内容）。

（二）收敛性研究方法

收敛性研究对于掌握环境全要素生产率的省际差异，促进不同省份资源环境与经济增长协调发展具有重要意义。根据不同的检验标准，收敛性分析方法主要包括：绝对收敛检验、条件收敛检验以及 Kernel 核密度估计方法和马尔可夫链方法在内的增长分布动态分析等。本书主要采用以上四种研究方法对中国省际环境全要素生产率的收敛性进行全面检验。首先，对我国各省份的环境全要素生产率进行绝对收敛检验，也就是考察各省份环境全要素生产率的差距是否会自动消失；其次，采用面板数据进行条件收敛检验，分析环境全要素生产率的收敛性是否和不同省份的特定条件相关，并研究初始条件类似的区域内部环境全要素生产率差异能否逐渐消失；再次，运用核密度估计方法对我国省际环境全要素生产率增长分布的形状动态地进行了研究，直观地分析了各省份环境全要素生产率的动态变化；最后，应用马尔可夫链方法刻画了省际环境全要素生产率增长分布的内部流动性，进一步探究了我国省际环境全要素生产率差距的长期发展趋势（参见第四章内容）。

（三）空间计量经济分析方法

根据空间计量经济学的相关理论，一个省份空间单元上的某些经济地理现象或某种属性值与其相邻省份空间单元上的同种经济地理现象或属性值具有相关性。如果不考虑这种空间相关性，认为经济行为只是在过滤空间维度后的“点”上进行，就违背了地理学第一定律①，很可能会导致模型构建与实证结果的偏误，由此得出的结论与政策建议也会对实际产生误导。由于生态经济发展对资源禀赋与初始基础的依赖性比较强，相邻省份在经济基础以及绿色生产技术等方面具有很高的相似性，邻接省份的环境技术扩散与溢出也相对更容易，与此同时，改革开放以来我国跨省域贸易交流合作日益增强，相邻省份的技术溢出效应可能会愈发显著。鉴于此，本书首先应用探索性空间数据分析方法，对我国省际环境全要素生产率水平进行了空间相关性检验；然后，将环境全要素生产率的空间效应纳入到研究框架中，构建了空间计量经济模型，采用 Matlab7.0 软件对我国省际环境全要素生产率的影响因素进行详细分析（参见第五章内容）。

（四）文献分析与比较分析方法

通过大量搜集和整理国内外有关环境全要素生产率研究的已有文献，评述已有研究成果的优点与缺陷，从而找到本书所要解决的问题与突破口，廓清研究思路。另外，在分析与总结大量相关文献的基础上，从各方面社会经济因素中归纳出六种影响我国省际环境全要素生产率水平的主要因素，并以此为变量构建空间面板计量模型进行实证分析。除此之外，本书多处内容都是在借鉴大量现有文献与统计数据的基础上进一步研究所得，因而，笔者进行了大量的资料整理与分析工作。

比较分析方法包括横向比较与纵向比较，通过对各种指标、变量进行比较，以考察各研究单元之间的相同与不同之处。本书分别采用纵向和横向比较分析方法对我国省际环境效率和环境全要素生产率进行了详细对比，从而为落实统筹区域发展战略，缩小不同省份的差距提供经验依据。

---

① 根据地理学第一定律，相邻的事物具有相似性，远离的事物具有相异性，空间数据具有一定程度的空间效应。

此外，本书还用到地理信息图、折线图等多种统计学与计量经济学分析方法。

第四节　研究创新与不足

一、研究创新

本书的主要创新之处如下：

其一，不同于以往研究，笔者采用非参数混合径向 EBM 模型结合 Malmquist-Luenberger 指数测算中国省际环境全要素生产率。而现有文献多数采用 SBM 模型或者传统的 DEA 模型进行生产率测度。由于当存在非期望产出时，投入要素中的资源、能源消耗和排放的环境污染物之间是径向关系，而其他投入要素与产出之间却是非径向的关系，但无论是传统的 DEA 模型还是 SBM 模型都不能处理投入与产出变量同时存在径向与非径向特征的情况。此外，SBM 模型在处理正值和零值时，源自线性规划解决方案的特征加剧了投入与产出变量之间的最优松弛的对比，可能导致计算结果偏离实际情况。而本书的 EBM 模型不但考虑了非期望产出，而且考虑了投入产出径向和非径向同时存在的情况，EBM 模型在一定程度上弥补了传统 DEA-CCR 模型和 SBM 模型的缺陷，对我国各省份的环境效率评价结果更为真实可靠。通过实证研究结果发现，本书的 EBM-Malmquist-Luenberger 模型对环境效率与环境全要素生产率的测算结果与其他两种方法有显著不同，现有大量文献中采用传统的 DEA-Malmquist 模型或 SBM-Malmquist-Luenberger 模型测算生产率的做法会得出与实际情况相悖（高估或低估）的结论，需谨慎使用。

其二，将马尔可夫链方法应用于我国环境全要素生产率研究的文献十分少见，本书尝试将此方法引入到环境全要素生产率收敛性的分析领域中，这既是对研究方法的进一步完善，也有助于相关理论应用范围的拓展。研究环境全要素生产率增长的地区差异及动态演化对于缩小区域发展差距具有重要意义，而现有关于我国环境全要素生产率增长的区域差异收敛的研究，一般都采用“绝对收敛检验”“条件收敛检验”等经典 Barro 回归方程分析工具，也有少数学者使用 Kernel 核密度估计方法分析全要素生产率增长分布形状的动态。这些都为进一步开展环境全要素生产率的相关研究提供了重要参考，有助于丰富该领域的研究成果，但其有不足之处：首先，现有文献采用的回归方法仅仅关注单个经济体是否趋向自身的稳态水平，而对所有经济单元增长绩效的比较与分布变动有所忽略，这会导致条件收敛检验偏离了研究收敛的初衷；其次，尽管当前研究对中国环境全要素生产率增长给予了高度关注，但仍然缺乏对省际环境全要素生产率增长差异的深入研究，尚未具体刻画出省际环境全要素生产率增长的动态变化机制；再次，虽然已有少数文献采用核密度估计法对我国区域环境全要素生产率分布的整体形态进行了直观分析，但该方法的缺陷在于不能反映省际环境全要素生产率分布相对位置的动态变化与其发生概率，也就不能准确地揭示出整体环境全要素生产率分布演化的长期发展趋势。鉴于此，本书采用马尔可夫链方法通过考察省际环境全要素生产率分布的状态转移，更好地反映其分布的内部流动性，从而深入研究整体环境全要素生产率分布的未来演化趋势。

其三，对于中国省际环境全要素生产率影响因素的研究视角存在创新。①由于省际经济行为在地理上具有空间交互作用，导致传统计量经济模型的前提假设不再成立，进而使回归结果与实际情况不符，鉴于此，本书采用空间统计学与空间计量经济学把空间效应纳入到研究框架中，得出的结果更切合实际。②由于现有文献对全要素生产率影响因素的指标选取主观性较强，缺乏系统性和逻辑性；对指标选取科学性的理论分析不足，并且多数文献是随意选取指标进行实证研究，缺乏对全要素生产率作用机理的系统分析。鉴于此，本书系统、科学地选择环境全要素生产率的影响指标，并对各影响因素的作用机理进行了详细分析。③在研究技术进步因素对省际环境全要素生产率的影响时，不同于已有文献，本书分别研究了自主创新和技术引进两种技术进步模式对环境全要素生产率影响的差异，更准确地判断提升环境全要素生产率的技术创新路径，对决策者制定政策具有重要指导意义。④值得一提的是，笔者构建了“自主创新知识存量”和“技术引进存量”分别作为自主创新因素和技术引进因素的替代指标，这在一定程度上弥补了其他文献所选指标的缺陷，实证结果也进一步说明本书的研究结果与理论预期和实际情况更为相符。

二、研究不足

由于研究时间与学术水平的限制，本书尚存在许多不完善之处，主要包括以下几点：

其一，在省际环境全要素生产率影响因素的选择方面存在一定的不足。这是由于环境全要素生产率是资源、环境约束下生产投入与产出等要素的综合反映，影响环境全要素生产率的因素是多方面、错综复杂的。本书研究尽管试图全面、系统地选择影响因素指标，但仍然不可避免会出现考虑不周的现象，难以涵盖影响环境全要素生产率的所有因素。与此同时，在省际环境全要素生产率影响因素指标选择过程中，由于数据可得性与核算方法的限制，有些影响因素采用了代理指标的形式，诸如政府环境规制等，这些都对实证结果具有一定的影响。但这也是当前学术研究所无法避免的缺陷，正如蔡昉（2000）经研究指出：尽管由于数据的缺乏，多数估计都只是十分粗略的，但总体结论仍然是相对一致的。

其二，由于研究时间的限制，本书仅仅从宏观角度对中国省际环境全要素生产率进行了研究。这种宏观层面的研究由于缺少更为具体的行业基础，难以对不同行业提供针对性较强的政策建议。下一步可以开展对各种行业环境全要素生产率相关问题的研究，从而为我国环境全要素生产率提供更加深入的行业基础。此外，还应该对微观企业进行更细致的调查研究，从微观层面探究环境全要素生产率的作用机理，进而为微观生产者提供更切合实际的政策指导。

其三，政策建议还有待于进一步完善。由于笔者实践经验与研究能力的局限，本书提出的政策建议比较宏观，缺乏对于不同地区、不同特点的针对性很强的政策措施。今后还应该深入调研、深化研究，为我国各省份环境全要素生产率的提升与均衡发展提供更具体、实践性更强的政策建议。

第二章 环境全要素生产率相关文献综述

省际环境全要素生产率（ETFP）是指把环境因素纳入到传统的全要素生产率研究框架中，探究资源环境约束下中国各省份的经济增长状况，基于可持续发展的视角刻画不同省份的生态经济现状。本书以新经济增长理论、传统生产理论、环境经济学、空间经济学以及区域经济学等为理论基础，涉及统计学、计量经济学等多种研究方法。本章按照全书的发展脉络，对环境全要素生产率的理论研究、测算方法、收敛性研究以及影响因素分析分别进行了文献整理与评述，以便能更好地吸收与借鉴前人的研究成果，并为后续研究打下坚实的基础。

第一节 环境全要素生产率的理论发展

传统经济理论指出，经济增长的源泉为投入要素的增加与生产率的提升。然而，随着投入要素的不断增加，其边际效益也会递减，鉴于此，经济的长期增长来源于生产率的提升。

随着经济增长理论的不断发展，生产率理论主要经历了三个阶段：单要素生产率（Single Factor Productivity）阶段、全要素生产率（Total Factor Productivity）阶段与环境全要素生产率（Environmental Total Factor Productivity）阶段。其中，单要素生产率是伴随着古典经济学理论产生的，仅仅研究单个投入要素对产出的影响，如资本生产率、劳动生产率和土地生产率等（Hayami 等，1969；汪小平，2007 等）。然而，由于现实生产过程中往往需要同时使用资本、劳动等多种生产投入要素，不同的生产要素之间通常具有替代性，单要素生产率只对一种生产要素的投入产出比进行了分析，难以全面反映生产率的综合水平及其变化情况。而全要素生产率是基于新古典经济学理论与内生经济增长理论而产生的。“全要素生产率”概念是于1954年在希朗·戴维斯的著作《生产率核算》中首次出现的。不同于单要素生产率，全要素生产率衡量的是生产过程中总产量与全部生产要素的投入产出比，考虑到了劳动、资本、技术等多种投入要素。在20世纪50年代，美国著名经济学家索洛进一步扩展了一般生产函数的概念，使其可以容纳技术进步的影响，从数量上解释了投入要素增长率、产出增长率与全要素生产率增长率的关系：将总产出扣除劳动与资本投入要素后剩下的技术进步率就是全要素生产率，即为著名的索洛增长模型。在此基础上，众多专家学者又对全要素生产率的测算与分解进行了深入研究和改进，比如，在全要素生产率理论方面，乔根森将新古典投资理论纳入到全要素生产率的分析框架中；在测算方法方面，DEA-CCR模型、DEA-BCC模型、随机前沿分析法等一系列参数与非参数方法逐渐出现；在全要素生产率分解方面，利用距离函数将其分解为技术进步与技术效率等多种分解方式不断发展。

随着社会经济的不断进步，人们逐渐意识到环境保护与资源节约的重要性，以牺牲环境为代价发展经济的方式是不可持续的，环境污染与资源消耗程度也是衡量经济质量的重要指标。鉴于此，学术界开始把资源环境因素纳入到了传统的生产率模型中，考虑资源环境因素的生产率理论与实证分析也逐渐成为了学术界的研究热点。而环境因素作为“非期望产出”在计量模型中的位置也处于不断的发展变化中：研究初期，部分学者将资源环境因素作为投入变量纳入到模型中，如Berg等（1992）、Reinhard等（2000）和王波等（2002）等，这种处理方法的缺陷在于扭曲了实际的投入产出关系，容易导致生产率评价结果的偏误；此外，还有学者采用数据转换函数法，将越少越好的污染物产出转化为越大越好的普通期望产出，经过总结，主要包括负产出法、线性数据转化处理法以及非线性数据转化处理法三种数据转换函数形式，这些方法也不符合效率评价的基本要求，与污染物的投入处理法一样违背了实际生产过程；Chung（1997）等学者将方向距离函数应用到环境生产率评价中，根据污染物的弱处理性，构建了一种基于方向距离函数的DEA环境生产率评价框架，沿着特定的方向改进决策单元的效率，使得期望产出增加的同时，非期望产出同比例减少，因而可以弥补污染物投入处理法与数据转换函数法单维改进的缺陷。此后，很多学者都采用该函数对考虑非期望产出的全要素生产率进行测度，并称为环境全要素生产率（绿色全要素生产率、生态全要素生产率等）。根据以上分析，笔者将资源环境因素引入传统的全要素生产率测度中，把能源要素作为与劳动、资本并列的生产投入要素，并把环境污染作为非期望产出测算出环境全要素生产率，据此对资源环境约束下不同省份的生态经济发展状况进行考察。

第二节　关于环境全要素生产率测算的研究

环境全要素生产率（ETFP）是在传统全要素生产率基础上发展而来的，在其测算过程中，不但有传统全要素生产率的特点，而且又因为环境指标及其在实证模型中位置的差异而各具特色。鉴于此，笔者一方面按照传统模式，根据不同的测算方法对相关文献进行梳理；另一方面，按照环境指标及其所在模型中位置的不同对相关文献进行述评。

一、环境全要素生产率的测算方法

近年来，环境保护与经济发展的协调平衡问题是社会各界关注的焦点，众多专家学者基于不同的视角对环境全要素生产率进行了研究，通过对这些研究成果进行梳理发现，环境全要素生产率的测算是所有研究的基础，而测算方法的应用又是环境全要素生产率测算的基础，选择不同的测算方法会导致评价结果的差异。

（一）代数指数法

1956年，Abramvitz首次提出代数指数法（Arithmetic Index Number Approach），其主要思想：根据全要素生产率的定义，采用产出指数和全部投入要素加权指数的比率进行测度。由于产出和投入之间具有异质性，为了使其具有可比性，存在指数公式的选择问题，其中，Fisher 指数、Laspeyres 指数、Tornqvist 指数和 Paasche 指数是最常用的四种指数公式。虽然代数指数法较好地体现了全要素生产率的定义，但其不合理之处如下：假设劳动与资本完全可替代，边际生产率不变等。显然，此方法仅仅是一种概念化的方法，不推荐应用于具体的实证研究中。

（二）索洛余值法

索洛余值法（Solow Residual Approach）是一种早期的经济增长源泉核算方法，由 Solow（1957）首次提出，该方法的主要思路是，把总产出看作劳动与资本的函数，从总产出增长中除去劳动和资本的贡献而得到的余值就是技术进步对产出的贡献，以此来核算全要素生产率的增长，因而，又被称为“增长核算法”。运用索洛余值法之前，要先对投入要素的产出弹性进行确定，通常采用计量经济法、经验估计法以及收入份额法等方法。

1. 计量经济法

该方法的基本思路是，通过构建生产函数回归模型来对资本与劳动的产出弹性进行估计。应用最为广泛的生产函数包括柯布-道格拉斯生产函数、超越对数生产函数等。虽然超越对数生产函数的一般适用性更强，但由于其计量模型相对比较繁杂，采用此方法进行实证分析的文献比较罕见（张军等，2003；孙琳琳等，2005）。多数国内学者都采用柯布-道格拉斯生产函数确定产出弹性（黄桂田等，2013；李小平等，2005；Fan，1997）。

2. 经验估计法

该方法的基本思路是根据先验知识将投入要素的产出弹性假定为一个固定的常数。尽管经验估计法操作起来最简单，但在复杂多变的经济环境下，把产出弹性确定为某个固定常数明显过于主观，与实际情况相悖。因而，用此种方法估算中国全要素生产率的文献比较罕见。胡永泰（1998）将劳动产出弹性分别假定为 0.4、0.5 和 0.6，并对我国全要素生产率进行了估算。

3. 收入份额法

该方法的基本思路是，根据资本报酬与劳动报酬分别占净产出的比率对资本产出弹性与劳动产出弹性进行估计。根据收入份额法估算出产出弹性后，通常使用柯布-道格拉斯生产函数（叶裕民，2002）或超越对数生产函数（李宾等，2009）等总量生产函数形式对全要素生产率增长进行测算。

索洛余值法对经济增长来源研究具有开创性作用，但是，索罗余值法是建立在新古典假设前提下的，而现实中并不完全具备这些假设条件（完全竞争、规模收益不变和希克斯中性技术进步）。以上假设意味着生产单元的技术效率值是100%，也就是说生产单元一直在其生产可能性边界上进行生产，而实际生产一般是在生产可能性前沿内进行的。由此可知，索洛余值法把全要素生产率增长都归因于技术进步的变动，没有考虑到生产单元与技术前沿的差距问题，也有待于进一步改进。而潜在产出法对全要素生产率变动进行了分解，可以探究全要素生产率增长的来源，对索洛余值法的缺陷具有一定的弥补作用。

（三）边界生产函数法

边界生产函数法（Frontier Production Function）也被称为潜在产出法，该方法借鉴了 Farrell 的基本思想，把经济增长分解为技术效率提高、技术进步与要素投入增长三个方面。边界生产函数包括非参数的数据包络分析法与参数的随机前沿生产函数法。

1. 随机前沿生产函数法（Stochastic Frontier Analysis）

Aigner 与 Meeusen 于 1977 年首次提出随机前沿生产理论模型，并迅速发展起来。Nishinizu 最先把全要素生产率增长分解为技术前沿变化与相对技术效率变化。在此之后，众多学者采用此种方法研究全要素生产率的增长。张乐等（2013）采用随机前沿生产函数法对我国农业全要素生产率增长及其分解进行了测算；刘晗等（2015）应用超越对数型随机前沿生产函数模型测算了新常态背景下的农业全要素生产率；匡远凤（2012）采用随机前沿方法，对 1988~2009 年我国省际农业劳动生产率进行了分解，并分析了其对农业经济变动的影响。除此之外，还有很多国内外学者采用随机前沿生产函数法对省际或行业全要素生产率进行了研究（赵国浩等，2012；王立成等，2010；陈诗一，2009）。

随机前沿生产函数法考虑到了相对技术效率对全要素生产率的影响，在一定程度上避免了随机扰动项的干扰作用，并对全要素生产率增长进行了分解，但该方法必须要明确假定生产函数的具体分布与形式，这具有很强的理论约束限制，不符合我国复杂的经济社会现状。

2. 数据包络分析法

数据包络分析法（Data Envelopment Analysis，DEA）是一种非参数研究方法。该方法的基本思路是构建出最佳生产前沿面，通过每个决策单元和最佳实践者进行比较，先计算出其效率值，然后通过一定的换算，得出全要素生产率指数。此种分析方法通过线性优化的方式对距离函数与边界生产函数进行估算，可以有效地克服参数化模型设定的偏误与随机干扰性不满足正态分布的缺陷，从而避免了随机前沿生产函数法的理论缺陷；并且该方法能够分析多投入多产出的模型，从数理模型中推导而来，更具科学性、客观性。此外，数据包络分析法可以进一步对生产率进行分解，从而理清生产率的构成要素。数据包络分析法与 Malmquist 生产率指数结合可以测算得出 DEA-Malmquist 全要素生产率指数，该指数可以进一步分解成技术效率变动、规模效应和技术进步等。考虑到数据包络分析方法的优越性，很多国内外专家学者运用此方法研究全要素生产率的相关课题。

通过对现有文献进行梳理可以发现，当前已经有大量研究采用数据包络分析法对我国全要素生产率进行测算，并取得了丰硕的成果。高帆（2015）采用 DEA-Malmquist 生产率指数分析方法，对环境规制下中国区域农业全要素生产率及其分解项进行了测度；张水平（2014）采用经典的 DEA-Malmquist-Luenberger 生产率指数测度模型对安徽省碳排放约束下的工业全要素生产率进行了核算；周立新（2016）运用数据包络模型结合经典的 Malmquist 生产率指数思想研究了重庆市 27 个制造业 2000~2011 年的全要素生产率增长情况；张少华等（2014）采用 DEA 方向距离函数结合 Malmquist-Luenberger 生产率指数模型对中国 30 个省份的环境全要素生产率进行了测算；屈小娥（2012）利用 DEA-SBM 模型处理“坏”产出的优势与合理性，对中国各省市区 1996~2009 年的环境全要素生产率进行了测算；石风光（2015）通过构建基于 SBM 方向距离函数的绿色经济增长测度模型，对我国省际工业绿色全要素生产率进行了核算。与此同时，众多国外学者（Zhou 等，2010；Fukuyama 等，2009）也采用数据包络分析方法基于“多投入、多产出”的角度研究了全要素生产率的相关问题。除了上述研究成果外，还有很多利用数据包络分析方法基于不同的视角研究我国全要素生产率的文献（李谷成，2009；Mao 和 Koo，1998；Mcerlean 等，2003；王兵等，2008；刘秉镰等，2009）。

上述文献大多是运用 Malmquist 生产率指数（MI）对全要素生产率进行测度。而 Malmquist 生产率指数的实质是计算效率的跨期动态增长变化，鉴于此，根据 MI 的基本原理，准确测算 MI 的前提基础是对效率进行准确的衡量，这就关系到效率测算模型的选择。由此可知，是否选择了科学合理的效率测算模型将会对 Malmquist 生产率指数测算产生决定性影响，进而，会影响到实证结果与相应的研究结论和政策建议。

二、环境因素指标的选择与处理

环境全要素生产率测算与传统全要素生产率测算的本质区别在于资源环境因素的存在与否。国内外学者普遍认为，资源、能源因素是产生环境负外部性的重要来源之一，Jorgenson 和 Stiroh（2000）首次在生产函数中纳入能源变量作为与劳动、资本等同的投入要素，并对第二次世界大战后的美国全要素生产率进行了测度。此后，学术界对于资源环境因素的指标选择与处理问题都存在诸多争议。一些学者主张把环境因素作为投入要素处理；而另外一些学者认为应该把环境因素作为非期望产出处理。在环境污染变量的选择方面，部分研究选择单因素指标，如二氧化碳等；而其他研究则选择多因素指标、综合性指标等。笔者根据以上分类规律，对国内外相关文献进行初步整理。

（一）将环境指标作为投入要素处理的相关研究

把环境变量作为投入要素处理的文献相对较少，具有代表性的国外研究成果包括 Reinhard 等（2000）、Hailu 等（2001）以及 Murty 等（2012）等，国内研究成果包括陈诗一（2009）、郑宝华等（2011）、匡远凤（2012）以及徐晶晶（2014）等，这些文献通常都是将单一的或综合性的环境污染物排放量作为投入要素处理。之所以把环境污染物处理为投入要素，是由于最初的环境污染排放可以被看作是一种生态形式的资本，对经济增长具有正向的促进作用，而随着污染排放的持续增加，经济社会总资本会随着资源环境的不断消耗而下降，最终导致经济总量下滑，因而，环境污染与投入要素一样都是越少越好。以上文献将污染物当作投入来处理，是研究资源环境因素处理方法的有益探索，但这种处理方式扭曲了实际生产过程，违背了真实的投入产出关系，容易导致效率评价结果产生偏误。

（二）将环境因素作为产出处理的相关研究

自从 Chung（1997）等学者将方向距离函数应用到环境效率评价中后，越来越多的学者把环境污染作为“非期望产出”与期望产出一起纳入到生产模型中，根据污染物的弱处理性，构建了一种基于方向距离函数的 DEA 环境效率评价框架，沿着特定的方向改进决策单元的效率，使期望产出增加的同时，非期望产出同比例减少，从而弥补投入处理法的单维改进的缺陷。而由于研究对象与样本空间的不同，不同文献对环境污染排放指标的选择也有所差异，经笔者总结，基本可以分为单污染排放指标研究、多污染排放指标研究与环境污染综合指标研究。

1. 单污染排放指标研究

环境污染排放物大体上包括水污染物、大气污染物、固体污染废弃物等，其中每一大类又包含多种细分的污染物，部分学者会只选择单个污染物排放指标作为非期望产出引入到生产模型中。如马大来等（2015）、袁鹏（2015）、李小胜等（2015）、孙爱军等（2015）、Zhang 等（2013）、石风光（2014）、Zhou（2013）等学者都选择二氧化碳作为非期望产出，考察碳排放效率或者碳排放约束下的全要素生产率。碳排放生产率之所以成为众多学者关注的焦点，是由于近几年世界各国都对“温室效应”问题高度重视，而中国的二氧化碳排放总量几乎是全世界最大的，实行低碳减排政策的压力非常大，在这种背景下，对碳排放效率或碳排放约束下全要素生产率的相关问题进行研究能够为经济社会可持续发展与实现“两型社会”①建设提供依据。

学术界除了对碳排放问题比较关注外，二氧化硫作为中国大气污染中十

① 两型社会指的是“资源节约型社会、环境友好型社会”。

分严重的污染物之一，也是我国学者重点研究的对象。如王佳等（2015）以工业二氧化硫作为非期望产出，采用改进后的方向距离函数，研究了我国1998~2011年环境治理对省际工业全要素生产率的影响，得出环境治理能够促进中国工业全要素生产率提升的结论。除此之外，肖挺（2015）、Wang（2014）和袁天（2013）等也均以二氧化硫作为非期望产出分别对我国各省份、各城市以及制造业等进行了全要素生产率的测度研究。

2. 多污染排放指标研究

由于单一的污染排放指标难以全面地反映出环境污染状况，因此，在多投入多产出的数据包络分析模型下，很多学者选择了工业“三废”等多种污染排放指标作为“非期望产出”，并以此为依据进行了全要素生产率测算。如宋长青等（2014）在传统的全要素生产率研究框架中引入了环境因素，选择工业“三废”作为非期望产出，即废气（亿标立方米）、废水（万吨）以及工业固体废物（万吨），并分别采用基于DEA-Malmquist模型与基于方向距离函数的Malmquist-Luenberger指数模型对我国1985~2010年的绿色全要素生产率进行了测度研究，并得出了相应的研究结论。沈裕谋等（2014）分别选择工业产值和工业废气排放量、工业废水排放量和工业固体废弃物排放量，即工业“三废”作为“期望”与“非期望产出”，采用SBM-Luenberger指数对2001~2011年中国各省份的工业绿色全要素生产率指数进行了测算。陶长琪等（2015）把环境因素纳入全要素生产率研究框架内，选择二氧化硫和二氧化碳排放量代表非期望产出，并运用SBM-Global Malmquist指数模型测算了中国30个省份的全要素生产率的增长率。

3. 环境污染综合指标研究

除此以外，还有部分学者选择环境污染综合指数代表污染排放指标作为非期望产出引入到生产模型中。如丁黎黎等（2015）把“环境污染”“资源消耗”这些“坏”的活动采用熵值法整合构建了“资源与环境损耗综合指数”，并以此代表非期望产出测算了我国沿海地区的海洋经济绿色全要素生产率。李斌等（2013）运用熵值法把工业废水、废气以及工业固体废弃物排放量综合而成环境污染综合指数代表非期望产出，并采用非径向、非角度的SBM结合ML生产率指数模型对我国2001~2010年工业行业的绿色全要素生产率进行了测算。徐晶晶（2015）、尚晶（2010）等指出DEA分析法是一种数据驱动模型，选择过多的投入产出指标会对实证结果产生不良影响，因而，对非期望产出指标进行选择时，应该对不同时期的环境污染排放进行差别选择，并采用主成分分析法构造出一个综合指数代表非期望产出。

三、环境全要素生产率测算研究简要述评

根据以上文献梳理可知，效率测算模型的选择会对Malmquist生产率指数测算产生决定性影响，从而会影响到环境全要素生产率研究的实证结果与政策建议。然而，当前大多文献所使用的传统DEA-CCR、DEA-BCC模型以及SBM模型测算全要素生产率都存在一定的缺陷：

首先，传统径向的、角度的DEA模型要求在投入不变或者产出不变的假设前提下，产出或投入同比例增长。而当出现投入过度或者产出不足时，也就是当投入或产出存在非零松弛时，角度的DEA效率模型会忽视投入或产出的某个方面；而径向的DEA模型会对效率有所高估，从而导致计算结果有失准确性。除此之外，传统的DEA模型虽然假设比较简单，要求以最少的投入获得尽可能多的产出，但这并不完全符合实际情况，现实的生产过程可能会存在坏产出（如生产过程中产生的污染排放），即“非期望产出”（Undesirable Outputs），要提高环境效率应该尽可能地减少非期望产出，而经典的DEA模型只能增加产出，显然，CCR和BCC模型不能处理非期望产出存在的情况。因而，传统径向的、角度的DEA模型没有考虑投入产出的松弛性问题，导致评价结果不够准确，测度效率存在较大的缺陷，应该谨慎选择。

其次，当前学术界常用的非径向、非角度的SBM模型尽管解决了径向模型对无效率测度没有包括松弛变量以及没有考虑非期望产出等效率评价缺陷，但SBM模型仍然存在明显的不足之处：SBM模型的目标函数是最小化效率值，也就是最大化投入和产出的无效率，那么，从距离函数的角度考虑，被评价决策单元的投影点就是前沿上距离该决策单元最远的点；而从被评价者的角度考虑，是希望以最短的路径到达前沿，SBM方法显然与

此相悖。

最后，虽然非径向、非角度的SBM模型能够避免径向的、角度的传统DEA模型可能高估区域环境效率的缺陷，较之前有很大的进步。但当非期望产出存在时，资源、能源消耗（投入因素）与污染物排放之间是“不可分的”，它们的关系是径向的；而其他要素投入和产出之间却是“可分的”、非径向的关系。但无论是传统的DEA模型还是SBM模型，都不能处理投入和产出变量同时具有径向和非径向特征的情况。此外，SBM模型在处理正值和零值时，源自线性规划解决方案的特征加剧了投入与产出变量之间最优松弛的对比，可能导致计算结果偏离实际情况。

鉴于此，Tone和Tsutsui（2010）提出了一种同时包含径向与非径向两类距离函数的混合模型，并称之为EBM（Epsilon-Based Measure）模型。EBM模型不但考虑了非期望产出，而且考虑了投入产出径向和非径向同时存在的情况，能在一定程度上弥补传统DEA模型和SBM模型的缺陷，对环境效率的评价结果更加科学合理。因而，笔者在前人研究的基础上，采用基于非期望产出的非参数混合径向EBM模型结合Malmquist-Luenberger指数测算中国省际环境效率与环境全要素生产率。结合前人研究成果以及数据的可得性，本书假设生产过程中的投入要素包括：资本要素、劳动要素和能源要素，这三种投入要素产生的期望产出为GDP，非期望产出为废气排放、废水排放和固体废弃物排放。

第三节　关于环境全要素生产率收敛性的研究

收敛性也被称为趋同性，指的是根据长期均衡理论，不同水平的经济增长最终会趋向同一水平。初期的经济收敛性研究大多集中于产出或收入的收敛性研究，深入研究生产率增长在经济发展中作用的文献十分少见。自从索洛等提出新古典经济增长模型后，技术进步在经济发展中的影响逐渐被学术界认可，研究全要素生产率收敛性的文献也逐渐增多。下面，本书分别对国外相关研究和国内相关文献进行简要介绍。

一、国外全要素生产率收敛相关研究

由于全要素生产率收敛性检验是基于经济增长收敛性研究的基础上逐渐发展起来的，其研究方法与经济增长收敛性的检验方法大体相同，因此，笔者在对国外全要素生产率收敛性的研究成果进行梳理时，主要关注其检验方法，并以此为主线对相关文献进行整理与评述。

国外全要素生产率收敛性的相关研究成果十分丰富。具有代表性的主要文献如下：

Baumol 于 20 世纪 80 年代对经济增长收敛性进行了开创性的研究，经实证分析发现，不同国家的平均劳动生产率增长率和其各自的期初劳动生产率水平存在显著的负相关关系，1870 年以来，工业国家的经济收敛性是确实存在的。此后，Maddison（1987）、De（1988）、Barro 等（1991）、Gregory 等（1992）等国外学者基于不同的视角采用不同的样本数据对区域（国家）的经济收敛性进行了实证分析，这段时间内，收敛检验模型与方法不断地发展完善，但受限于当时的研究水平，学者们普遍运用截面数据分析法检验收敛性存在与否，而截面数据分析法具有明显的缺陷：不可观测的异质性会导致收敛研究结果产生偏误。

Islam（1995）提倡采用动态面板数据模型研究经济增长的收敛性，通过对 121 个国家的面板样本数据进行回归检验发现，结果明显不同于截面数据回归模型的测算结果，面板数据模型的收敛速度测算结果更高；Bernard（1996）认为，尽管面板数据回归模型能够控制异质性问题，但均值回归仍然会使收敛检验结果出现偏差，因而，他提出了随机收敛的概念，并采用时间序列的单位根检验来对经济收敛性进行分析；Kutan 等（2005）认为，采用时间序列进行单位根检验仍然存在异质性的缺陷，应该运用面板单位根方法来对经济增长的收敛性进行研究。

伴随着空间计量经济学的兴起与发展，国外学者开始在经济增长收敛性的研究中引入空间相关性，以便更深入地研究收敛性问题，Rey（1999）首次把空间计量截面数据纳入到经济增长收敛的分析框架中，并检验了美国地区的经济收敛性，此后，越来越多的专家学者在考虑空间效应的前提下对收敛性问题进行研究。

Quah（1993）指出，经典的回归方程（绝对收敛与条件收敛）检验方法，不能全面地反映人均收入分布的分层，极化等动态趋势特征，并认为应该采用非参数的分布动态法对经济收敛问题进行深入研究；分布动态法包括核密度估计法与马尔可夫链法两种不同的分析方法，分别对应连续型与离散型两种不同的研究序列状态。

英国学者 Quah 于 1997 年首次采用分布动态法对经济收敛性进行了实证研究，通过对 105 个国家的人均收入进行核密度检验，得出了其具体的核密度分布图。此后，分布动态法开始在学术界得到了广泛应用，众多学者都采用该方法对经济收敛性问题进行深入研究。López-Bazo 等（1999）采用分布动态法对 1980~1992 年欧盟国家经济增长的收敛性进行了检验，并分别通过核密度分布图与马尔可夫链转移矩阵研究了经济增长的分布形状与内部流动性，更为深入地刻画了经济增长的动态变化机制。

Rey 于 2001 年首次将空间效应纳入到经典的马尔可夫链分析框架中，并对 1929~1994 年美国不同地区收入的收敛性问题进行了研究。随后，Aroca 等（2005）采用空间计量经济分析结合随机核密度估计检验的方法，对墨西哥地区 1985~2002 年的收入与经济增长模式的收敛性进行了检验。

由以上分析可以看出，国外关于收敛性问题的研究开始的比较早，发展也十分迅速。近年来，关于各行业全要素生产率收敛性、绿色全要素生产率收敛性以及能源全要素生产率收敛性的研究也逐渐成为国外研究关注的热点。

Wan（2015）对 1995~2005 年 16 个欧盟国家能源生产率的收敛性进行了实证检验，不同于以往关于收敛性的研究，该文从一个特定的行业层面出发采，用空间面板数据对生产率的收敛性进行了检验，并进一步证实了制造业能源生产率存在显著的收敛趋势，这归因于落后国家效率的提升，而不同国家产业结构的差异对生产率的收敛性具有抑制作用；此外，作者发现对贸易依赖性较高的国家或行业具有相对更高的能源生产率增长率与收敛速度。

Akihiro（2016）在当前日本区域经济面临全球竞争、衰退以及人口老龄化挑战的背景下，根据地区数据对日本的全要素生产率（TFP）进行了测算，并对其收敛性进行了检验，以便为提升日本的全要素生产率与区域竞争力提供理论支持与相应的政策建议；研究结果表明，1980年以来，日本的全要素生产率不断提高并且区域差距不断缩小，存在显著的收敛趋势；作者采用随机收敛模型对区域全要素生产率的收敛性进行统计检验发现，全要素生产率分别收敛于每个区域特定的稳态水平，而不是全国同一稳态水平。

Apergis（2016）以1972~2012年为研究期间，采用Phillips和Sul（2007）的俱乐部收敛算法对31个国家的能源生产率收敛性进行了检验；实证分析结果拒绝研究样本存在完全收敛性的假设，但存在一定程度的俱乐部收敛现象；根据能源生产率的变动曲线可以发现，从长期来看，样本国家的能源全要素生产率具有收敛趋势，这表明这些国家采取的强制能源政策最终会导致能源生产率收敛状态的出现。

Nguyen等（2016）采用β收敛回归模型对越南各省份制造业全要素生产率的收敛性进行了检验，通过对2000~2012年越南63个省份6个制造行业的空间面板数据进行实证分析发现，多数行业全要素生产率的增长率存在收敛性特征，较高生产率省份与较低生产率省份之间的差距有逐渐缩小的趋势；作者发现空间效应会提高多数制造行业的收敛速度。

二、国内全要素生产率收敛相关研究

相对于国外关于经济收敛性与全要素生产率收敛性的研究而言，国内关于收敛性的研究则开始的相对较晚，到20世纪90年代中后期才逐渐兴起。具有代表性的相关成果如下：

宋学明（1996）根据1978~1992年我国各省份的人均国民收入数据对区域经济增长的收敛性进行了检验，研究结果表明，中国区域间人均收入在样本期间无论静态还是动态分析都存在收敛趋势，新古典经济增长理论符合我国总体状况。此后，蔡昉等（2000）以及林毅夫等（2003）等也分别对中国地区经济增长与地区收入的收敛性进行了检验。以上文献的共同点是都借鉴国外关于收敛性研究的相关成果，采用截面数据分析法研究收敛性问题，属于国内关于经济收敛性的开创性研究。

陈安平等（2004）采用 Bernard（1995）的时间序列分析法，以 1952~2001 年为样本期间，对我国东部、中部和西部三大区域内部与区域间人均产出序列进行了协整关系检验，从一个新的视角分析了中国区域经济增长的收敛性；研究结果显示，我国东部与西部区域内的经济增长存在收敛性趋势，而三大区域之间以及中部省份内部不具有收敛性。除此之外，采用时间序列分析法对经济收敛性问题进行研究的文献不太多见。

徐现祥（2004）认为，截面数据分析会使结果产生偏差，为了研究的稳健性应该采用面板数据分析；作者对中国 1990~1999 年 216 个地级市及以上城市人均 GDP 的收敛性进行了检验，结果表明，不同于省份收敛模式，中国城市经济增长呈现出 δ 收敛与绝对 β 收敛，并且与截面分析结果相比，面板分析的收敛速度有所提高，但大小次序没有发生改变。

林光平等（2005）认为，截面分析与时间序列分析法都忽略了地区间的相互影响，而任何一个经济体都是与其他经济体之间存在紧密的联系，鉴于此，作者利用空间计量经济分析方法，以中国 28 个省份 1978~2002 年的实际人均 GDP 为研究对象，对我国省际 GDP 增长的 β 收敛动态变化情况进行了考察；研究结果发现，中国不同省份之间经济具有收敛趋势，但其收敛速度逐渐减小。此后，陈晓玲等（2006）、周之又（2007）、尹希果等（2011）、黄砚玲（2012）以及张婷等（2013）等国内学者均采用空间计量经济模型对经济收敛性相关问题进行了深入研究，采用空间计量模型能够有效地避免区域的异质性，收敛检验结果更切合实际。

相对于绝对收敛与条件收敛的经典回归分析方法，国内运用动态分析法研究经济收敛相关问题的文献还比较少。徐现祥等（2005）认为，采用经济增长分布的一阶矩与二阶矩探究我国区域收敛性还存在一定的缺陷：当省际经济增长出现双峰分布形状时，一阶矩检验就会失效；因而，作者运用半参数核密度估计方法对我国省际经济增长分布的动态演化进行了考察，发现 20 世纪 90 年代以后，中国经济增长出现了“双峰趋同”现象。

蒲英霞等（2005）采用空间马尔可夫链法对 1978~2000 年江苏省的县域人均 GDP 趋同的动态变化过程进行了研究，通过计算马尔可夫转移概率矩阵，将县域类型转移的空间分布进行可视化处理；实证分析结果发现，改革开放后，尤其是1990~2000年，江苏省县域经济增长具有“俱乐部趋同”的特征，并且较发达的县域背景对区域转移具有正面作用，反之，则具有负面影响。

贾俊雪等（2007）采用基尼系数、面板时间序列分析模型与核密度估计方法分别对1978~2004年中国地区人均GDP水平差异、经济增长趋同性以及增长分布的动态变化趋势进行了研究；实证分析结果发现，中国地区间的差异处于倒“U”型库兹涅茨曲线的顶部，并开始逐渐减小；全国整体经济不存在趋同现象，中部区域具有经济趋同特征，而东、西部省份仅存在趋同子俱乐部；20世纪90年代后，我国双峰分布趋势持续增强，两极分化现象逐渐显露。

孙玉涛（2013）以国家创新能力理论为研究基础，采用分布动态法对36个主要经济体1963~2006年创新能力分布的收敛性进行了检验；通过Kernel核密度估计法与马尔可夫链方法的实证研究结果发现，跨国创新分布不同于收入分布，后者为“双峰”分布的两极分化模式，而前者是“单峰”分布的收敛趋势；跨国创新分布的动态演化存在明显的“马太效应”，具有俱乐部收敛性特征。

由以上分析可以看出，我国关于收敛性问题的研究方兴未艾，已经逐渐成为学术界的热点问题之一。近年来，关于农业全要素生产率收敛性、碳全要素生产率收敛性以及生产性服务业全要素生产率收敛性的研究也不断涌现。

尹朝静等（2014）在使用传统的DEA-Malmquist模型对我国1979~2010年省际农业全要素生产率进行测度的前提下，分别运用核密度估计法与马尔可夫链方法对中国省际农业全要素生产率增长的分布形状与内部流动性两个方面的动态演化趋势进行了研究；并得出了我国省际农业全要素生产率呈现出“俱乐部趋同”的现象，具有明显的两极分化趋势，难以实现绝对趋同。

李强等（2014）采用序列Malmquist-Luenberger生产率指数模型，以碳排放为非期望产出，在对我国1998~2010年省域碳全要素生产率进行测算的基础上，利用 Kernel 核密度估计方法对全国整体以及东、中、西部三大地区进行了收敛性检验；研究结果表明，全国总体碳全要素生产率呈现出显著的发散趋势，而东、西部区域存在技术效率的“俱乐部收敛”现象。

袁丹等（2015）在对中国生产性服务业全要素生产率测度的基础上，对其收敛趋势进行了检验；结果发现，我国生产性服务业全要素生产率总体呈现出收敛趋势，并且 2008 年后收敛速度更快；各细分产业之间存在 δ 收敛性，产业内部存在显著的绝对 β 收敛趋势。

三、全要素生产率收敛研究简要述评

通过前文关于全要素生产率收敛性研究的国内外文献综述可以看出，经济收敛分析的各种研究方法发展十分迅速，对收敛性相关问题的研究也逐渐深化。在经济收敛检验方法方面，从初期的 δ 收敛检验、截面数据绝对 β 收敛检验、时间序列随机收敛检验、面板数据条件 β 收敛检验到空间计量经济分析方法的引入，再到分布动态法，逐步完善各种研究方法的缺陷，检验结果准确性不断提高，这些都对后续研究具有十分重要的借鉴意义。但在环境全要素生产率研究方面，国内外关于其收敛性分析的文献还相对较少，而且存在如下亟须改进之处：

一方面，针对中国省际环境全要素生产率的收敛性进行系统性研究的成果相对较少，国外文献无论在理论上还是方法上都是经济收敛性研究的先创者。当前，经济收敛理论已经被广泛应用于农业全要素生产率、海洋经济全要素生产率等不同领域，如潘丹等（2013）、王效俐等（2015）分别对中国农业生产率与高校科技创新全要素生产率的收敛性进行了检验；杨翔（2015）对中国制造业碳生产率的收敛性进行了研究。但遗憾的是，国内外关于中国省际环境全要素生产率收敛性的专门研究还不多见。鉴于此，本书在我国省际环境全要素生产率测算结果的基础上，在第四章进一步对省际环境全要素生产率的收敛性进行了系统分析。

另一方面，近年来，已有部分学者对中国环境全要素生产率的收敛性进行了检验，如胡晓珍等（2011）、江涛涛（2011）等均采用了“绝对收敛检验”“条件收敛检验”等经典 Barro 回归方程分析工具；也有少数学者

（徐晶晶，2015）利用 Kernel 核密度估计方法研究了资源环境约束下全要素生产率增长分布的形状动态。这些文献都为进一步开展环境全要素生产率的相关研究提供了有益的参考，有助于丰富该领域的研究成果，但仍存在一些缺陷：首先，现有文献采用的经典回归方法仅仅关注单个经济体能否趋于自身的稳态，而对所有经济单元增长绩效的比较与分布变化有所忽略，这会导致条件收敛检验偏离了研究收敛性的初衷；其次，尽管当前研究对中国环境全要素生产率增长给予了高度关注，但仍然缺乏对省际环境全要素生产率增长差异的深入研究，尚未具体刻画出省际环境全要素生产率增长的动态变化机制；再次，虽然已有少数文献采用核密度估计法对我国区域环境全要素生产率分布的整体形态进行了直观分析，但该方法的缺陷在于不能反映省际环境全要素生产率分布相对位置的动态变化与其发生概率，也就不能准确地揭示出整体环境全要素生产率分布演化的长期发展趋势。鉴于此，本书第四章将运用马尔可夫链方法通过考察省际环境全要素生产率分布的状态转移，更好地反映其分布的内部流动性，从而深入研究整体环境全要素生产率分布的未来演化趋势。将马尔可夫链方法应用于我国环境全要素生产率研究的文献十分少见，本书尝试将此方法引入到环境全要素生产率收敛性的分析领域中，既是对研究方法的进一步完善，也有助于相关理论应用范围的拓展。

第四节　关于环境全要素生产率影响因素的研究

由于影响环境全要素生产率增长的因素涉及“经济—环境—资源”系统的方方面面，当前学术界并没有形成一套公认的研究生产率影响因素的理论体系，很多学者均根据自身研究的需要与数据资料的可得性选择全要素生产率的影响因素。与传统的全要素生产率影响因素相比，环境全要素生产率影响因素的研究成果比较少。笔者根据研究方法与内容的不同，分别对考虑空间效应的全要素生产率影响因素研究成果以及环境全要素生产率影响因素的相关文献进行了简单评述。

一、考虑空间效应的相关研究成果

Krugman 等（1995）认为，空间效应指的是不同国家（地区）之间通过资本、劳动力、技术溢出以及贸易交流等生产要素在空间地理上的相互作用与相互影响。由于地区之间的经济发展与其空间地理分布及特征密切相关，Hall 和 Jones（1999）、Demurger（2002）、Griffith（2002）等国外学者一致主张将空间效应纳入到经济增长的研究框架中。Ying（2003）也指出，忽略不同地区之间的空间效应会导致实证分析结果的偏误，因而，作者基于空间计量经济学的视角对中国 1978~1998 年的经济增长问题进行了研究，然后采用 Anselin 的空间滞后模型对经济增长的来源进行了检验，结果发现，非农劳动力的增长、工业生产、资本存量以及外商直接投资是影响经济增长的主要因素；与此同时，随着市场化的不断发展，由于要素流动、资金转移以及技术扩散而产生的空间效应也会对经济增长产生正向影响。鉴于此，国内学者也开始逐渐将空间效应纳入到经济增长的研究框架中，考虑了空间相关性对全要素生产率增长的影响。

刘华军等（2014）在对我国 30 个省份环境约束下的全要素生产率进行测度的基础上，利用 Theil 指数对中国环境全要素生产率增长的省际差异进行了测算，并按照一定的空间尺度对不同区域进行了分解；然后采用空间面板数据计量经济模型，通过构建广义空间面板滞后模型对环境约束下全要素生产率的影响因素进行了实证分析；结果发现，环境约束下中国的全要素生产率增长具有显著的空间正向溢出效应。

马越越（2014）基于地理溢出效应的视角对我国 1997~2011 年省际物流产业全要素生产率进行了实证分析；根据新经济地理理论分析了物流产业全要素生产率的空间分布状况，并对物流产业全要素生产率的空间溢出效应进行了检验；随后作者运用空间计量经济模型对物流产业全要素生产率的影响因素进行了考察；结果表明，物流产业全要素生产率存在明显的空间竞争效应，技术创新能力与交通基础设施存在空间负向溢出效应，而受教育程度影响对全要素生产率具有正向空间溢出效应。

张胜利等（2015）以 1998~2013 年我国 30 个省份的工业碳排放效率

为研究对象，首先对工业碳排放效率的空间效应与省际差异进行了检验，然后通过构建空间面板计量模型，分析了中国工业碳排放效率的影响因素；结果发现，我国不同省份的工业碳排放效率存在显著的空间正相关性以及空间集聚特征；影响碳排放效率的主要因素包括能源价格水平、能源结构、工业结构、能源强度等。

张权（2015）根据中国 1995~2012 年 31 个省（直辖市、自治区）的面板数据，通过构建多种空间面板计量经济模型，在不同的空间关联模式下分析了我国全要素生产率增长的主要影响因素及其空间溢出效应；研究结果表明，经济发展水平、人力资本以及对外开放程度等因素的空间总溢出效应为正；产业结构、要素禀赋结构以及政府控制力等因素的空间总溢出效应为负。

潘丹（2012）认为，在农业绿色生产率影响因素的实证研究中不能忽略空间效应，作者运用空间计量模型，对我国农业绿色生产率的主要影响因素及其空间相关性进行了实证研究；研究结果表明，区域间的农业生产率存在显著的正向空间效应，空间地理因素会对我国农业生产率产生显著影响；现阶段中国依然处于农业生产率“U”型曲线的左半边；养殖业比重、财政支农政策、农业价格政策以及城乡收入差距等因素会导致农业绿色生产率的下降；而灌溉设施投资力度与贸易开放等因素会有效促进中国农业生产率的提高。

戴彬等（2015）采用探索性空间数据分析方法与空间计量经济模型研究了中国大陆沿海 11 个省份 2006~2011 年海洋全要素生产率的时空格局演变及其影响因素；研究结果发现，区域外部性对海洋科技全要素生产率增长具有重要的影响作用，相邻省份间存在显著的空间溢出效应；工作人员科技素养、产学研结合等因素会促进海洋科技水平的提升，而传统产业的高占比会阻碍海洋科技的发展。

钱争鸣等（2014）从地区空间关联的视角出发，对地区经济增长、产业结构以及环境管制之间的关系进行了考察，重点分析了环境管制对区域绿色经济效率的作用机理及其影响程度；研究结果表明，我国区域绿色经济效率存在显著的正向空间效应，环境管制对提升经济效率存在时滞性，但长期来看，环境管制能有效促进三大区域的技术进步，形成“极化效应”与“扩散效应”，从而推动产业结构优化升级，提升区域绿色经济效率，进而促进地区经济增长。

二、其他环境全要素生产率影响因素相关文献

Yoruk（2005）把人均国内生产总值及其平方项、工业总产值所占比重作为衡量一个国家发展水平的替代变量，并采用面板回归计量模型实证研究了气候变化对 OECD 国家 Malmquist-Luenberger 全要素生产率指数的影响。

黄永春等（2015）在采用 SBM 方法对中国区域环境全要素生产率进行测度的基础上，通过构建 Tobit 回归模型分析了影响我国地区环境全要素生产率的主要因素；研究结果发现，对外开放水平能够促进环境全要素生产率的提升，能源结构与产业结构对地区环境全要素生产率起负向作用；而经济发展水平与三大区域的环境全要素生产率呈现出“U”型关系。

李小胜等（2014）在测算出我国 1997~2011 年 30 个省（直辖市、自治区）环境全要素生产率的基础上，采用空间面板 Tobit 回归模型对其影响因素进行了实证分析；研究结果表明，人均收入与技术进步能够显著促进环境全要素生产率水平的提升，对外开放水平对环境全要素生产率增长具有负向阻碍作用；样本期间，中国存在环境全要素生产率的库兹涅茨曲线。

徐晶晶（2015）根据 2000~2012 年中国 11 个东部沿海省份的统计数据采用空间面板计量模型对沿海地区绿色全要素生产率的影响因素进行了实证分析；研究结果表明，外资水平、能源消费、人力资本、空间因素以及政府财政扶持能够显著促进我国沿海省份绿色全要素生产率的提高；政府环境治理以及产业结构因素会对绿色全要素生产率产生负向影响。

梅国平等（2014）在对中国 2001~2011 年 29 个省份环境约束下全要素生产率进行测度的基础上，通过空间计量模型考察了不同因素对环境全要素生产率的影响；研究结果表明，经济发展水平、外商直接投资与科技创新对提高资源环境约束下我国全要素生产率水平具有正向促进作用；要素禀赋结构、产业结构以及能源消费结构会阻碍环境全要素生产率的提

升；而政府环境规制的回归系数值并不显著。

吴青青（2015）在对我国2004~2012年绿色全要素生产率进行测度的基础上，采用空间面板计量模型分析了绿色全要素生产率的影响因素；研究结果发现，经济发展水平与产业结构因素可以促进我国绿色全要素生产率的提升，但随着经济的不断发展，绿色全要素生产率会先升后降，存在环境库兹涅茨曲线；技术进步依然是绿色全要素生产率增长的主要源泉。

王玲玲（2014）根据中国2006~2011年11个沿海省市的统计数据，采用面板数据回归计量经济模型对资源环境约束下海洋绿色全要素生产率的影响因素进行了实证分析；根据Eviews6.0的估计结果得出，海洋人力资本、海洋产业结构、海洋研发投入均会对海洋绿色全要素生产率起到正向促进作用，而海洋物质资本对环境约束下海洋经济全要素生产率影响因素计量模型的回归系数为负。

李小胜等（2015）根据我国1997~2011年30个省份的面板数据，在采用Malmquist-Luenberger指数模型测算省域环境全要素生产率的基础上，通过构建Tobit空间面板回归模型对中国环境全要素生产率的影响因素进行了实证分析；结果发现，对外开放、人均收入以及技术进步等因素能够促进我国全要素生产率水平的提高；而城市化与结构调整会阻碍全要素生产率的提高。

肖攀等（2013）在对我国2003~2010年286个城市的环境全要素生产率进行测度的基础上，采用空间面板计量经济模型对影响中国城市环境全要素生产率的主要因素进行了实证分析；研究结果发现，政府规模的扩展、宏观经济的稳定性以及市场化程度的加大对环境约束下城市全要素生产率具有正向影响，而外商直接投资对城市全要素生产率具有负向影响。

与传统的全要素生产率影响因素分析相比，研究环境全要素生产率影响因素的文献中加入了政府环境规制、能源消费以及能源结构等相关变量，更加科学客观地分析了资源环境约束下全要素生产率的主要影响因素，但由于各种原因，实证研究结果也有所差异。

三、环境全要素生产率影响因素研究简要述评

目前，研究中国省际环境全要素生产率影响因素的相关成果还比较少，

并没有形成一套专门的系统分析框架。本书在充分吸收借鉴现有文献的基础上，进一步开展了对省际环境全要素生产率影响因素的深化研究，为了弥补已有研究成果的缺陷，笔者主要从如下几个方面进行了一定程度的改进。

首先，由于研究省际环境全要素生产率的影响因素及其作用机理需要运用计量模型实现，而已有文献主要使用三种方式：截面数据模型、时间序列模型或者面板数据模型来进行估计与检验。然而，经典的计量经济分析的前提假设是“样本之间相互独立”，但是，根据地理学第一定律：世界上所有事物都是相互联系的，事物距离越近，则相关性越高；距离越远，则相关性越低。因而，不同地区的经济行为之间都会具有空间效应，省际经济行为在地理上具有一定的空间交互作用。这种空间作用导致传统的计量经济模型的前提假设不再成立，进而导致回归结果偏离实际情况。鉴于此，本书通过空间统计学与空间计量经济学理论模型把空间结构与空间效应纳入到研究框架中，从而得出更切合实际的结果。

其次，前文详细回顾了关于环境全要素生产率的研究成果，发现当前文献对全要素生产率影响因素的指标选取主观性较强，缺乏系统性和逻辑性，对指标选取科学性的理论分析不足；同时，多数文献仅是随意选取若干指标进行实证研究，而缺乏对全要素生产率作用机理的系统分析。鉴于此，本书将系统、科学地选取影响因素指标，并对各影响因素的作用机理进行详细分析。

最后，技术进步是一个地区经济发展的重要推动力，并且自主创新与技术引进是促进技术进步的两种主要途径，然而，关于自主创新与技术引进对经济增长的作用，学术界并没有达成共识，研究自主创新和技术引进对省际环境全要素生产率影响作用的文献更是少见。因而本书将考察自主创新和技术引进对环境全要素生产率影响的差异，更为准确地判断提升环境全要素生产率的技术创新路径，这对决策者制定政策具有重要的指导意义。值得一提的是，笔者从研发产出的角度着手，综合考虑了研发活动的时滞性，构建了“自主创新知识存量”和“技术引进存量”分别作为自主创新因素和技术引进因素的替代指标，这在一定程度上弥补了其他文献所选指标的缺陷，实证结果也进一步说明本书的研究结果更符合理论预期与实际情况。

第三章 中国省际环境全要素生产率的测算研究

第一节 省际环境全要素生产率的测算方法

不同于以往研究，本书采用非参数混合径向 EBM 模型结合 Malmquist-Luenberger 指数对中国省际环境效率与环境全要素生产率进行分析。与此同时，根据 Cooper 等（2011）对绩效评价稳健性的要求，运用当前学者广泛采用的非径向、非角度的 SBM 方向距离函数结合 Malmquist-Luenberger 指数模型对省际环境效率与环境全要素生产率进行测度，用来比较并评价测算结果的稳健性。

一、基于非期望产出的 SBM 与 EBM 方法介绍

（一）传统的 DEA 相关模型

数据包络分析（DEA）是一种基于被评价对象间相对比较的非参数技术效率分析方法，近年来被广泛应用于环境效率评价研究中。DEA 的第一个模型为 Charnes、Cooper 和 Rhodes 三人创立的 CCR 模型，CCR 模型假设规模收益不变（CRS），其得出的技术效率中包含规模效率的成分，通常被称为综合技术效率，如式（3.1）所示。BCC 模型是在 CCR 模型的基础上

增加约束条件 $\sum_{j=1}^{n}\lambda_j=1$ 构成的，BCC 模型基于规模收益可变（VRS），得出的技术效率排除了规模的影响，被称为纯技术效率。

$$
\begin{aligned}
&\min\theta \\
&\text{s. t. } \sum_{j=1}^{n}\lambda_j x_{ij}+s_i^-=\theta x_{ik} \\
&\sum_{j=1}^{n}\lambda_j y_{rj}-s_r^+=y_{rk} \\
&\lambda\geqslant 0
\end{aligned}
\tag{3.1}
$$

式（3.1）中假设有 n 个决策单元（DMU），记为$DMU_j(j=1, 2, \cdots, n)$；每个 DMU 有 m 种投入，记为 $x_i(i=1, 2, \cdots, m)$；q 种产出，记为 $y_r(r=1, 2, \cdots, q)$；当前要测量的 DMU 记为DMU_k，λ 表示 DMU 的线性组合系数，模型的最优解 θ^* 代表效率值。

传统的 DEA 模型虽然假设比较简单，要求以最少的投入获得尽可能多的产出，但这并不完全符合实际情况，现实的生产过程可能会存在坏产出（如生产过程中产生的污染排放），即“非期望产出”（Undesirable Outputs）。要提高环境效率应该尽可能地减少非期望产出，而经典的 DEA 模型只能增加产出，显然，CCR 和 BCC 模型不能处理非期望产出存在的情况。对于非期望产出的处理，许多学者进行了有益的尝试，主要包括以下三种方式：一是将非期望产出当作投入处理，这种方法确实可以尽可能减少非期望产出，但却违背了现实生产过程，应用效果并不理想。二是数据转换函数法，包括三种数据转换函数形式：①负产出法，即先将非期望产出乘以 -1，再找到合适的转换向量将非期望产出转化为正值。这种方法在思路上比投入处理法有所进步，但却加入了很强的凸性约束，必须在规模收益可变的情况下求解；同时，违背了效率评价中投入、产出数据非负的规定。②线性数据转化处理法，即通过线性函数把非期望产出转化为越大越好的期望产出，并用足够大的向量保证转化后的期望产出为正，该处理方法的缺陷在于运用到 CCR 模型中不能保证分类的一致性，造成效率评价结果偏差。③非线性数据转化处理法，即运用非线性数据转化函数把非期望产出转换为期望产出的形式，其缺陷在于不能满足模型的凸性要求。三是方向距离函数法，该方法能够根据决策者的意愿确定改进效率方向，较好地处理了存在非期望产出的效率评价问题，得到了众多学者的青睐。但方向距离函数法仍然属于径向的、产出导向的 DEA 测度模型，其缺陷在于不能充分考虑投入产出的松弛性问题，在应用中也会造成偏差。

综上可知，传统的 DEA 模型基本上是径向的、角度的测度模式，没有考虑到投入产出的松弛性问题，导致评价结果不够准确。因而，学术界近年来通常采用非径向、非角度的 SBM 模型。

（二）基于非期望产出的 SBM 模型

在径向 DEA 模型中，对无效率程度的测度只包括所有投入（产出）等比例减少（增加）的部分。而无效 DMU 与强有效目标值之间的差距，除了等比例改进的部分外，还应该包括松弛改进的部分，松弛改进的部分也要体现在效率值测度中，鉴于此，Tone（2001）提出了 SBM 模型（Slack Based Measure，SBM）。

式（3.2）中假设有 n 个决策单元，每个 DMU 有两个投入产出向量：投入向量 $x \in R^m$，产出向量 $y \in R_1^q$，那么，矩阵 $X=[x_1, \cdots, x_n] \in R^{m\times n}$，$Y=[y_1, \cdots, y_n] \in R_1^{q\times n}$，其中，$X>0$，$Y>0$；$s$ 表示投入、产出的松弛变量；λ 是权重向量。SBM 模型使用 $\rho^*(0\leqslant\rho^*\leqslant1)$ 表示被评价 DMU 的效率值，它同时从投入和产出两个角度来测度无效率状况，因此被称为非导向模型（Non-oriented）。在非导向的 SBM 模型中，投入和产出数据都不能为 0。那么，式（3.2）中，投入和产出的无效率分别表现为：$\frac{1}{m}\sum_{i=1}^{m} s_i^-/x_{ik}$，$\frac{1}{q}\sum_{r=1}^{q} s_r^+/y_{rk}$。

$$\min \rho = \frac{1 - \frac{1}{m}\sum_{i=1}^{m} s_i^-/x_{ik}}{1 + \frac{1}{q}\sum_{r=1}^{q} s_r^+/y_{rk}}$$

$$\text{s.t.}\quad X\lambda + s^- = x_k$$

$$Y\lambda - s^+ = y_k$$

$$\lambda,\ s^-,\ s^+ \geqslant 0 \tag{3.2}$$

如果 SBM 模型的效率值 ρ^* 为 1，则被评价决策单元是强有效的，被评价决策单元的目标值为 $\hat{x}_k=x_k-s^-$；$\hat{y}_k=y_k+s^+$。在径向模型中，用所有投入或产出能够等比例缩减或增加的程度来测度无效率；但 SBM 模型用所有投入或产出能够缩减或增加的平均比例测度无效率。

Tone 定义的包含非期望产出的 SBM 模型，如式（3.3）所示。

式（3.3）中假设有 n 个决策单元，每个 DMU 有三个投入产出向量：投入向量 $x\in R^m$，期望产出向量 $y\in R_1^q$ 和非期望产出向量 $b\in R_2^q$，那么，矩阵 $X=[x_1,\ \cdots,\ x_n]\in R^{m\times n}$，$Y=[y_1,\ \cdots,\ y_n]\in R_1^{q\times n}$，$B=[b_1,\ \cdots,\ b_n]\in R_2^{q\times n}$，其中，$X>0$，$Y>0$，$B>0$。对于特定的 DMU，只有 ρ^* 等于 1，即 $s^-=0$，$s^+=0$，$s^{b-}=0$ 时为强有效，不存在径向模型的弱有效问题；如果 $\rho^*<1$，则被评价 DMU 是无效的，需要在投入产出方面进行改进。

式（3.3）是一个非线性规划模型，可以通过相应的转换方法进行求解。SBM 模型的优点：首先，解决了径向模型对无效率测度没有包括松弛变量的问题；其次，能够解决存在非期望产出的效率评价问题；除此之外，SBM 模型是一种非径向、非角度的测度方法，能够有效避免由于径向与角度的选择差异而引起的偏差。但 SBM 模型也存在明显的缺陷：SBM 模型的目标函数是最小化效率值 ρ，这也就是最大化投入和产出的无效率。那么，从距离函数的角度考虑，被评价 DMU 的投影点就是前沿上距离该 DMU 最远的点；而从被评价者的角度考虑，是希望以最短的路径到达前沿，SBM 方法显然与此相悖。

$$\min\rho=\frac{1-\dfrac{1}{m}\sum\limits_{i=1}^{m}s_i^-/x_{ik}}{1+\dfrac{1}{q_1+q_2}\left(\sum\limits_{r=1}^{q_1}s_r^+/y_{rk}+\sum\limits_{i=1}^{q_2}s_i^{b-}/b_{rk}\right)}$$

$$\text{s.t.}\quad X\lambda+s^-=x_k\qquad Y\lambda-s^+=y_k$$

$$B\lambda+s^{b-}=b_k$$

$$\lambda,\ s^-,\ s^+\geqslant 0\tag{3.3}$$

（三）基于非期望产出的 EBM 模型

Avkiran（2008）等认为，虽然非径向、非角度的 SBM 模型能够避免径向的、角度的传统 DEA 模型，可能高估区域环境效率的缺陷，较之前有很大的进步，但其仍然存在一定的缺陷。例如，当非期望产出存在时，资源、能源消耗（投入因素）与污染物排放之间是“不可分的”，它们的关系是径向的，并且基于 $\alpha(0\leqslant\alpha\leqslant1)$ 的比例变化；而其他要素投入和产出之间却是“可分的”、非径向的关系。但无论是传统的 DEA 模型还是 SBM 模型都不能处理投入和产出变量同时具有径向和非径向特征的情况。此外，SBM 模型在处理正值和零值时，源自线性规划解决方案的特征加剧了投入与产出变量之间的最优松弛的对比，可能导致计算结果偏离实际情况。

$$\gamma^* = \min\theta - \varepsilon_x \sum_{i=1}^{m} \frac{\omega_i^- s_i^-}{x_{ik}}$$

$$\text{s. t.} \quad \sum_{j=1}^{n} x_{ij}\lambda_j + s_i^- = \theta x_{ik}, \ i = 1, \ \cdots, \ m$$

$$\sum_{j=1}^{n} y_{rj}\lambda_j \geqslant y_{rk}, \ r = 1, \ \cdots, \ s$$

$$\lambda_j \geqslant 0, \ s_i^- \geqslant 0 \tag{3.4}$$

鉴于此，Tone 和 Tsutsui（2010）提出了一种同时包含径向与非径向两类距离函数的混合模型。由于模型中使用了 ε 参数，Tone 称之为 EBM（Epsilon-Based Measure）模型。EBM 模型能在一定程度上弥补传统 DEA 模型和 SBM 模型的缺陷，规模收益不变假设下投入导向的 EBM 模型（EBM-I-C）。如式（3.4）所示。

其中，γ^* 代表可变规模报酬下 EBM 模型的最佳效率值；x_{ik} 和 y_{rk} 分别表示第 k 个决策单元的第 i 种投入和第 r 种产出；下标 k 表示被评价的 DMU；m 和 s 分别表示投入、产出数量；λ 为决策单元的线性组合系数；θ 为径向部分的规划参数；s_i^- 表示第 i 个投入要素的松弛量；ω_i^- 表示各项投入指标的相对重要程度，并且满足 $\sum_{i=1}^{m}\omega_i^- = 1(\omega_i^- \geqslant 0)$；$\varepsilon_x$ 是一个联系径向和非径向松弛条件的关键参数，并且满足 $0\leqslant\varepsilon_x\leqslant1$，它表示效率值计算中非径向部分的重要程度：取 0 时相当于径向模型，取 1 时相当于 SBM 模型，这些参数值需要在建立 EBM 模型之前确定。Tone 和 Tsutsui（2010）认为，这些参数应该由数据本身的客观属性决定。如果 $\gamma^* = 1$，则该决策单元技术有效。

由于本书涉及非期望产出的处理问题，我们把式（3.4）EBM-I-C 模型扩展为非导向的、基于非期望产出的 EBM 模型。如式（3.5）所示。

$$\gamma^* = \min \frac{\theta - \varepsilon_x \sum_{i=1}^{m} \frac{\omega_i^- s_i^-}{x_{ik}}}{\varphi + \varepsilon_y \sum_{r=1}^{s} \frac{\omega_r^+ s_r^+}{y_{rk}} + \varepsilon_b \sum_{p=1}^{q} \frac{\omega_p^{b-} - s_p^{b-}}{b_{pk}}}$$

$$\text{s.t.} \sum_{j=1}^{n} x_{ij}\lambda_j + s_i^- = \theta x_{ik}, \ i = 1, \cdots, m$$

$$\sum_{j=1}^{n} y_{rj}\lambda_j - s_r^+ = \varphi y_{rk}, \ r = 1, \cdots, s$$

$$\sum_{p=1}^{n} b_{ij}\lambda_j + s_p^{b-} = \varphi b_{tk}, \ p = 1, \cdots, q$$

$$\lambda_j \geqslant 0, \ s_i^-, \ s_r^+, \ s_p^{b-} \geqslant 0 \tag{3.5}$$

式（3.5）中 b_{tk} 表示第 k 个决策单元的第 t 种非期望产出；s_r^+ 和 s_p^{b-} 分别表示第 r 种期望产出和第 p 种非期望产出的松弛量；ω_r^+ 和 ω_p^{b-} 分别表示第 r 种期望产出和第 p 种非期望产出指标的权重。

二、Malmquist-Luenberger 指数测度方法

（一）Malmquist-Luenberger 生产率指数

前文介绍的 SBM 模型和 EBM 模型都是基于技术效率的概念，针对某一时间的生产技术而言的。但生产过程一般是长期的、连续的，在这个过程中，生产技术水平是不断变化的（通常是技术进步）。“生产技术是第一生产力”指的就是技术进步对提高生产率所起到的关键作用。

当被评价 DMU 的数据是包括多个时间点的面板数据时，就能够分析生产率的变动情况以及技术效率与技术进步分别对生产率的变动所起的作用，这就是 Malmquist 全要素生产率（Total Factor Productivity，TFP）指数分析。Malmquist 生产率指数的概念是由 Malmquist（1953）提出的，Färe 等（1992）首次应用 DEA 模型测算 Malmquist 指数，并把 Malmquist 指数分解为技术效率变化（Technical Efficiency Change，EC）和生产技术变化（Technological Change，TC）用来反映生产前沿的变动情况。Chung 等

（1997）将包括非期望产出的方向距离函数应用于 Malmquist 模型，并把得到的指数称为 Malmquist-Luenberger 生产率指数。任何包括非期望产出的 Malmquist 模型得出的指数都称为 Malmquist-Luenberger 指数。

Färe 等（1992）采用 Caves 等（1982）计算 Malmquist 指数的方法，使用两个 Malmquist 指数的几何平均值作为被评价决策单元的 Malmquist 指数。那么，从时期 t 到时期 $t+1$ 的 Malmquist-Luenberger 指数可以表示为：

$$ML(x^{t+1},\ y^{t+1},\ b^{t+1},\ x^t,\ y^t,\ b^t)=\sqrt{\frac{E_c^t(x^{t+1},\ y^{t+1},\ b^{t+1})}{E_c^t(x^t,\ y^t,\ b^t)}\times\frac{E_c^{t+1}(x^{t+1},\ y^{t+1},\ b^{t+1})}{E_c^{t+1}(x^t,\ y^t,\ b^t)}} \tag{3.6}$$

式（3.6）中 $E_c^t(x^t,\ y^t,\ b^t)$ 和 $E_c^{t+1}(x^{t+1},\ y^{t+1},\ b^{t+1})$ 分别是决策单元在两个时期的技术效率值，Färe 等（1992）将其作为 t 期到 $t+1$ 期的技术效率变化：

$$EC=\frac{E_c^{t+1}(x^{t+1},\ y^{t+1},\ b^{t+1})}{E_c^t(x^t,\ y^t,\ b^t)} \tag{3.7}$$

两个时期的技术变化可以由式（3.8）表示，若比值大于 1 则表示技术进步。

$$TC=\sqrt{\frac{E_c^t(x^t,\ y^t,\ b^t)}{E_c^{t+1}(x^t,\ y^t,\ b^t)}\times\frac{E_c^t(x^{t+1},\ y^{t+1},\ b^{t+1})}{E_c^{t+1}(x^{t+1},\ y^{t+1},\ b^{t+1})}} \tag{3.8}$$

根据以上分析，*ML* 指数可以分解为效率变化和技术变化两部分。

$$ML=EC\times TC \tag{3.9}$$

（二）Malmquist-Luenberger 生产率指数分解

Zofio（2007）的 Malmquist 指数分解方法可以看作在 Färe 等（1992）分解方法的基础上，通过 VRS Malmquist 和 CRS Malmquist 得出的不同的效率变化值，把 Färe 等（1992）分解模型中的 *EC* 进一步分解为纯技术效率变化（*PEC*）和规模效率变化（*SEC*）；把 *TC* 进一步分解为纯技术变化（*PTC*）和规模技术变化（*STC*）四部分（见图 3.1）。

如式（3.10）中，下标 c 表示规模报酬不变，下标 v 表示规模报酬可变；x^t、y^t、b^t 和 x^{t+1}、y^{t+1}、b^{t+1} 分别表示被评价决策单元在时期 t 和时期 $t+1$ 的投入产出数值。如果 $PEC>(<)1$，表示从时期 t 到 $t+1$，被评价决策单元

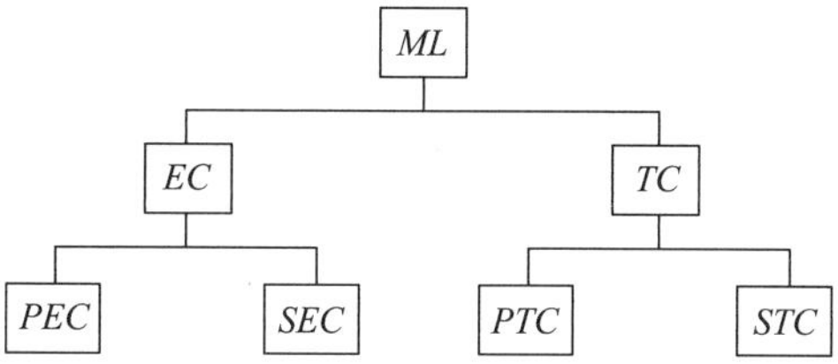

图 3.1　Zofio 的分解方法

向前沿面移动（远离前沿面），即纯技术效率有所改善（效率恶化）。*SEC* 是规模效率变化，代表由效率值变化所引起的规模效应，如果 $SEC>1$ 说明规模效率有所提高；如果 $SEC<1$ 说明规模效率有所降低。*PTC* 可以测度在增加期望产出和减少非期望产出的方向上，两个时期的技术前沿的移动情况，若 $PTC>1$ 说明技术前沿前移，代表技术的进步；若 $PTC<1$ 说明技术前沿后退，代表技术的倒退。*STC* 代表技术进步的规模效应，$STC>1$ 说明技术偏离不变规模报酬；$STC<1$ 则说明技术向不变规模报酬移动。如果 t 时期和 $t+1$ 时期的投入产出状况没有变化，则 $ML(x^{t+1}, y^{t+1}, b^{t+1}, x^t, y^t, b^t)$ 指数等于 1；若 $ML(x^{t+1}, y^{t+1}, b^{t+1}, x^t, y^t, b^t)$ 指数大于 1 表示环境全要素生产率提高；小于 1 表示环境全要素生产率降低。其中，纯技术效率变化、技术变化、规模效率变化以及规模技术变化都会引起全要素生产率相应的变化。

$$
\begin{aligned}
ML(x^{t+1}, y^{t+1}, b^{t+1}, x^t, y^t, b^t) &= \sqrt{\frac{E_c^t(x^{t+1}, y^{t+1}, b^{t+1})}{E_c^t(x^t, y^t, b^t)} \times \frac{E_c^{t+1}(x^{t+1}, y^{t+1}, b^{t+1})}{E_c^{t+1}(x^t, y^t, b^t)}} \\
&= EC \times TC = \frac{E_c^{t+1}(x^{t+1}, y^{t+1}, b^{t+1})}{E_c^t(x^t, y^t, b^t)} \times \sqrt{\frac{E_c^t(x^t, y^t, b^t)}{E_c^{t+1}(x^t, y^t, b^t)} \times \frac{E_c^t(x^{t+1}, y^{t+1}, b^{t+1})}{E_c^{t+1}(x^{t+1}, y^{t+1}, b^{t+1})}} \\
&= \frac{E_v^{t+1}(x^{t+1}, y^{t+1}, b^{t+1})}{E_v^t(x^t, y^t, b^t)} \times \left\{ \frac{E_c^{t+1}(x^{t+1}, y^{t+1}, b^{t+1})}{E_v^{t+1}(x^{t+1}, y^{t+1}, b^{t+1})} \times \frac{E_v^t(x^t, y^t, b^t)}{E_c^t(x^t, y^t, b^t)} \right\} \times \\
&\quad \sqrt{\frac{E_v^t(x^t, y^t, b^t)}{E_v^{t+1}(x^t, y^t, b^t)} \times \frac{E_v^t(x^{t+1}, y^{t+1}, b^{t+1})}{E_v^{t+1}(x^{t+1}, y^{t+1}, b^{t+1})}} \times \\
&\quad \sqrt{\frac{E_c^t(x^t, y^t, b^t)}{E_v^t(x^t, y^t, b^t)} \times \frac{E_c^t(x^{t+1}, y^{t+1}, b^{t+1})}{E_v^t(x^{t+1}, y^{t+1}, b^{t+1})} \times \frac{E_v^{t+1}(x^t, y^t, b^t)}{E_c^{t+1}(x^t, y^t, b^t)} \times \frac{E_v^{t+1}(x^{t+1}, y^{t+1}, b^{t+1})}{E_c^{t+1}(x^{t+1}, y^{t+1}, b^{t+1})}} \\
&= PEC \times SEC \times PTC \times STC
\end{aligned} \tag{3.10}
$$

第二节 省际环境全要素生产率测算的指标选择

一、指标选择

为了保证数据的可得性与统计口径的一致性，本研究使用2002~2015年29个省份（直辖市、自治区）（除去西藏自治区、中国香港、澳门与台湾地区，重庆市归入四川省）为研究对象。之所以将数据截至2015年，是由于在资料收集时期，最新的《中国能源统计年鉴》是2017年的，并且最新的《全国环境统计公报》是2017年发布的，其数据是2015年的，存在数据缺失，为了样本数据的精确性，本书没有纳入2016年的数据。此外，由于在测算资本存量时，采用张军等（2004）的省际资本存量估计数据并以同样的算法将时间延长到2015年，为了数据的连续性与可操作性，参照其处理方式把重庆市归入四川省。假设生产过程中投入要素包括资本要素、劳动要素和能源要素，这三种投入要素产生期望产出：地区生产总值和非期望产出包括废气排放、废水排放和固体废弃物排放。每个省份2002~2015年的环境效率分别用SBM和EBM模型进行测算和分析。

对于投入变量中的资本要素，笔者选择多数文献采用的资本存量表示（徐晶晶，2015；李小胜等，2014；陈玉桥，2013；钱争鸣等，2014）。生产过程中所投入的资本难以测度，由于资本存量的计量涉及如何选择资本积累的基期、如何设定折旧率等问题，给实际测算带来了很大困难。当前，学术界通常使用张军等（2004）的永续盘存法对区域资本存量进行测度，这也是经济学家们比较公认的一种测算资本存量的有效方法。具体公式如下所示。

$$K_{i,t}=I_{i,t}+(1-\delta_{i,t})K_{i,t-1} \tag{3.11}$$

式（3.11）中，$K_{i,t}$ 代表第 i 个决策单元在时期 t 的资本存量，$K_{i,t-1}$ 代表第 i 个决策单元在时期 $t-1$ 的资本存量。$I_{i,t}$ 代表当年投资指标，关于当年投资指标的选择主要包括三种方式：①选择“积累”代表新增加的资本，本书不选择此种方法是由于该指标数据在1993年后不再公布；②选择

"全社会固定资本投资"表示当年投资；③采用"固定资本形成总额"衡量（使用历年的固定资产投资价格指数进行平减[①]），这是当前学术界的普遍选择，本书也选择第三种方式表示当年投资指标。$\delta_{i,t}$ 代表固定资本形成总额的经济折旧率，根据张军等（2004）的测度结果，将中国省份的固定资本形成总额的经济折旧率设为 9.6%[②]。由于样本期间为 2002~2015 年，笔者直接使用张军等（2004）的中国省际资本存量估计数据并以同样的算法将时间延长到 2015 年。本书以 2002 年为基期，与基期时间间隔越长的资本存量估算结果越逼近实际情况，这是由于资本折旧和资本形成的存在。

考虑到劳动投入要素，国外学者一般采用每小时工资作为劳动投入的替代变量，该指标能够准确地反映出实际生产过程中创造一单位价值所需要投入的劳动量。理论上也确实需要根据不同省份的劳动时间、劳动人数、劳动强度结合劳动质量等因素进行全面综合的考虑。在发达国家完善的市场经济调节机制下，劳动质量与收入水平是正相关的，劳动收入能够相对客观地反映出劳动投入要素的变化。然而，我国当前的社会主义市场经济体制还不够完善，劳动收入分配制度也不是很健全，并且对于实证研究中指标的选取，还要考虑到数据的可得性与可操作性。由于国内统计标准的差异，难以获取分省份劳动投入要素质量调整的完整数据，综合以上原因，学术界通常使用就业量代表劳动投入（钱争鸣等，2014；刘华军等，2014；杨海文，2015；陈玉桥，2013）。理论上，随着劳动力的增多在生产过程中创造的产值也会增大，本书沿用多数学者的方法，也选取各省年末就业人数表示劳动投入要素。

提高环境效率的关键在于资源能源的节约与环境质量的改善，大量研究也表明，能源投入是导致环境污染的重要原因，这也说明能源投入和污染物排放是不可分离的。不同省份的经济基础与资源禀赋存在很大差距，省际能源消费也存在较大的差异，为了使测算结果更加准确，本书把煤炭、天然气、电力、石油等多种能源的消费量统一折算成"万吨标准煤"为单位并进

① 统计年鉴中的固定资本形成总额是以当期价格测度的，笔者采用历年《中国统计年鉴》中的分地区固定资产投资价格指数将其折算成以 2002 年为基期的不变价格统计量。

② 具体的假设前提、方法介绍与测算方法参见张军等（2004）的详细分析。

行加总计算，最终得到各省份每年的能源消费量指标代表能源投入要素。

根据前文介绍，本书的产出指标包括期望产出与非期望产出。由于经济发展是每个省份重要的最终成果，因而期望产出使用 2002~2015 年各省（直辖市、自治区）的地区生产总值（亿元）表示，并以 2002 年为基期折算为不变价（消除价格因素的影响）。考虑到非期望产出，第二章文献综述部分对此有详细的评述，“三废”通常是衡量污染水平较为全面的变量：我国环境规制的主要控制污染物包括化学需氧量和二氧化硫，所以本书中废水排放由各省份的化学需氧量（COD）（万吨）代表，废气排放由各省份的二氧化硫排放量（万吨）代表，固体废弃物排放一般使用各省份工业固体废物产生量（万吨）代表。

二、数据来源与说明

由于缺乏充分的统计资料，我国香港、澳门、台湾地区和西藏地区在环境效率测算中不予考虑。上述投入要素指标、期望产出和非期望产出指标来源于《中国统计年鉴》《中国环境年鉴》《中国能源统计年鉴》《全国环境统计公报》以及国务院发展研究中心网络数据库等。

投入要素指标与产出要素指标的数据特征，如表 3.1 所示。

表 3.1　2002~2015 年投入产出要素指标的数据特征描述

指标	最大值	最小值	中值	均值	标准差
资本存量（亿元）	132276.83	1034.70	17623.20	25000.41	23606.18
劳动投入（万人）	8250.37	282.40	2113.20	2653.28	1874.73
能源投入（万吨标准煤）	38899.00	602.00	9531.50	11661.33	8007.06
地区生产总值（亿元）	51308.96	340.65	7870.94	10546.85	9657.60
化学需氧量（万吨）	198.20	3.19	48.96	58.63	41.56
二氧化硫（万吨）	214.10	2.17	62.49	75.92	48.33
工业固体废物（万吨）	45575.83	91.00	5468.01	7492.44	7350.91

注：面板数据包含 29 个截面单元共 14 年的时间序列数据，有 406 个样本观测点。

资料来源：根据《中国统计年鉴》《中国环境年鉴》《中国能源统计年鉴》以及国务院发展研究中心网络数据库等整理计算得出，基期为 2002 年。

从表 3.1 可以看出：资本投入的最大值与最小值的比值为 127.84，大于另外两种投入的最大值与最小值之比，资本投入的标准差也超出了其中值；劳动投入的最大值与最小值比值约为 29.22，是三种投入中最小的；能源投入的标准差和中值相差最小。由此可知，省际资本投入差异较大，物质资本投入表现出路径依赖性，资本存量大的省份能更多地吸收并积累资本，导致出现要素集聚现象的发生；而近些年省际劳动力流动性较强，劳动投入在省际的分布差异相对较小，但不同省份的劳动力本身素质与技能水平还是有一定的差距；每个省份的经济发展都对能源具有很大的依赖性，分布较为集中。同时，期望产出最大值是最小值的 150.62 倍，省际的经济增长规模与速度存在很大的差异；非期望产出最大值也都在最小值的几十倍之上，很多省份（直辖市、自治区）的经济发展是以牺牲环境为代价的“粗放型”增长，我国的环境效率还有待提高。

第三节　省际环境全要素生产率变动的测算分析

本书使用数据包络分析软件 Maxdea6.6，运用 EBM 模型结合 Malmquist-Luenberger 指数对 2002~2015 年中国各省（自治区、直辖市）的环境效率与全要素生产率变动情况进行测度；考虑到测算结果的稳健性，根据 Cooper 等（2007）对绩效评价稳健性的要求，笔者同时采用 CCR 模型、SBM 模型结合 Malmquist-Luenberger 指数测度各省份的环境效率和全要素生产率变动状况。

一、省际环境效率的测算结果分析

（一）基于传统 DEA-CCR 模型的环境效率测算结果

利用 2002~2015 年中国各省份的投入产出数据，根据式（3.1）所示的 DEA-CCR 模型，从径向角度测算各省（直辖市、自治区）的环境效率。结果如表 3.2 所示。

表 3.2 为中国各省（自治区、直辖市）2002~2015 年的 DEA-CCR 模型

3.2 基于 DEA-CCR 模型的中国省际环境效率测算结果（2002~2015 年）

省份	2002 年	2003 年	2004 年	2005 年	2006 年	2007 年	2008 年	2009 年	2010 年	2011 年	2012 年	2013 年	2014 年	2015 年
北京	0.821	0.873	0.912	0.982	1.000	1.000	1.000	1.000	1.000	1.000	1.000	1.000	1.000	1.000
天津	0.767	0.813	0.887	0.989	0.994	1.000	0.939	1.000	1.000	1.000	1.000	1.000	1.000	1.000
河北	0.796	0.857	0.901	0.987	0.979	0.959	0.938	0.841	0.932	0.963	0.956	0.913	0.919	0.923
山西	0.829	0.816	0.792	0.760	0.715	0.710	0.689	0.665	0.637	0.672	0.663	0.658	0.661	0.675
内蒙古	0.901	0.831	0.759	0.766	0.806	0.806	0.807	0.828	0.805	0.837	0.810	0.738	0.768	0.801
辽宁	0.884	0.872	0.832	0.807	0.794	0.811	0.806	0.815	0.818	0.838	0.850	0.839	0.841	0.849
吉林	0.819	0.792	0.778	0.739	0.721	0.736	0.703	0.701	0.656	0.701	0.711	0.708	0.710	0.718
黑龙江	0.796	0.804	0.816	0.837	0.837	0.819	0.815	0.797	0.799	0.813	0.821	0.842	0.861	0.880
上海	0.947	0.986	0.995	1.000	1.000	1.000	1.000	1.000	1.000	1.000	1.000	1.000	1.000	1.000
江苏	1.000	1.000	1.000	0.988	0.925	0.913	0.887	0.889	0.879	0.887	0.911	0.848	0.871	0.910
浙江	1.000	0.993	0.956	0.991	0.922	0.894	0.895	0.898	0.889	0.871	0.877	0.874	0.891	0.912
安徽	0.810	0.797	0.786	0.771	0.783	0.778	0.824	0.827	0.763	0.792	0.800	0.819	0.823	0.845
福建	0.999	0.878	0.874	0.893	0.909	0.911	0.907	0.899	0.919	0.873	0.876	0.930	0.936	0.941
江西	0.869	0.815	0.766	0.741	0.729	0.733	0.743	0.759	0.766	0.747	0.756	0.777	0.790	0.801
山东	0.832	0.844	0.869	0.894	0.910	0.922	0.948	0.976	0.927	0.967	0.978	0.953	0.961	0.967
河南	0.848	0.829	0.819	0.800	0.813	0.829	0.826	0.794	0.754	0.765	0.760	0.727	0.731	0.752
湖北	0.852	0.809	0.776	0.761	0.735	0.760	0.752	0.740	0.734	0.722	0.727	0.750	0.771	0.792
湖南	0.855	0.833	0.824	0.814	0.795	0.788	0.795	0.808	0.789	0.766	0.784	0.774	0.785	0.791
广东	1.000	1.000	1.000	1.000	1.000	1.000	1.000	1.000	1.000	1.000	1.000	1.000	1.000	1.000

续表

省份	2002年	2003年	2004年	2005年	2006年	2007年	2008年	2009年	2010年	2011年	2012年	2013年	2014年	2015年
广西	0.865	0.842	0.812	0.789	0.747	0.723	0.726	0.728	0.677	0.684	0.713	0.706	0.711	0.723
海南	0.869	0.850	0.876	0.903	0.883	0.852	0.828	0.812	0.824	0.766	0.742	0.725	0.734	0.758
四川	0.748	0.720	0.699	0.688	0.697	0.700	0.688	0.718	0.737	0.768	0.786	0.803	0.816	0.823
贵州	0.605	0.576	0.562	0.568	0.567	0.574	0.598	0.612	0.609	0.634	0.619	0.634	0.658	0.678
云南	0.703	0.686	0.673	0.646	0.639	0.602	0.614	0.628	0.596	0.577	0.570	0.589	0.596	0.612
陕西	0.612	0.591	0.577	0.576	0.605	0.631	0.651	0.717	0.701	0.657	0.680	0.640	0.670	0.700
甘肃	0.837	0.808	0.785	0.753	0.722	0.696	0.653	0.658	0.654	0.658	0.674	0.686	0.701	0.725
青海	0.481	0.457	0.444	0.464	0.500	0.508	0.551	0.543	0.535	0.552	0.565	0.549	0.552	0.561
宁夏	0.515	0.486	0.457	0.471	0.470	0.490	0.533	0.472	0.470	0.462	0.475	0.503	0.511	0.523
新疆	0.525	0.514	0.505	0.502	0.516	0.536	0.557	0.577	0.573	0.590	0.589	0.599	0.601	0.610
平均值	0.806	0.792	0.784	0.789	0.783	0.782	0.782	0.783	0.774	0.778	0.783	0.779	0.789	0.802
东部	0.901	0.906	0.918	0.949	0.938	0.933	0.923	0.921	0.926	0.924	0.926	0.917	0.923	0.933
中部	0.835	0.812	0.795	0.778	0.766	0.769	0.768	0.761	0.737	0.747	0.753	0.757	0.767	0.782
西部	0.679	0.651	0.627	0.622	0.627	0.627	0.638	0.648	0.636	0.642	0.648	0.645	0.658	0.676

注：由 Maxdea6.6 软件根据 DEA-CCR 模型计算得出。

效率值以及 14 年间全国与东、中、西部①的 DEA-CCR 效率平均值。而各省（自治区、直辖市）2002~2015 年的 DEA-CCR 效率平均值如图 3.2 所示。

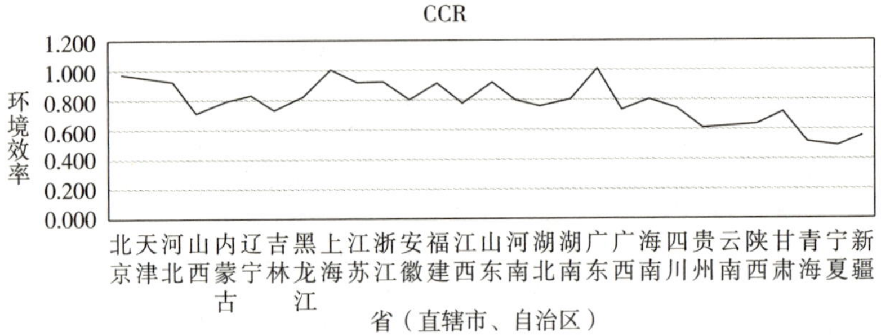

图 3.2　基于 DEA-CCR 模型的中国省际环境效率平均值（2002~2015 年）

如表 3.2 与图 3.2 所示，从全国平均值来看，2002~2015 年基于 DEA-CCR 模型测算的中国省际环境效率处于 0.77~0.81，其中，2002 年平均环境效率值最高，而 2008~2015 年的环境效率值比 2002~2007 年更低。这可能是由于 CCR 模型没有考虑环境污染的影响，由于资本的深化，使得全国平均环境效率水平呈现出略微下降的趋势。各省的环境效率水平都较高，广东的环境效率值一直为 1，达到了 DEA 有效状态；上海市、北京市的环境效率平均值也高于 0.95，处于全国领先地位；宁夏回族自治区、青海省和新疆维吾尔自治区的环境效率平均值都在 0.55 以下，属于全国环境效率最为落后的地区。由上文分析可以知道，采用传统的 DEA-CCR 模型测算环境效率有诸多缺陷（不能考虑非期望产出），测算结果会偏离实际值，笔者此处测算只是为了与下文的 EBM 模型和 SBM 模型作对照，因而，对于 DEA-CCR 模型的测算结果并不做深入分析。

（二）基于非期望产出的 SBM 模型环境效率测算结果

利用 2002~2015 年中国各省份的投入产出数据，根据式（3.3）所示的考虑非期望产出的、非径向、非角度的 SBM 模型，测算各省（直辖市、自治区）的环境效率，结果如表 3.3 所示。

---

① 东部地区：北京、广东、河北、江苏、辽宁、上海、天津、浙江、福建、山东、海南共 11 个省份；中部地区：湖北、黑龙江、山西、安徽、江西、吉林、湖南、河南共 8 个省份；西部地区：陕西、青海、新疆、云南、甘肃、四川、内蒙古、贵州、广西、宁夏共 10 个省份。

表 3.3 基于非期望产出的 SBM 模型的中国省际环境效率测算结果（2002~2015 年）

省份	2002年	2003年	2004年	2005年	2006年	2007年	2008年	2009年	2010年	2011年	2012年	2013年	2014年	2015年
北京	1.000	1.000	1.000	1.000	1.000	1.000	1.000	1.000	1.000	1.000	1.000	1.000	1.000	1.000
天津	1.000	0.698	0.685	0.777	0.789	1.000	0.763	1.000	1.000	1.000	1.000	1.000	1.000	1.000
河北	0.454	0.452	0.450	0.520	0.523	0.513	0.504	0.461	0.488	0.512	0.515	0.490	0.501	0.510
山西	0.324	0.319	0.323	0.343	0.345	0.348	0.339	0.326	0.317	0.330	0.323	0.318	0.320	0.331
内蒙古	0.377	0.363	0.361	0.386	0.397	0.409	0.415	0.418	0.404	0.409	0.411	0.399	0.401	0.410
辽宁	0.436	0.453	0.447	0.460	0.469	0.474	0.476	0.483	0.489	0.482	0.482	0.491	0.497	0.506
吉林	0.405	0.420	0.402	0.434	0.439	0.447	0.444	0.445	0.427	0.427	0.437	0.435	0.438	0.441
黑龙江	0.435	0.433	0.440	0.466	0.473	0.476	0.488	0.493	0.492	0.504	0.494	0.501	0.508	0.513
上海	1.000	1.000	1.000	1.000	1.000	1.000	1.000	1.000	1.000	1.000	1.000	1.000	1.000	1.000
江苏	1.000	1.000	1.000	0.743	0.694	0.712	0.711	0.713	0.692	0.656	0.662	0.608	0.623	0.635
浙江	1.000	1.000	0.749	0.892	0.762	0.747	0.745	0.723	0.708	0.659	0.658	0.648	0.650	0.653
安徽	0.456	0.464	0.472	0.496	0.506	0.504	0.522	0.524	0.505	0.505	0.499	0.485	0.491	0.502
福建	1.000	1.000	0.736	0.679	0.680	0.681	0.677	0.663	0.669	0.624	0.598	0.621	0.630	0.641
江西	0.485	0.460	0.437	0.447	0.443	0.449	0.467	0.482	0.485	0.472	0.476	0.462	0.470	0.476
山东	0.540	0.542	0.543	0.571	0.589	0.615	0.630	0.630	0.605	0.611	0.635	0.629	0.631	0.638
河南	0.475	0.470	0.455	0.475	0.480	0.487	0.492	0.480	0.465	0.448	0.446	0.444	0.451	0.462
湖北	0.446	0.429	0.413	0.434	0.436	0.460	0.465	0.462	0.460	0.451	0.445	0.455	0.459	0.462
湖南	0.491	0.458	0.439	0.442	0.451	0.461	0.472	0.477	0.471	0.466	0.467	0.467	0.470	0.471
广东	1.000	1.000	1.000	1.000	1.000	1.000	1.000	1.000	1.000	1.000	1.000	1.000	1.000	1.000

续表

省份	2002年	2003年	2004年	2005年	2006年	2007年	2008年	2009年	2010年	2011年	2012年	2013年	2014年	2015年
广西	0.445	0.419	0.419	0.429	0.429	0.427	0.426	0.425	0.407	0.413	0.414	0.417	0.419	0.421
海南	1.000	1.000	1.000	1.000	1.000	1.000	0.686	0.670	0.659	0.569	0.547	0.510	0.521	0.532
四川	0.417	0.400	0.390	0.401	0.408	0.411	0.410	0.426	0.437	0.457	0.462	0.465	0.482	0.498
贵州	0.268	0.258	0.249	0.272	0.281	0.290	0.301	0.305	0.306	0.317	0.311	0.311	0.312	0.316
云南	0.396	0.397	0.380	0.376	0.376	0.356	0.350	0.357	0.343	0.329	0.329	0.332	0.334	0.341
陕西	0.328	0.327	0.334	0.358	0.363	0.376	0.389	0.423	0.419	0.390	0.393	0.381	0.391	0.395
甘肃	0.355	0.343	0.336	0.345	0.347	0.347	0.340	0.344	0.337	0.342	0.350	0.335	0.336	0.340
青海	0.299	0.277	0.254	0.246	0.254	0.257	0.274	0.271	0.269	0.267	0.265	0.260	0.261	0.265
宁夏	0.239	0.224	0.217	0.221	0.220	0.227	0.247	0.223	0.226	0.215	0.219	0.231	0.232	0.235
新疆	0.303	0.298	0.284	0.296	0.295	0.299	0.307	0.308	0.305	0.304	0.293	0.285	0.291	0.301
平均值	0.565	0.548	0.525	0.535	0.533	0.544	0.529	0.536	0.531	0.523	0.522	0.517	0.521	0.527
东部	0.857	0.831	0.783	0.786	0.773	0.795	0.745	0.758	0.755	0.738	0.736	0.727	0.732	0.738
中部	0.440	0.432	0.423	0.442	0.447	0.454	0.461	0.461	0.453	0.450	0.448	0.446	0.451	0.457
西部	0.343	0.331	0.322	0.333	0.337	0.340	0.346	0.350	0.345	0.344	0.345	0.342	0.346	0.352

注：由 Maxdea6.6 软件根据 SBM 模型计算得出。

表 3.3 为中国各省（自治区、直辖市）2002~2015 年基于 SBM 模型的环境效率值以及 14 年间全国与东、中、西部的 SBM 环境效率平均值。而各省（自治区、直辖市）2002~2015 年的 SBM 环境效率平均值如图 3.3 所示。

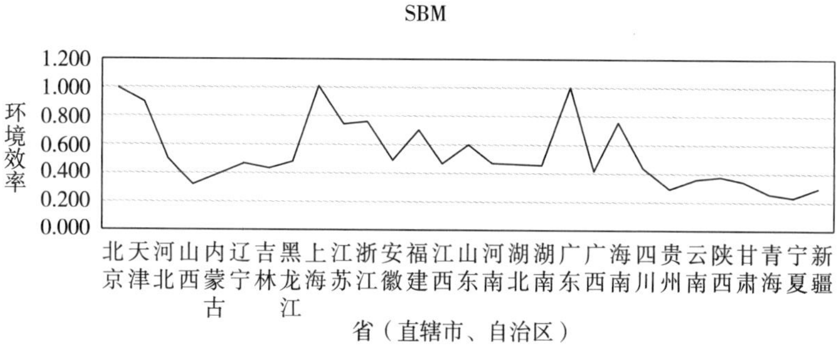

图 3.3　基于非期望产出的 SBM 模型的中国省际环境效率平均值（2002~2015 年）

如表 3.3 与图 3.3 所示，从全国平均值来看，2002~2015 年基于 SBM 模型测算的中国省际环境效率处于 0.51~0.57，明显低于 DEA-CCR 模型的测算结果。这是由于 SBM 模型考虑了非期望产出，并且避免了径向与角度的选择问题，更加客观地反映了省际环境效率。SBM 模型相对于 DEA-CCR 模型具有一定的进步，不考虑非期望产出的效率评价是失真的。考虑非期望产出后，省际环境效率明显下降，尤其是中西部地区变化更为明显，这说明我国大部分省份经济基础较为薄弱，仍以粗放型的发展为主要方式，经济增长与环境保护并没有达到“双赢”的平衡，还有很大的改善空间。2002~2015 年北京市、上海市和广东省三个省份（直辖市）基于 SBM 的环境效率值始终为 1，一直位于最佳生产前沿，达到了有效状态。这几个地区经济基础雄厚，在保持经济持续增长的基础上也兼顾了环境保护，达到了经济发展与环境保护“双赢”平衡的状态。进一步观察发现，考虑了非期望产出后，东部一些省份的环境效率整体下降较少，有的省份（北京、上海）还有所提高。宁夏回族自治区、青海省、贵州省和新疆维吾尔自治区这几个西部省份的 SBM 环境效率值都在 0.3 以下，处于最为落后的状态，这一点和 DEA-CCR 模型测算的环境效率较低的几个省份类似。

可见，我国西部省份不但经济基础薄弱，而且在近些年的发展中并未重视环境问题，技术创新与人才引进存在一定的困难，导致环境技术落后，资源、能源的可持续利用能力不足；而且还承接了一些环境污染严重的产业转移，从而导致考虑非期望产出的 SBM 环境效率十分低下，西部省份处境十分不利。非期望产出的加入对不同省份效率影响的敏感性程度差别很大，中西部地区的敏感性程度更大。东部发达省份不但在经济发展方面领先于中西部省份，而且在环境保护与污染防治方面也要优于中西部省份。

由上文分析可知，采用 SBM 测算环境效率也存在诸多缺陷，主要是不能处理投入和产出变量同时具有径向和非径向特征的情况等，因而环境效率测算值可能是不符合实际情况的。当然，基于非期望产出的 SBM 环境效率测算主要目的也是为了与下文的 EBM 和上文的 DEA-CCR 模型结果作对比，因而，笔者此处不对 SBM 模型的环境效率测算结果做进一步分析。

（三）基于非期望产出的 EBM 模型环境效率测算结果

利用 2002~2015 年中国各省份的投入产出数据，根据式（3.5）所示的非导向、基于非期望产出的混合径向 EBM 模型，测算各省（直辖市、自治区）的环境效率，结果如表 3.4 所示。

表 3.4 为中国各省（自治区、直辖市）2002~2015 年基于非期望产出的 EBM 模型的环境效率值以及 14 年间全国与东、中、西部的 EBM 环境效率平均值。而各省（自治区、直辖市）2002~2015 年的 EBM 环境效率平均值如图 3.4 所示。

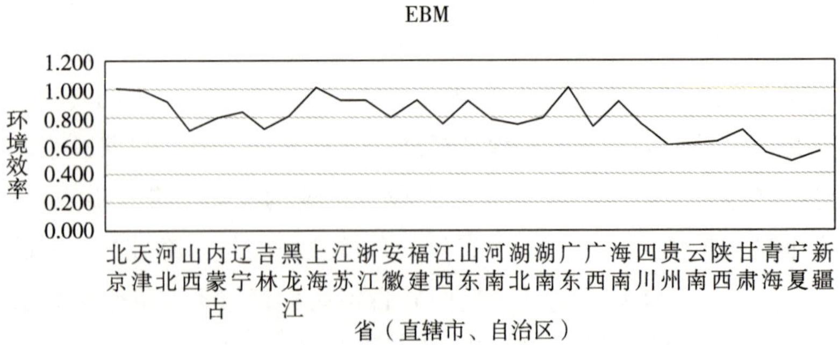

图 3.4　基于非期望产出的 EBM 模型的中国省际环境效率平均值（2002~2015 年）

表 3.4 基于非期望产出的 EBM 模型的中国省际环境效率测算结果（2002~2015 年）

省份	2002 年	2003 年	2004 年	2005 年	2006 年	2007 年	2008 年	2009 年	2010 年	2011 年	2012 年	2013 年	2014 年	2015 年
北京	1.000	1.000	1.000	1.000	1.000	1.000	1.000	1.000	1.000	1.000	1.000	1.000	1.000	1.000
天津	1.000	0.937	0.901	0.985	0.991	1.000	0.936	1.000	1.000	1.000	1.000	1.000	1.000	1.000
河北	0.774	0.841	0.889	0.975	0.969	0.951	0.927	0.830	0.918	0.941	0.938	0.898	0.906	0.913
山西	0.796	0.794	0.779	0.752	0.710	0.705	0.682	0.657	0.629	0.659	0.652	0.649	0.653	0.658
内蒙古	0.864	0.809	0.749	0.759	0.799	0.800	0.798	0.816	0.794	0.819	0.797	0.729	0.736	0.743
辽宁	0.857	0.855	0.823	0.801	0.789	0.806	0.799	0.806	0.809	0.822	0.837	0.828	0.831	0.839
吉林	0.797	0.779	0.770	0.734	0.718	0.733	0.700	0.696	0.652	0.693	0.705	0.702	0.701	0.710
黑龙江	0.810	0.792	0.808	0.830	0.831	0.814	0.809	0.789	0.791	0.802	0.812	0.832	0.837	0.841
上海	1.000	1.000	1.000	1.000	1.000	1.000	1.000	1.000	1.000	1.000	1.000	1.000	1.000	1.000
江苏	1.000	1.000	1.000	0.983	0.922	0.911	0.885	0.885	0.875	0.879	0.903	0.842	0.854	0.861
浙江	1.000	1.000	0.959	0.995	0.921	0.900	0.900	0.897	0.886	0.867	0.874	0.869	0.871	0.879
安徽	0.791	0.785	0.778	0.767	0.779	0.774	0.818	0.819	0.756	0.780	0.791	0.809	0.810	0.815
福建	1.000	1.000	0.978	0.889	0.906	0.908	0.903	0.893	0.912	0.866	0.870	0.919	0.921	0.926
江西	0.841	0.798	0.757	0.735	0.725	0.729	0.738	0.752	0.758	0.736	0.747	0.768	0.771	0.786
山东	0.821	0.841	0.864	0.889	0.905	0.919	0.941	0.967	0.918	0.951	0.965	0.942	0.951	0.957
河南	0.824	0.814	0.810	0.794	0.807	0.825	0.819	0.786	0.747	0.753	0.751	0.720	0.723	0.731
湖北	0.827	0.795	0.767	0.756	0.731	0.756	0.747	0.734	0.727	0.714	0.721	0.742	0.751	0.759
湖南	0.828	0.815	0.813	0.806	0.790	0.784	0.788	0.799	0.781	0.755	0.774	0.766	0.771	0.780
广东	1.000	1.000	1.000	1.000	1.000	1.000	1.000	1.000	1.000	1.000	1.000	1.000	1.000	1.000

续表

省份	2002 年	2003 年	2004 年	2005 年	2006 年	2007 年	2008 年	2009 年	2010 年	2011 年	2012 年	2013 年	2014 年	2015 年
广西	0. 829	0. 819	0. 799	0. 781	0. 742	0. 719	0. 720	0. 719	0. 670	0. 674	0. 704	0. 699	0. 701	0. 713
海南	1. 000	1. 000	1. 000	1. 000	1. 000	1. 000	0. 985	0. 948	0. 929	0. 825	0. 774	0. 730	0. 743	0. 751
四川	0. 726	0. 707	0. 692	0. 683	0. 693	0. 696	0. 683	0. 711	0. 729	0. 757	0. 776	0. 794	0. 798	0. 812
贵州	0. 588	0. 566	0. 555	0. 563	0. 563	0. 571	0. 593	0. 605	0. 601	0. 623	0. 610	0. 625	0. 631	0. 643
云南	0. 687	0. 676	0. 667	0. 643	0. 636	0. 600	0. 610	0. 623	0. 591	0. 570	0. 564	0. 583	0. 587	0. 591
陕西	0. 598	0. 583	0. 572	0. 573	0. 602	0. 629	0. 647	0. 710	0. 694	0. 647	0. 672	0. 634	0. 642	0. 651
甘肃	0. 807	0. 789	0. 773	0. 746	0. 716	0. 691	0. 647	0. 651	0. 646	0. 647	0. 664	0. 677	0. 678	0. 680
青海	0. 573	0. 560	0. 491	0. 462	0. 497	0. 505	0. 547	0. 538	0. 529	0. 543	0. 557	0. 542	0. 551	0. 559
宁夏	0. 502	0. 479	0. 453	0. 467	0. 467	0. 487	0. 528	0. 467	0. 465	0. 454	0. 469	0. 497	0. 499	0. 513
新疆	0. 532	0. 510	0. 503	0. 501	0. 514	0. 534	0. 553	0. 571	0. 567	0. 581	0. 581	0. 590	0. 593	0. 597
平均值	0. 816	0. 805	0. 791	0. 789	0. 784	0. 784	0. 783	0. 782	0. 772	0. 771	0. 776	0. 772	0. 776	0. 783
东部	0. 950	0. 952	0. 947	0. 956	0. 946	0. 945	0. 934	0. 930	0. 932	0. 923	0. 924	0. 912	0. 916	0. 921
中部	0. 814	0. 797	0. 785	0. 772	0. 761	0. 765	0. 763	0. 754	0. 730	0. 737	0. 744	0. 749	0. 752	0. 760
西部	0. 671	0. 650	0. 625	0. 618	0. 623	0. 623	0. 633	0. 641	0. 629	0. 632	0. 639	0. 637	0. 642	0. 650

注：由 Maxdea6. 6 软件根据 EBM 模型计算得出。

如表 3.4 与图 3.4 所示，从全国平均值来看，2002~2015 年基于非期望产出的 EBM 模型测算的中国省际环境效率处于 0.77~0.82，其中，2002 年平均环境效率值最高，而 2008~2015 年的环境效率值比 2002~2007 年更低，这一点与前两种模型环境效率测算结果类似。各省的环境效率水平都相对较高，北京市、上海市、广东省的环境效率值一直为 1，处于全国领先地位，实现了环境保护和经济发展的协调平衡。宁夏回族自治区、青海省和新疆维吾尔自治区的环境效率平均值都在 0.55 以下，属于全国环境效率最为落后的地区。

在上文的方法分析中，笔者认为基于非期望产出的、混合径向 EBM 模型测算环境效率最为合理，能够弥补传统 CCR 模型与 SBM 模型的缺陷。那么，三种模型的测算结果是否符合预期？笔者将在下一小节对三种模型的测算结果进行比较，验证 EBM 模型结果的稳健性，而后再进一步详细分析基于非期望产出的 EBM 模型环境效率。

（四）CCR、SBM 和 EBM 模型测算结果的比较

Tone（2004）通过比较 CCR、EBM、SBM 三种模型的计算结果，得出：混合径向 EBM 模型测算的效率值小于径向 CCR 模型效率值，大于非径向 SBM 模型效率值。为了验证本书模型设定与指标选择的合理性以及效率结果测度的稳健性，笔者也先对上述三种模型的测算结果大小进行比较。由于 CCR 模型中不含非期望产出，为了比较的一致性，也将不含非期望产出的 SBM 模型与 EBM 模型的效率值进行测算，如表 3.5 所示[①]。

假设 CCR、EBM 和 SBM 三种模型测算的效率结果分别是 ρ^*_{CCR}、ρ^*_{EBM} 和 ρ^*_{SBM}，那么根据表 3.5 可知：$\rho^*_{SBM} \leqslant \rho^*_{EBM} \leqslant \rho^*_{CCR}$，这一关系符合 Tone（2004）所得出的定理，因而，本书的效率测算结果比较稳健。

以上是对测算结果稳健性的检验，由于非期望产出是环境效率测度中必须要考虑的因素，传统的 CCR 模型显然是不可取的，下面笔者对基于非期望产出的 SBM 模型和基于非期望产出的 EBM 模型进行对比分析。

由图 3.5 可以清晰地看出 2002~2015 年环境效率全国平均值的变化趋

① 由于数据过多，本表仅列示 3 年的测算结果。

势，基于非期望产出的 SBM 模型环境效率值基本维持在 0.53 上下，并且总体上呈现出逐年下降的趋势，而在 2008 年以后下降速度减缓，这与张子龙（2015）等的研究趋势大体是相同的。基于非期望产出的 EBM 模型环境效率测算结果与 SBM 模型相比，有明显的上升，效率值多数处于 0.78 上下。SBM 模型由于不能处理投入和产出变量同时具有径向和非径向特征的情况，会低估环境效率值，导致效率评价不符合实际状况。

如图 3.5 所示，基于非期望产出的 SBM 模型与 EBM 模型的环境效率测度结果的变化趋势基本相同，都呈现出下降的趋势，SBM 模型测算结果波动相对较大，不如 EBM 模型测算结果平缓。

表 3.5　CCR、不含非期望产出的 SBM 与 EBM 模型测算结果（2002~2013 年）

省份	2002 年			2007 年			2013 年		
模型	CCR	SBM	EBM	CCR	SBM	EBM	CCR	SBM	EBM
北京	0.8209	0.7082	0.8202	1.0000	1.0000	1.0000	1.0000	1.0000	1.0000
天津	0.7669	0.6928	0.7667	1.0000	1.0000	1.0000	1.0000	1.0000	1.0000
河北	0.7959	0.6690	0.7951	0.9588	0.7766	0.9570	0.9130	0.7568	0.9104
山西	0.8290	0.5093	0.8268	0.7096	0.5511	0.7079	0.6583	0.5219	0.6560
内蒙古	0.9012	0.5778	0.8991	0.8056	0.6289	0.8040	0.7383	0.6337	0.7366
辽宁	0.8845	0.6275	0.8827	0.8108	0.7005	0.8098	0.8389	0.7489	0.8376
吉林	0.8190	0.5748	0.8174	0.7355	0.6596	0.7352	0.7077	0.6607	0.7072
黑龙江	0.7957	0.5879	0.7944	0.8188	0.6837	0.8172	0.8423	0.7703	0.8411
上海	0.9472	0.8375	0.9467	1.0000	1.0000	1.0000	1.0000	1.0000	1.0000
江苏	1.0000	1.0000	1.0000	0.9127	0.8789	0.9127	0.8476	0.8280	0.8476
浙江	1.0000	1.0000	1.0000	0.8945	0.8379	0.8939	0.8736	0.8515	0.8736
安徽	0.8101	0.6389	0.8090	0.7776	0.7351	0.7773	0.8185	0.7623	0.8178
福建	0.9987	0.9205	0.9982	0.9109	0.8707	0.9106	0.9297	0.8951	0.9294
江西	0.8688	0.7138	0.8678	0.7332	0.6993	0.7330	0.7771	0.7515	0.7769
山东	0.8318	0.7401	0.8314	0.9216	0.8101	0.9208	0.9525	0.8799	0.9514
河南	0.8485	0.6824	0.8473	0.8294	0.7143	0.8285	0.7265	0.6885	0.7262
湖北	0.8521	0.6441	0.8507	0.7597	0.6700	0.7588	0.7499	0.7008	0.7492
湖南	0.8554	0.7289	0.8546	0.7885	0.7016	0.7875	0.7742	0.7265	0.7735

续表

省份	2002 年			2007 年			2013 年		
模型	CCR	SBM	EBM	CCR	SBM	EBM	CCR	SBM	EBM
广东	1.0000	1.0000	1.0000	1.0000	1.0000	1.0000	1.0000	1.0000	1.0000
广西	0.8654	0.7089	0.8644	0.7231	0.6915	0.7228	0.7060	0.6698	0.7057
海南	0.8689	0.6739	0.8676	0.8517	0.7265	0.8509	0.7252	0.6980	0.7252
四川	0.7485	0.6428	0.7477	0.6995	0.6291	0.6988	0.8030	0.7275	0.8019
贵州	0.6051	0.4317	0.6040	0.5743	0.4711	0.5731	0.6338	0.5185	0.6319
云南	0.7027	0.5844	0.7019	0.6024	0.5427	0.6017	0.5890	0.5491	0.5884
陕西	0.6116	0.5033	0.6108	0.6314	0.5846	0.6312	0.6398	0.6088	0.6394
甘肃	0.8367	0.5340	0.8347	0.6962	0.5428	0.6944	0.6864	0.5549	0.6844
青海	0.4811	0.3995	0.4806	0.5078	0.4120	0.5069	0.5495	0.4354	0.5476
宁夏	0.5150	0.3895	0.5142	0.4900	0.3777	0.4889	0.5032	0.3922	0.5014
新疆	0.5246	0.4403	0.5241	0.5361	0.4666	0.5355	0.5988	0.4756	0.5967
平均值	0.8064	0.6608	0.8054	0.7821	0.7022	0.7813	0.7787	0.7175	0.7778
东部	0.9013	0.8063	0.9008	0.9328	0.8728	0.9323	0.9164	0.8780	0.9159
中部	0.8348	0.6350	0.8335	0.7690	0.6768	0.7682	0.7568	0.6978	0.7560
西部	0.6792	0.5212	0.6781	0.6266	0.5347	0.6257	0.6448	0.5565	0.6434

注：由 Maxdea6.6 软件根据 CCR、不含非期望产出的 SBM、EBM 模型计算得出。

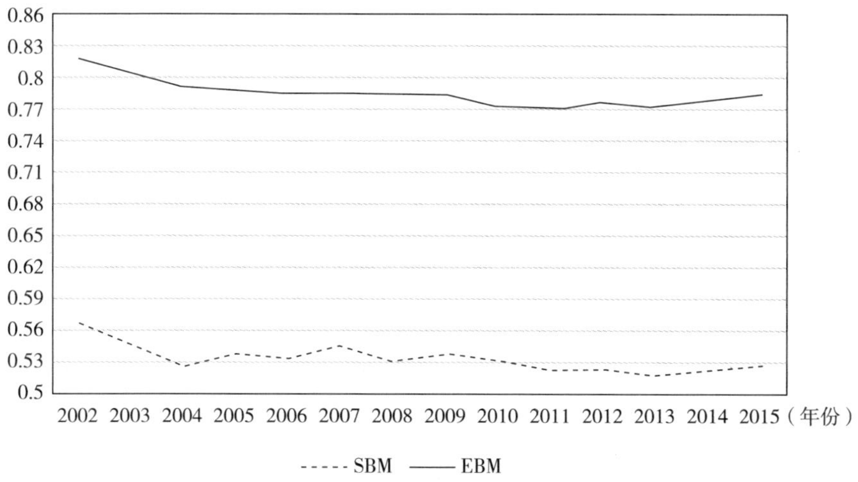

图 3.5 基于非期望产出的 SBM、EBM 模型全国环境效率平均值（2002~2015 年）

图3.6是2002~2015年我国29个省（自治区、直辖市）基于非期望产出的SBM模型环境效率平均值与EBM模型环境效率平均值的柱形图，图中从左到右分别是东部省份、中部省份和西部省份。由图3.6可以看出我国省份环境效率测算结果从东部到西部的梯次变化情况：东部省份最高，其次是中部省份，西部省份最低；同时，除了环境效率为1的省份，其他省份的EBM模型环境效率都要高出其SBM模型环境效率值很多，而省际差异更为明显。EBM模型环境效率中排在前面的省份是北京市、上海市、广东省、天津市和福建省，都属于东部省份；EBM模型环境效率排在后面的省份是宁夏回族自治区、青海省、新疆维吾尔自治区、贵州省和云南省，都属于西部省份。相比于基于非期望产出的SBM模型，基于非期望产出的EBM模型环境效率排名提前的省份包括福建省、山东省、河北省、辽宁省、湖南省、内蒙古自治区、广西壮族自治区、甘肃省、山西省和贵州省；而环境效率排名退后的省份主要包括浙江省、江苏省、海南省、安徽省、河南省、江西省、湖北省、四川省、吉林省、陕西省、云南省和新疆维吾尔自治区。笔者进一步对29个省份两种模型环境效率的测算结果进行了Kendall τ 相关性检验，以便确定各省份在两种模型环境效率测算结果的排序是否发生了显著变化。检验结果显示，Kendall τ 相关系数是0.887，并且在0.05的水平下显著，这说明各省份排序虽然发生了一定的变化，但整体来看两种模型的测算结果仍呈现出较强的正相关性。由于不同效率评价方法的出发点和思路有所差异，评价结果应该不会完全相同，但也不应该有太大的差别。因而同时采用多种评价方法进行效率评价，如果评价结果较为一致，也能反映出效率评价具有稳健性，结果较为可信。

综上所述，通过对三种效率评价模型测算结果的比较分析可以进一步说明：本书的EBM模型不但考虑了非期望产出，而且考虑了投入产出径向和非径向同时存在的情况；EBM模型在一定程度上弥补了传统DEA-CCR模型和SBM模型的缺陷，对我国各省份的环境效率评价结果是真实可靠的。因此，下一节将对基于非期望产出的EBM模型环境效率测算结果进行详细分析。

（五）基于非期望产出的EBM模型环境效率结果分析

由中国各省（自治区、直辖市）基于非期望产出的EBM模型的环境效

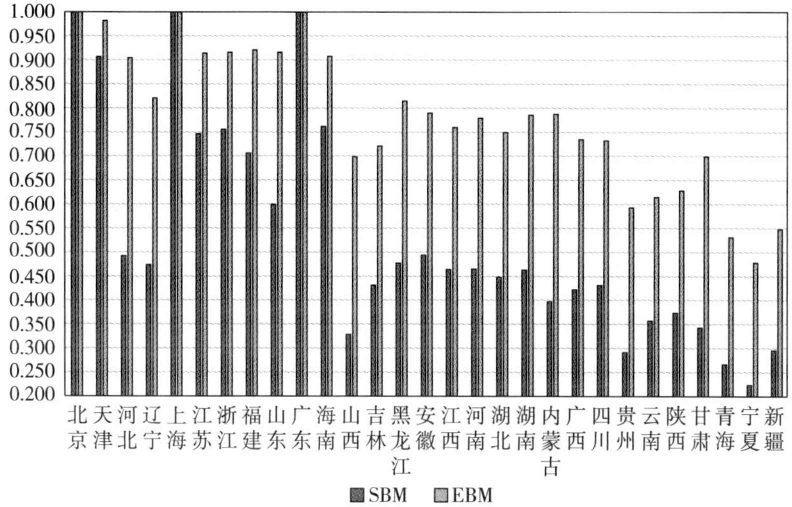

图 3.6 基于非期望产出的 SBM、EBM 模型全国环境效率平均值（2002~2015 年）

率测算结果（见表 3.4）可以看出，全国的环境效率水平在 2002~2015 年期间整体有所下降，并且不同省份的环境效率及其变化情况存在很大的差距。

中国各省（自治区、直辖市）从 2002 年到 2015 年的 EBM 环境效率发生了一些变化，并且不同省份的变化趋势有所不同。环境效率高的省份与环境效率低的省份分布表现出“高—高、低—低”的格局，也就是说基于非期望产出的 EBM 环境效率具有空间相关性与集聚特性。整体来看，东、中、西部省份基于非期望产出的环境效率均值都呈现出下降的趋势，这表明中国多数省份经济发展与环境保护的协调性在下降。出现下降趋势的可能原因首先是由于资本的深化，资本与劳动的比率逐年升高，导致资本密集度逐年升高，大量资本集中在生产力过剩的领域，经济投资效率逐年恶化，资本过早深化对各省份经济可持续发展造成了不良影响；其次，资本过早深化导致投资于制造业、石油化工等重工业的资本增加，这些资本密集型产业的增加使得环境问题更为严重；最后，以牺牲环境为代价发展经济，环境技术水平较低，在生产期望产出的过程中也产生了大量的非期望产出。上述几种原因可能导致我国 EBM 环境效率在 2002~2015 年呈现出下降的趋势，我国必须通过减少资源能源投入并减少环境污染等非期望产出才能提高 EBM 环境效率，否则会严重阻碍经济社会的可持续发展。如图

3.7所示，我国各地区EBM环境效率在2007年后变化相对较为平缓，笔者认为这是由于“十一五”规划首次明确提出了五年内单位GDP能耗降低20%，国家层面上加大环境保护力度、促进节能减排政策的实施产生了一定的效果。2010年以后EBM环境效率更是出现了一定的上升趋势，说明“十二五”规划颁布后，“建设资源节约型和环境友好型社会”等一系列战略举措有效地提高了我国整体环境效率。

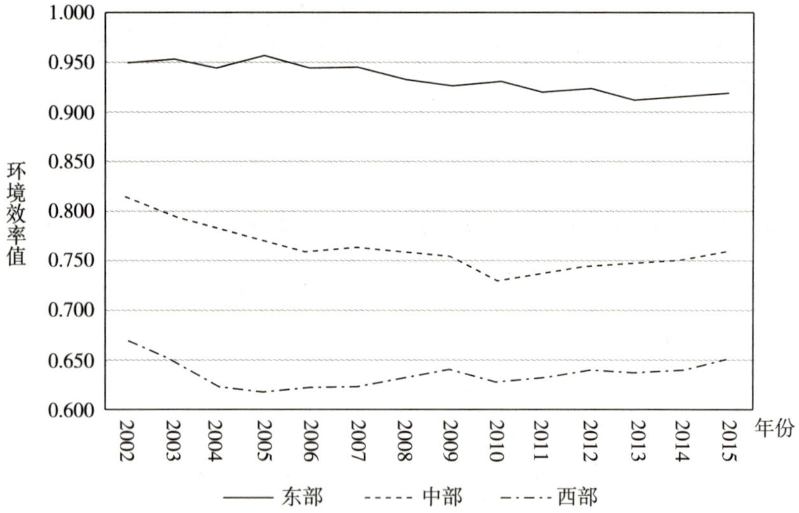

图3.7　2002~2015年中国东、中、西部省份基于非期望产出的EBM环境效率平均值

三个地区的环境效率差异比较明显：东部省份维持在0.93左右的高水平，中部省份环境效率多数处于0.76上下，而西部省份只有0.63左右。尽管我们主观上认为西部地区由于工业水平比较落后，环境污染与废物排放等应该较少，环境质量应该高于工业发达的省份，而本书这种“东部省份>中部省份>西部省份”的环境效率分析结果否定了这一设想。我国东部省份不但在经济水平方面高于中西部地区，而且在环境保护与污染治理方面仍然显著优于中西部省份，各省份的环境效率与经济发展程度是密切相关的。首先，发达的东部沿海省份通常会通过产业转移，把资本密集型的重工业转移到内陆省份，其本身则主要发展低污染、低能耗的第三产业，从而平衡经济发展与环境保护的关系，提高环境效率；其次，经济基础雄厚的东部沿海省份会投入更充足的财政资金治理环境污染，改善环境质量，其环境技术水平更先进，环境效率水平更高；再次，中部省份已经进入高速发展的阶段，资源较为丰富但产业结构畸轻畸重、工业增长方式较为粗放，经济效益不高，以环境污染与资源消耗为代价发展经济，经济环境协调程度较低；最后，西部地区生态环境比较脆弱，地方政府片面追求短期经济效益而忽略了环境保护，同时，西部内陆承接了东部省份的转移产业，导致产业结构不合理、工业增长方式粗放、资源利用效率低下，从而环境效率水平最低。

具体来看，东部地区的变化幅度相对较小：北京市、上海市、广东省三个省份在 14 年始终保持环境效率为 1 的有效状态，其中，北京市、上海市是直辖市，广东省位于东部沿海地区，这三个省份经济基础雄厚、环境技术先进、教育资源丰富、交通条件便利，因而环境效率达到了全国最高水平，实现了经济发展和环境保护的“双赢”平衡；最初环境效率为 1 的江苏省、浙江省、福建省和海南省几个省份出现了不同程度的环境效率恶化；而河北省、山东省的环境效率则在 2002~2015 年得到了较大的改善。笔者认为可能的原因是河北省、山东省在东部省份中属于经济基础相对薄弱的省份，发展空间较大，近几年来发展迅速，“十一五”规划实施后环境效率有了较大的提高，与江苏省、浙江省等省份的差距有所减小，这有利于我国经济区域协调发展战略的实施。中部省份的变化幅度比东部地区要大（见图 3.7），这些省份经济与环境技术条件都不及东部省份优越、交通状况与教育资源一般、综合竞争力还需进一步加强。而且大部分中部省份的环境效率在 2002~2015 年间都呈现出下降的趋势，这可能是因为中部省份把经济增长作为首位目标，承接了大量的产业转移，重工业企业能耗量与排放量都很大，但生态环境并没有完全吸纳经济增长带来的影响，导致环境效率低下。西部省份的变化幅度也比较大，而且西部省份与中部省份环境效率的差距有缩小的趋势，中西部省份与东部省份环境效率的差距却有增大的趋势。除了四川省、陕西省、贵州省和新疆维吾尔自治区的 EBM 环境效率略有提升外，其他西部省份的环境效率在 14 年间都有所下降。西部省份虽然资源比较丰富，但其生态环境也十分脆弱，经济基础最为薄弱，富集的资源与落后的经济形成了鲜明的反差，再加上西部省份环境的公共品特征①，使得生态破坏严重影响了该地区的环境效率，据保守估计，西部省份由于环境问题而产生的经济损失占到同期 GDP 的 20%左右②。然而，在西部地区推行严厉的环境政策却可能引起经济效率的更大损失；而不考虑环境污染、仅以经济增长为目标又违背了当前我国“绿色发展”的理念，因而，如何提高西部省份的环境效率仍需进一步探索。

表 3.6　2002~2015 年各省份环境保护与经济发展平衡性评价

	合计	东部省份	中部省份	西部省份
高度平衡地区	10 个	北京、天津、河北、上海、江苏、浙江、福建、山东、广东和海南	—	—
基本平衡地区	13 个	辽宁	山西、吉林、黑龙江、安徽、江西、河南、湖北、湖南	内蒙古、广西、甘肃、四川
不平衡地区	6 个	—	—	贵州、云南、陕西、青海、宁夏、新疆

为了更为直观地分析环境保护与经济发展的平衡性，笔者按照涂正革（2008）的分析方法来评价环境、资源与经济增长之间的协调状况，对各省份基于非期望产出的 EBM 环境效率进行分类。如果环境效率值在 0.9~1，则认为该省份属于环境保护与经济发展高度平衡地区；如果环境效率值在 0.7~0.9，则属于环境保护与经济发展基本平衡地区；如果环境效率值在 0~0.7，则认为该省份属于环境保护与经济发展不平衡地区。具体分类如表 3.6 所示，根据基于非期望产出的 EBM 环境效率均值，结合上述定义，发现 2002~2015 年，EBM 环境保护与经济发展高度平衡的地区都是东部沿海省份，EBM 环境效率前十名都被东部省份占据；中部省份和西部省份的环境保护与经济发展处于不同程度的失衡状态。其中，山西省的 EBM 环境效率在

① 东部省份无偿使用西部省份环境保护与治理提供的“公共品”，而没有向“公共品”提供者支付成本，有违市场经济基本规则。

② 李静．中国区域环境效率的差异与影响因素研究［J］．南方经济．2009，（12）：24~34.

中部省份中最低（0.698），其经济发展与环境、资源不够协调，几乎成为了中部地区的污染源泉；西部地区 10 个省份中，除了内蒙古自治区、广西壮族自治区、四川省和甘肃省为环境保护与经济发展基本平衡地区以外，其余 6 个省份均为不平衡地区，贵州省、青海省、宁夏回族自治区和新疆维吾尔自治区 EBM 环境效率均值都在 0.6 以下。鲜明的对比直观地表现了我国东、中、西部地区在环境保护与经济发展平衡性上的差距，而且这种差距不但表现在经济产出效率方面，也表现在环境保护与资源、能源节约等方面。

根据基于非期望产出的 EBM 环境效率逐年变化的趋势特点，本书分为 2002~2007 年、2008~2015 年两个时间段进行分析。整体来看，2002~2007 年，全国 EBM 环境效率平均值为 0.795；2008~2015 年效率平均值为 0.777，EBM 环境效率呈现出下降的态势，环境保护与经济发展的平衡性有所降低。结合上文对环境与经济平衡性的定义，各省份 EBM 环境保护与经济发展平衡性的动态变化如下所示。

（1）保持环境保护与经济发展高度平衡的省份：北京、天津、上海和广东。

（2）保持环境保护与经济发展基本平衡的省份：内蒙古、辽宁、黑龙江、安徽、江西、河南、湖北和湖南。

（3）环境保护与经济发展仍不平衡的省份：贵州、云南、陕西、青海、宁夏和新疆。

（4）环境保护与经济发展平衡状况好转的省份（由不平衡转化为基本平衡或由基本平衡转化为高度平衡）：河北、山东和四川。

（5）环境保护与经济发展平衡状况恶化的省份（由基本平衡转化为不平衡或由高度平衡转化为基本平衡）：山西、吉林、江苏、浙江、福建、广西、海南和甘肃。

为了更直观地观察各省份环境效率水平的动态变化，在 2002~2007 年和 2008~2015 年这两个时间段中，分别选择 2002 年、2005 年、2009 年和 2015 年 4 个年份，作出相应的基于非期望产出的 EBM 环境效率雷达图，如图 3.8~图 3.11 所示。

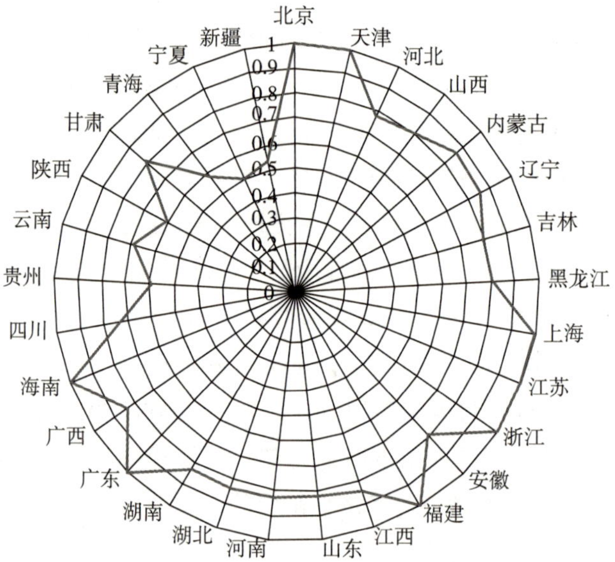

图 3.8 2002 年各省份基于非期望产出的 EBM 环境效率

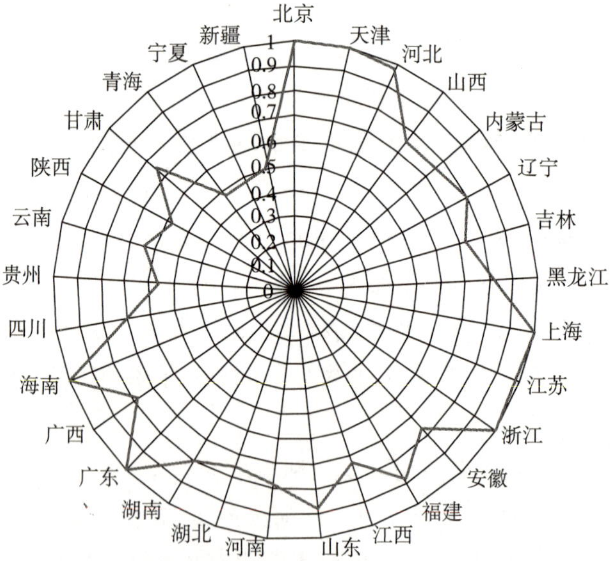

图 3.9 2005 年各省份基于非期望产出的 EBM 环境效率

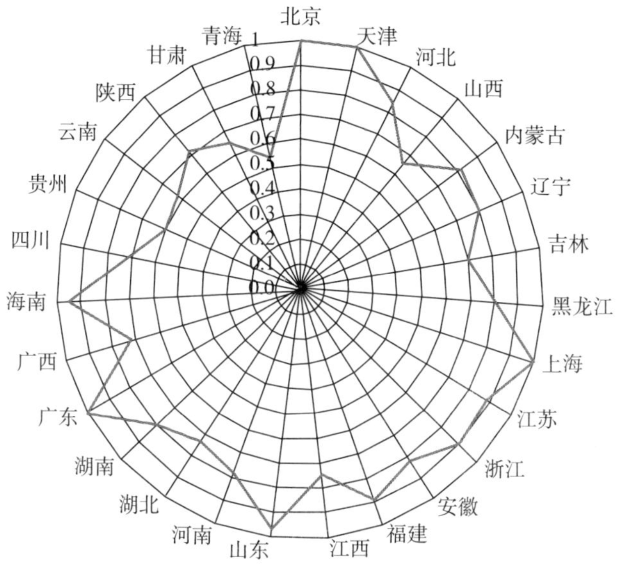

图 3.10　2009 年各省份基于非期望产出的 EBM 环境效率

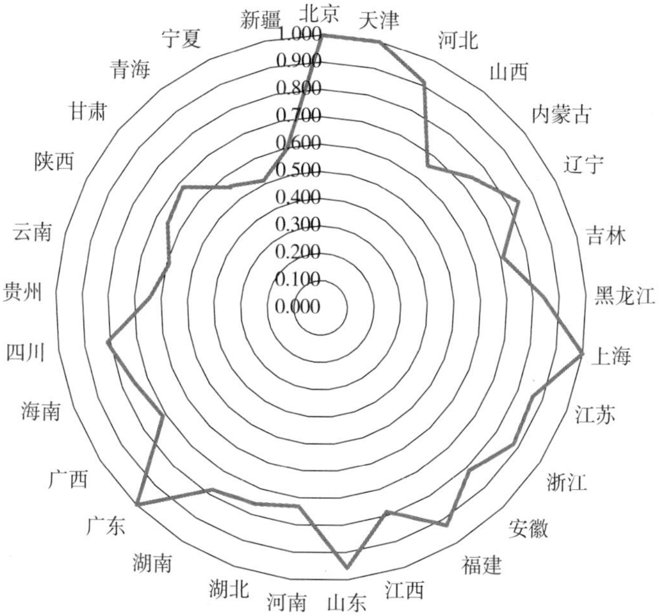

图 3.11　2015 年各省份基于非期望产出的 EBM 环境效率

山东省自2006年进入了环境保护与经济发展高度平衡的地区，基于非期望产出的EBM环境效率由2002~2005年的0.854（属于基本平衡地区），增长到2006~2015年的0.942（属于高度平衡地区），逐步实现了经济与资源、环境的协调发展。河北省在2004年的EBM环境效率还是0.889（属于基本平衡地区），2005年的环境效率一跃升至0.975（属于高度平衡地区），此后除了2009年环境效率偏低外，一直维持较好的经济与环境、资源协调状态。这表明2005年河北省委关于构建“和谐河北”若干问题的指导意见中提出的“认真解决人口、资源、环境问题，促进人与自然和谐相处”等阶段性目标起到了很好的政策引导作用；与此同时，河北省国民经济和社会发展第十一个五年计划纲要中明确提出要“合理利用资源、保护生态环境、建设资源节约型与环境友好型社会”“提高经济增长的质量与效益、增强发展的可持续性，走新型工业化道路”等一系列促进环境保护与经济增长“双赢”平衡发展的指导原则，这些都有效促进了河北省环境效率的提高。而另一方面，山西省、吉林省、江苏省、浙江省、福建省、甘肃省、海南省和广西壮族自治区的环境效率却出现了不同程度的降低。其中，甘肃省、山西省、广西壮族自治区和吉林省四个省份变化情况类似，都是从环境保护与经济发展基本平衡地区恶化为不平衡地区；江苏省、浙江省、海南省和福建省四个省份则从环境保护与经济发展高度平衡地区降为基本平衡地区，这三个省份2002~2003年均处在EBM环境效率前沿，但是从2005年以后平衡状况有所恶化，协调性降低了一个档次，需要引起高度重视。

二、省际环境全要素生产率变动分析

前文基于非期望产出的EBM环境效率测度的是某一时期内各省（自治区、直辖市）和相应的生产前沿的差距，是针对既定时期的生产技术而言，表示不同省份对已有资源的有效利用程度，属于静态分析，并不能具体表现经济增长过程中生产率的作用。而基于Malmquist-Luenberger指数的环境全要素生产率属于动态分析，测算此指数并对其进行比较分析能够厘清环境全要素生产率的变动情况、技术效率和技术进步各自对生产率变动所起的作用、体现各省的经济增长模式和特点等。

表 3.7　2002~2015 年中国省际环境全要素生产率指数（EBM-Malmquist-Luenberger）

省份	02-03	03-04	04-05	05-06	06-07	07-08	08-09	09-10	10-11	11-12	12-13	13-14	14-15
北京	1.0155	1.0151	1.0047	1.0127	1.0206	1.0163	1.0100	1.0054	1.0009	1.0005	1.0049	1.0032	1.0052
天津	1.0002	1.0754	1.1105	1.0474	1.0435	0.9676	1.0779	1.0304	1.0001	1.0082	1.0099	1.0101	1.0230
河北	1.1172	1.1060	1.0945	1.0352	1.0293	0.9955	0.8880	1.1642	0.9822	0.9984	0.9621	0.9768	0.9989
山西	1.0057	0.9731	0.9488	0.9186	0.9815	0.9826	0.9520	0.9995	1.0199	0.9776	0.9866	0.9887	0.9901
内蒙古	0.9440	0.9188	0.9931	1.0612	1.0217	1.0184	1.0497	1.0464	0.9948	1.0014	0.9302	0.9532	0.9648
辽宁	1.0058	0.9674	0.9572	0.9694	1.0307	1.0189	1.0012	1.0495	0.9856	1.0073	0.9865	0.9964	1.0034
吉林	0.9842	0.9865	0.9373	0.9716	1.0434	0.9805	1.0066	0.9971	1.0317	1.0377	1.0245	1.0356	1.0432
黑龙江	0.9806	1.0217	1.0109	0.9811	0.9619	0.9707	0.9376	0.9898	0.9860	0.9818	0.9806	0.9867	0.9901
上海	1.0272	1.0286	1.0095	1.0356	1.0288	1.0145	1.0011	1.0198	1.0008	1.0004	1.0003	1.0011	1.0045
江苏	1.0064	1.0198	0.9915	0.9848	1.0244	1.0097	1.0263	1.0323	1.0235	1.0382	0.9520	0.9632	0.9878
浙江	1.0002	1.0052	1.0410	0.9823	1.0278	1.0554	1.0435	1.0332	0.9997	1.0422	1.0329	1.0435	1.0521
安徽	0.9990	0.9906	0.9685	1.0047	1.0049	1.0834	0.9958	0.9624	1.0028	0.9930	0.9612	0.9948	1.0012
福建	0.9801	1.0187	0.9040	1.0379	1.0366	1.0446	1.0281	1.0669	0.9748	1.0459	1.1008	1.0986	1.1012
江西	0.9570	0.9432	0.9550	0.9800	1.0166	1.0527	1.0310	1.0485	0.9829	1.0182	0.9951	1.0006	1.0178
山东	1.0805	1.1109	1.0269	1.0571	1.0487	1.0517	1.0447	1.0085	0.9910	1.0157	0.9802	1.0132	1.0256
河南	0.9955	0.9923	0.9636	1.0051	1.0353	1.0200	0.9518	0.9992	0.9633	0.9928	0.9728	0.9978	1.0046
湖北	0.9686	0.9627	0.9687	0.9499	1.0321	1.0159	0.9776	1.0086	0.9572	0.9774	0.9751	0.9832	1.0021
湖南	0.9929	0.9919	0.9747	0.9562	0.9826	1.0097	0.9948	1.0027	0.9502	1.0020	0.9466	0.9645	0.9968
广东	1.0004	1.0007	1.0000	1.0015	1.0013	1.0000	1.0006	1.0001	1.0001	1.0001	0.9999	1.0001	1.0011

续表

省份	02-03	03-04	04-05	05-06	06-07	07-08	08-09	09-10	10-11	11-12	12-13	13-14	14-15
广西	0.9962	0.9674	0.9596	0.9240	0.9580	1.0144	0.9923	0.9743	0.9951	1.0607	1.0362	1.0489	1.0615
海南	1.0006	1.0004	1.0003	1.0009	1.0257	1.0009	0.9764	1.0023	0.9259	0.9400	0.9673	0.9865	1.0004
四川	0.9812	0.9754	0.9714	1.0006	1.0128	1.0095	1.0339	1.0584	1.0168	1.0121	0.9631	0.9879	1.0156
贵州	0.9692	0.9782	0.9972	0.9780	1.0007	1.0403	1.0038	1.0185	1.0146	0.9655	0.9673	0.9825	1.0006
云南	0.9917	0.9846	0.9479	0.9783	0.9424	0.9939	0.9623	0.9204	0.9272	0.9581	0.9769	0.9986	1.0023
陕西	0.9807	0.9811	0.9844	1.0457	1.0615	1.0572	1.0912	1.0303	0.8944	1.0300	0.9423	0.9612	1.0065
甘肃	0.9846	0.9741	0.9479	0.9358	0.9446	0.9142	0.9479	0.9655	0.9630	0.9870	0.9492	0.9732	0.9965
青海	1.0056	0.9620	0.9281	1.0810	1.0349	1.1106	0.9765	1.0293	0.9929	1.0163	0.9757	0.9968	1.0049
宁夏	0.9592	0.9455	1.0108	0.9992	1.0584	1.1108	0.8769	1.0471	0.9346	1.0232	1.0600	1.0741	1.0964
新疆	0.9908	0.9882	0.9801	1.0215	1.0552	1.0641	1.0282	1.0370	0.9991	0.9874	0.9999	1.0026	1.0189
平均值	0.9973	0.9961	0.9858	0.9985	1.0161	1.0215	0.9968	1.0189	0.9831	1.0041	0.9876	1.0008	1.0144
东部	1.0213	1.0317	1.0127	1.0150	1.0289	1.0159	1.0089	1.0375	0.9895	1.0088	0.9997	1.0084	1.0185
中部	0.9854	0.9828	0.9659	0.9709	1.0073	1.0144	0.9809	1.0010	0.9868	0.9976	0.9803	0.9940	1.0057
西部	0.9803	0.9675	0.9721	1.0025	1.0090	1.0333	0.9963	1.0127	0.9733	1.0042	0.9801	0.9979	1.0168

注：由 Maxdea6.6 软件根据 EBM-Malmquist-Luenberger 模型计算得出；表中 02-03 表示 2002 年到 2003 年期间，以此类推。

（一）省际环境全要素生产率的变动规律

根据基于非期望产出的 EBM 模型，以地区生产总值为期望产出变量，废气排放、废水排放和固体废弃物排放为非期望产出，资本要素、劳动要素和能源要素为投入变量，应用软件 Maxdea6.6 测算出各省份的环境全要素生产率，结果如表 3.7 所示。本章测算的各省份环境全要素生产率与国内现有文献的测算结果相比有所差异，原因不仅在于所选样本的跨度与研究对象的多少，更重要的原因在于本书采用基于非期望产出的 EBM-Malmquist-Luenberger 指数模型求解环境全要素生产率。同时，基于非期望产出的 SBM-Malmquist-Luenberger 指数计算结果也用来比较分析结果的稳健性。

笔者根据基于两种方法测度的中国省际环境全要素生产率指数可以绘制出 2002~2015 年中国各省份环境全要素生产率变动平均值的柱状图与雷达图，如图 3.12~图 3.13 所示。由于根据 EBM-Malmquist-Luenberger 指数模型与 SBM-Malmquist-Luenberger 指数模型测算的中国省际全要素生产率指数均表示区域环境效率的改进速度，如果某省（自治区、直辖市）所测算的此值大于 1，则说明在这 14 年间，此省份的环境效率总体上呈现出加速改进的趋势；倘若此值小于 1，则说明样本期间内该省份的环境效率总体呈现出速度递减的趋势。

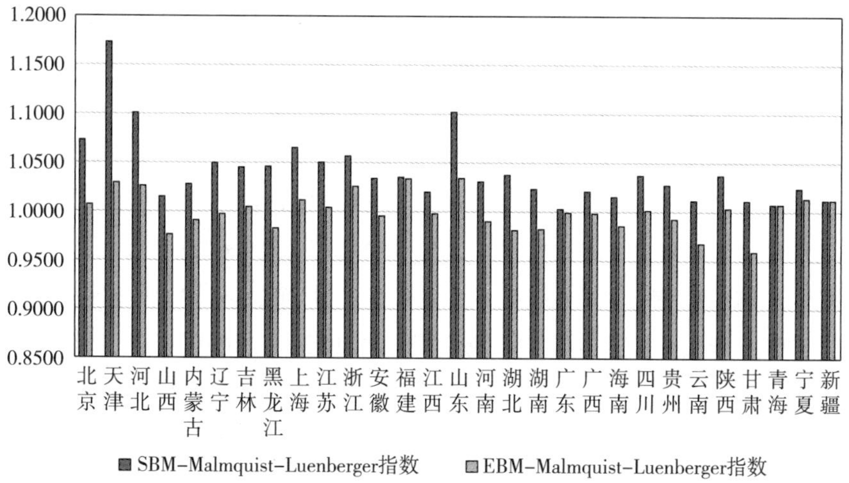

图 3.12 基于两种方法测度的中国省际环境全要素生产率指数（2002~2015 年平均值）

由图 3.12 可以看出，在 2002~2015 年中国省际环境效率改进总体呈现出加速的趋势（所有省区的 EBM-Malmquist-Luenberger 指数平均值是 1.0016）。由图 3.17 可知，EBM-Malmquist-Luenberger 指数与 SBM-Malmquist-Luenberger 指数测算结果有所差异，但其基本变动趋势大体一致。这一方面说明当前文献中基于 DEA-SBM 模型的测算结果存在偏差，EBM 模型更符合实际情况；另一方面也进一步印证了 EBM 模型的稳健性。天津市、浙江省、山东省、北京市和上海市的总体改进速度在 1.03 上下，其他地区的改进速度相对较慢。其中 EBM-Malmquist-Luenberger 指数最大的是山东省（1.0350），最小的是甘肃省（0.9603）；诸如云南省、广西壮族自治区、山西省和黑龙江省等部分省份也呈现出环境全要素生产率小于 1 的态势。通过 2002~2015 年各省（直辖市、自治区）的环境全要素生产率平均值可以发现：环境全要素生产率相对较低且呈下降趋势的省份一般是中西部省份，诸如河南省、内蒙古自治区、安徽省、贵州省等地区；而东部经济基础雄厚地区的环境全要素生产率却大部分表现出上升的趋势。由于经济发达省份的可持续发展与环境保护意识的日益增强与环境规制力度的加大，近些年普遍出现了省际产业转移的现象，主要是把一些污染排放大、资源损耗重、生产效率低的产业转移到中、西部落后省份。尽管中国各省份的环境效率总体向更高水平改进了，但不同省份的改进速度还存在显著的差异，究其原因可能是不同省份本身存在异质性特征并且环境技术创新水平不同所造成的差异性结果。

从分地区来看，由图 3.13 可知，2002~2015 年东、中、西部三个地区的环境全要素生产率变动趋势和全国大体一致，这表明宏观经济状况对中国区域经济增长产生相对较大的影响。尽管变动趋势基本一致，但不同区域的环境全要素生产率变动仍然存在显著差异。在样本期间 14 年内，东部省份的环境全要素生产率最高，西部次之，中部最低。东部省份除了在 2010~2011 年与 2012~2013 年出现了环境全要素生产率下降外，其他年份都表现出上升的趋势；而中、西部省份却在多个年份中出现全要素生产率下降的情况，并且在金融危机期间较为明显。从环境全要素生产率的分解项来看（见图 3.14），技术进步变化指数与环境全要素生产率的变动趋势

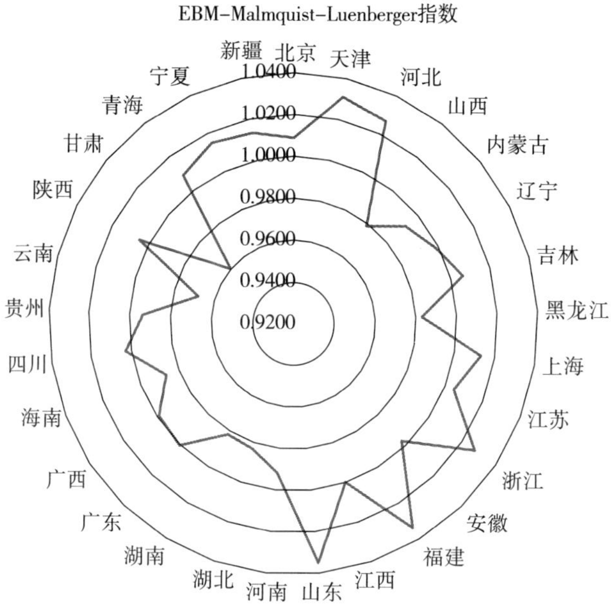

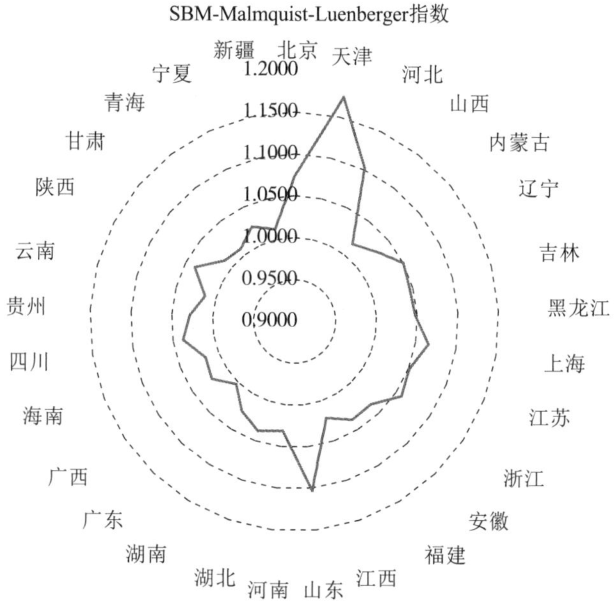

图 3.13　基于两种方法测度的 29 个省份环境全要素生产率指数（2002~2015 年平均值）

更为相似，而技术效率变化指数并没有呈现出相似的趋势。这说明技术进步变化对区域环境全要素生产率的时间变化趋势起主要影响作用；而技术效率变化在其中仅起到增强或削弱的作用，但这种增强（削弱）的作用仍然不能忽视。

我国从2001年“十五”计划开始就明确提出要“加强生态建设，保护和治理环境”；“十一五”规划指出要“建设资源节约型和环境友好型社会”，并明确了节能减排的约束性指标；“十二五”规划纲要中更是强调要“增强可持续发展能力，提高生态文明水平”。尽管我国一再强调要加强环保力度，但根据测算结果，只有东部省份在样本期间内受益，中西部省份虽然在某些年份环境全要素生产率有所提升，但幅度较小，在整个研究阶段内仍然呈现出环境全要素生产率下降的态势。力度不断增强的环境政策与措施的确促进了东部省份的环保技术创新与治污能力的提高，也证实了环境保护与生产率提升的“双赢”平衡是可行的；而中西部省份可能还是将重点放在了经济增长方面，被动地进行节能减排，导致污染治理效果不明显。当然，中西部省份薄弱的经济基础、丰富的自然资源、低廉的劳动力与宽松的环境规制等特征也吸引了很多高能耗、高污染行业由东部转移到了中西部，这也是中西部地区环境绩效与东部存在较大差距的主要原因之一。

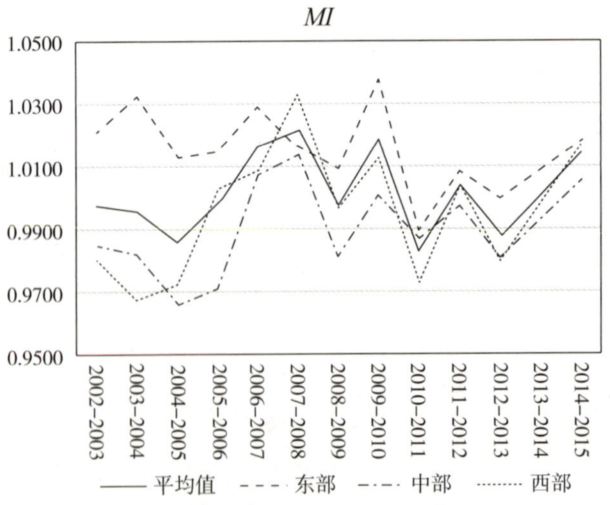

图3.14 全国与东、中、西部环境全要素生产率的时间趋势（2002~2015年）

（二）省际环境全要素生产率的分解分析

为了进一步分析各省（自治区、直辖市）环境全要素生产率变动的来源，表 3.8 对我国 29 个省份在 2002~2015 年间基于 EBM-Malmquist-Luenberger 模型的环境全要素生产率指数进行了分解，其中，*MI* 表示环境全要素生产率指数、*EC* 表示技术效率变化、*TC* 表示技术进步、*PEC* 表示纯技术效率变化、*SEC* 表示规模效率变化、*PTC* 表示纯技术进步、*STC* 表示规模技术变化。

表 3.8　2002~2015 年中国省际环境全要素生产率指数的分解

地区	*MI*	*EC*	*TC*	*PEC*	*SEC*	*PTC*	*STC*
北京	1.0088	1.0000	1.0088	1.0000	1.0000	1.0054	1.0034
天津	1.0311	1.0010	1.0301	1.0000	1.0010	1.0023	1.0277
河北	1.0268	1.0155	1.0111	1.0138	1.0017	1.0239	0.9875
山西	0.9788	0.9820	0.9968	0.9760	1.0061	0.9868	1.0100
内蒙古	0.9921	0.9856	1.0066	0.9700	1.0161	1.0039	1.0027
辽宁	0.9984	0.9971	1.0013	0.9948	1.0023	0.9991	1.0022
吉林	1.0061	0.9890	1.0173	0.9799	1.0093	1.0060	1.0113
黑龙江	0.9830	1.0025	0.9806	0.9999	1.0026	0.9779	1.0028
上海	1.0132	1.0000	1.0132	1.0000	1.0000	1.0112	1.0020
江苏	1.0046	0.9849	1.0200	1.0007	0.9842	1.0215	0.9985
浙江	1.0276	0.9877	1.0404	0.9898	0.9979	1.0598	0.9817
安徽	0.9971	1.0025	0.9946	0.9970	1.0055	0.9880	1.0067
福建	1.0337	0.9931	1.0409	0.9891	1.0040	1.0356	1.0051
江西	0.9999	0.9922	1.0078	0.9869	1.0054	0.9909	1.0170
山东	1.0350	1.0129	1.0218	1.0194	0.9936	1.0347	0.9876
河南	0.9919	0.9880	1.0039	0.9912	0.9968	1.0089	0.9950
湖北	0.9830	0.9906	0.9923	0.9852	1.0055	0.9885	1.0039
湖南	0.9820	0.9931	0.9888	0.9875	1.0057	0.9856	1.0032
广东	1.0005	1.0000	1.0005	1.0000	1.0000	1.0016	0.9989
广西	0.9991	0.9850	1.0143	0.9761	1.0091	1.0064	1.0079
海南	0.9867	0.9724	1.0147	1.0000	0.9724	0.9991	1.0156

续表

地区	*MI*	*EC*	*TC*	*PEC*	*SEC*	*PTC*	*STC*
四川	1.0030	1.0084	0.9946	1.0066	1.0018	0.9897	1.0049
贵州	0.9936	1.0059	0.9877	0.9990	1.0069	0.9760	1.0120
云南	0.9680	0.9856	0.9822	0.9799	1.0058	0.9823	0.9999
陕西	1.0051	1.0064	0.9987	0.9984	1.0080	0.9860	1.0129
甘肃	0.9603	0.9845	0.9754	0.9784	1.0062	0.9659	1.0098
青海	1.0088	0.9967	1.0122	1.0000	0.9967	0.9909	1.0214
宁夏	1.0151	1.0005	1.0146	1.0040	0.9965	0.9526	1.0651
新疆	1.0133	1.0098	1.0035	1.0074	1.0024	0.9860	1.0177
平均值	1.0016	0.9956	1.0060	0.9942	1.0015	0.9989	1.0074
东部	1.0151	0.9968	1.0184	1.0007	0.9961	1.0177	1.0009
中部	0.9902	0.9925	0.9978	0.9880	1.0046	0.9916	1.0062
西部	0.9958	0.9968	0.9990	0.9920	1.0050	0.9840	1.0154
标准差	0.0179	0.0097	0.0154	0.0112	0.0077	0.0210	0.0141
变异系数	0.0178	0.0097	0.0153	0.0112	0.0077	0.0210	0.0140

注：由 Maxdea6.6 软件根据 EBM-Malmquist-Luenberger 模型计算得出。

表 3.8 中的 *MI*、*EC*、*TC*、*PEC*、*SEC*、*PTC* 和 *STC* 数据实际上是各省（直辖市、自治区）在 2002~2015 年的平均值，反映我国环境全要素生产率、技术效率、技术进步、规模效率与技术规模等在 14 年的总体变动情况。由表 3.8 可知，根据 EBM-Malmquist-Luenberger 模型的测算结果，2002~2015 年中国环境全要素生产率总体呈现出略微上升的趋势。但在满足非期望产出弱可处置性的前提下，环境全要素生产率呈现出下降趋势的省份约占全部省份的一半，主要包括甘肃省、安徽省、山西省、贵州省、黑龙江省、广西壮族自治区、河南省等省份，大多属于中西部地区。这一点与 SBM-Malmquist-Luenberger 模型的计算结果（环境全要素生产率基本上都呈现上升态势）有很大的不同。全国平均环境全要素生产率指数是 1.0016，说明中国环境全要素生产率在 14 年间仅仅增长了 0.16%。其中，东部省份的环境全要素生产率增长了 1.51%；而中部省份和西部省份的环境全要素生产率分别下降了 0.98% 和 0.42%，这表明我国大部分省份环境

保护与经济发展都处于失衡状态，只有少数省份实现了环境与经济的协调发展。

而基于 SBM-Malmquist-Luenberger 模型的测算结果却是全国环境全要素生产率在 2002~2015 年增长了 4.23%，其中，东部省份、中部省份和西部省份分别增长了 6.70%、3.26% 和 2.27%，这与 EBM-Malmquist-Luenberger 模型的测算结果有很大出入。SBM-Malmquist-Luenberger 模型明显高估了各省份环境全要素生产率的增长；中西部省份更是把实际的“环境全要素生产率下降”测算成了“环境全要素生产率上升”，说明现有大量文献中采用 DEA-SBM 模型测算环境效率的做法会得出与实际情况相悖的结论，需谨慎使用。而基于非期望产出的 EBM 模型适用于处理“径向而不可分”与“非径向而可分”同时存在的情况，能够弥补 DEA-SBM 模型的缺陷，测算结果也就更为客观。

全国环境全要素生产率增长的主要来源是技术进步（*TC* 为 1.0060），而技术效率是下降的（*EC* 为 0.9956），这表明全国环境全要素生产率上升的主要驱动力是技术进步，而技术效率对环境全要素生产率的提高起阻碍作用。其中，技术进步可以进一步分解为纯技术进步（*PTC* 为 0.9989）和规模技术变化（*STC* 为 1.0074），可见技术进步主要是由于规模效应导致的，而中国各省份的前沿技术却出现了轻微的倒退现象。这与以往许多相关文献（胡彪等，2015；黄人杰，2014）的实证结果不同；而且也似乎违背了 Henderson（2005）等学者关于前沿技术的“技术不会遗忘”理论假设。但笔者认为上述关于“技术不会出现倒退”的假定应该适用于企业等微观层面。对于本书宏观层面（省份）的决策单元而言，在资本普遍加速深化的过程中，出现这种状况是难免的：由于导致前沿技术进步（倒退）的主要原因在于样本省份所形成的最佳前沿面外移（内陷），只有位于最佳前沿面上的省份产出—投入比增大（减小），最佳前沿面才会外移（内陷），从而出现技术进步（倒退）的现象。经过计算，在 2002~2015 年，中国的平均资本增长率要比地区生产总值平均增长率高出将近 4%，这说明我国资本存在过度深化的问题，而由此会引起各省份的产出与投入比值下降，进而导致最佳前沿面内陷，那么出现前沿技术倒退的测算结果就不足为奇了。技术效率变化可以进一步分解为纯技术效率变化（*PEC* 为 0.9942）和规模效率变化（*SEC* 为 1.0015）。14 年纯技术效率不但没有提高，反而下降了 0.58%，而规模效率却上升了 0.15%。由于环境全要素生产率在 2002~2015 年总体提高了 0.16%，所以，技术进步还是在提高我国环境全要素生产率增长中起主要作用。由以上分析可知，各省（自治区、直辖市）在促进环境技术进步的同时也必须在技术效率提高方面引起高度重视，只有提高技术效率才能实现“内涵式”的发展。

从不同省份环境全要素生产率及其分解项的差异来看，规模效率变化的差异相对最小（变异系数为 0.0077）；而纯技术进步的地区差异最大（变异系数为 0.0210），其对环境全要素生产率增长的地区差异影响程度也相应最大；并且技术进步的规模效应对全要素生产率增长的省际差异贡献度也较大。东部省份的环境全要素生产率指数最大，在 2002~2015 年增长率为 1.51%；而中西部省份的环境全要素生产率不但没有增长，反而都有所下降。其中，中部省份下降了 0.98%，西部省份次之，在 13 年间下降了 0.42%。由此可知，以北京市、天津市、上海市等为代表的东部省份已经对环境保护与经济发展的“双赢”平衡问题引起了高度重视，不断地采取改进环境技术、提高管理能力、更新环保设备、引进高新技术人才等一系列措施以提高经济增长质量；并通过经济转型与产业升级来实现经济环境的协调可持续发展，达到人与自然和谐相处的状态。相比较而言，中、西部省份的环境全要素生产率还存在很大的提升空间，亟须改进。

对于不同的省份和三大区域来说，技术进步对环境全要素生产率的增长均起了主要作用。其中，东部省份的技术进步率在 2002~2015 年是增长的（*TC* 为 1.0184）；中西部省份的技术进步率是下降的，并且中部省份的下降幅度最大（*TC* 为 0.9978），西部省份次之（*TC* 为 0.9990）。技术进步引起的规模效应都大于 1，并且西部省份最大，中部省份次之，东部省份最小。由此可知，中国的中部崛起、西部大开发等战略的实施主要是推动了高新技术的引进来提高环境技术，而环境技术引起的规模报酬递增促进了环境全要素生产率的提高。三大区域的纯技术效率除了东部省份，其他省份在 14 年间都有所下降。其中，东部省份的纯技术效率指数 *PEC* 为

1.0007，西部省份 *PEC* 为 0.9920，中部省份 *PEC* 为 0.9880，这和环境全要素生产率变化的省际差异表现情况相一致。在 2002~2015 年，东部省份的规模效率变化是-0.39%；中部省份的规模效率变化是 0.46%；而西部省份的规模效率变化是 0.50%。尽管中部省份和西部省份的规模效率是上升的，但这两个区域的环境全要素生产率却是恶化的；而东部省份的情况恰好相反。这说明规模效率并不能主导环境全要素生产率的变动，中部省份和西部省份较低的环境技术水平与日益恶化的技术效率才是导致环境全要素生产率下降的主要原因。而东部省份出现规模效率下降的主要原因在于要素集聚过度。诸如东部区域的江苏省、浙江省、山东省和海南省等均为要素集聚程度较高的省份，而这些省份的规模效率都呈现出了下降的趋势。

（三）各省份跨期环境全要素生产率分解的时间演变分析

笔者着重研究了 2002~2006 年、2006~2009 年和 2009~2013 年这三个时期，分别对这三个时间跨度内的环境全要素生产率指数、纯技术效率变化、规模效率变化和技术进步指数进行测算（见表 3.9），以期更深入地分析各省（直辖市、自治区）环境全要素生产率变化的原因。

表 3.9　中国 29 个省份的跨期环境全要素生产率指数及其分解

地区	2002~2006 年				2006~2009 年				2009~2013 年			
	MI	*PEC*	*SEC*	*TC*	*MI*	*PEC*	*SEC*	*TC*	*MI*	*PEC*	*SEC*	*TC*
北京	1.012	1.000	1.000	1.012	1.016	1.000	1.000	1.016	1.003	1.000	1.000	1.003
天津	1.058	1.000	0.999	1.061	1.030	1.000	1.005	1.025	1.012	1.000	1.000	1.012
河北	1.088	1.053	1.005	1.029	0.971	0.945	1.006	1.021	1.027	1.026	0.997	1.004
山西	0.962	0.971	1.002	0.989	0.972	0.969	1.006	0.997	0.996	0.987	1.011	0.999
内蒙古	0.979	0.955	1.028	0.997	1.030	0.989	1.020	1.023	0.993	0.971	1.002	1.022
辽宁	0.975	0.981	0.998	0.995	1.017	0.996	1.012	1.010	1.007	1.008	0.999	1.000
吉林	0.970	0.972	1.002	0.996	1.010	0.971	1.020	1.020	1.023	0.995	1.008	1.021
黑龙江	0.999	1.015	0.991	0.992	0.957	0.976	1.007	0.973	0.985	1.002	1.011	0.972
上海	1.025	1.000	1.000	1.025	1.015	1.000	1.000	1.015	1.005	1.000	1.000	1.005
江苏	1.001	0.998	0.982	1.021	1.020	0.983	1.004	1.034	1.011	1.017	0.974	1.024
浙江	1.007	0.981	1.000	1.028	1.042	0.989	1.002	1.051	1.027	0.999	0.994	1.035

续表

地区	2002~2006 年				2006~2009 年				2009~2013 年			
	MI	*PEC*	*SEC*	*TC*	*MI*	*PEC*	*SEC*	*TC*	*MI*	*PEC*	*SEC*	*TC*
安徽	0.991	0.998	0.998	0.995	1.028	1.008	1.009	1.010	0.980	0.988	1.010	0.983
福建	0.985	0.982	0.994	1.009	1.036	0.989	1.007	1.041	1.047	0.997	1.011	1.039
江西	0.959	0.954	1.010	0.995	1.033	1.014	0.999	1.021	1.011	1.000	1.006	1.006
山东	1.069	1.049	0.978	1.043	1.048	1.006	1.016	1.026	0.999	1.000	0.994	1.006
河南	0.989	0.993	1.001	0.994	1.002	0.985	1.006	1.011	0.982	0.993	0.985	1.004
湖北	0.962	0.971	0.999	0.992	1.009	0.997	1.004	1.007	0.980	0.991	1.012	0.977
湖南	0.979	0.989	0.999	0.990	0.996	0.998	1.006	0.992	0.975	0.978	1.012	0.986
广东	1.001	1.000	1.000	1.001	1.001	1.000	1.000	1.001	1.000	1.000	1.000	1.000
广西	0.962	0.971	1.002	0.989	0.988	0.980	1.011	0.998	1.017	0.978	1.015	1.024
海南	1.001	1.000	1.000	1.001	1.001	1.000	0.983	1.019	0.959	1.000	0.937	1.023
四川	0.982	0.990	0.999	0.993	1.019	1.004	1.005	1.010	1.013	1.025	1.002	0.985
贵州	0.981	0.986	1.004	0.991	1.015	1.022	1.002	0.991	0.991	0.995	1.014	0.983
云南	0.976	0.984	0.997	0.994	0.966	0.980	1.014	0.973	0.946	0.975	1.009	0.961
陕西	0.998	0.999	1.003	0.996	1.070	1.042	1.015	1.013	0.974	0.965	1.008	1.001
甘肃	0.961	0.960	1.011	0.990	0.936	0.956	1.014	0.966	0.966	1.013	0.997	0.957
青海	0.994	1.000	0.968	1.029	1.041	1.000	1.027	1.013	1.004	1.000	1.003	1.001
宁夏	0.979	0.969	1.014	0.996	1.015	0.979	1.031	1.011	1.016	1.057	0.967	1.000
新疆	0.995	0.996	0.996	1.004	1.049	1.029	1.007	1.013	1.006	1.003	1.006	0.998
平均值	0.994	0.990	0.999	1.005	1.011	0.993	1.008	1.010	0.998	0.999	0.999	1.001

注：由 Maxdea6.6 软件根据 EBM-Malmquist-Luenberger 模型计算得出。

由表 3.9 可知，在三个不同时期内，我国 29 个省（直辖市、自治区）的环境效率变动呈现出不同的特点。2002~2006 年纯技术效率变化（*PEC*）大于（等于）1 的省份只有 9 个，并且基本上属于经济发达的东部地区。得益于其雄厚的经济基础、丰富的教育资源以及便利的交通条件等优势，这些省份更容易引进先进的环境技术并提高节能减排的管理能力，进而促进技术效率的提高。与此同时，这一时期有 14 个省（直辖市、自治区）的规模效率（*SEC*）小于 1，全国平均值也呈负增长（0.999）；又由于 2002~2006 年期全国平均环境全要素生产率指数也小于 1（*MI* 为 0.994），可见技术效率变化对这一时期的环境全要素生产率起主要的影响作用。反观各省（直辖市、自治区）的技术进步指数，包括北京市、天津市、河北省等在内的12 个省份实现了技术进步，而其余省份出现了技术最佳前沿面内陷的状况。但从全国来看，技术进步变化仍然呈正增长（*TC* 为 1.005），这表明我国从“十五”计划提出“加强生态建设，保护和治理环境”起，已经开始注重改进环境技术、加强核心技术创新以及革新落后技术以发展环境事业、实现经济环境的协调发展。

第二个时期 2006~2009 年的环境全要素生产率指数及其分解项都比第一个时期的各项指数值更大。并且技术进步变化对 2006~2009 年的环境全要素生产率起主要的影响作用（*MI* 为 1.011）；与上一时期相比，技术进步变化指数的增长幅度为 0.5%，而且技术进步变化指数大于 1 的省（直辖市、自治区）增加到了 22 个。究其原因可能是“十七大”明确提出要建设生态文明、在全社会牢固树立生态文明的观念。与技术进步变动和规模效率变动相比，该时期纯技术效率的增长幅度偏低（只有 0.3%），笔者认为这可能是由于2008 年全球金融危机对我国经济造成了很大影响，从而对外资先进技术与高级人才的引进也会随之减少。与此同时，该时期各省（直辖市、自治区）的规模效率进一步提高，全国平均值达到了 1.008，而且除了江西省和海南省两省的规模效率略低于 1 以外，其余省份的规模效率都达到了有效水平。其中，宁夏回族自治区、青海省与吉林省三个中西部省份的规模效率处于全国的前列水平；内蒙古自治区、山东省与陕西省三个省份紧随其后，这表明我国一些中西部省份在 2006~2009 年加大了投入规模，科学合理地配置劳动力、资本、资源能源等生产要素，有效地实现了规模效率的增长。

虽然第三个时期 2009~2013 年的纯技术效率变化（*PEC* 为 0.999）比前两个时期有所提升，但规模效率变化（*SEC* 为 0.999）与技术进步变化指数（*TC* 为 1.001）却都比前两段时期降低了。一方面，虽然 2009~2013 年大部分省（直辖市、自治区）的规模效率变化指数值都有所下降，但规模效率变化大于 1 的省份为 20 个，超过样本省份的 68%，这表明第三个时期内我国对环境保护与治理的投资规模仍在扩大，但增加幅度并不明显。

另一方面，从技术进步变化指数来看，尽管这段时期内除了山西省、吉林省、广西壮族自治区、海南省4个省份的技术进步变化指数升高了，但其他大部分省份的技术进步变化有所恶化。其中，甘肃省的技术进步变化最低（*TC* 为 0.957），还有云南省（0.961）、黑龙江省（0.972）、湖北省（0.977）、安徽省（0.983）、贵州省（0.983）、四川省（0.985）、湖南省（0.986）、新疆（0.998）、山西省（0.999）和宁夏回族自治区（0.999）的技术进步变化也都小于1，表明这11个中西部省份的环境技术发展速度滞后，与第三个时期的水平不相匹配。2009~2013年的全国环境全要素生产率指数为0.998，虽然该时期的纯技术效率变化达到了这三个阶段的最大值，但其环境全要素生产率仍然低于第二个时期。这是由于较高的纯技术效率变化指数并没有弥补规模效率与技术进步变化下降的影响。因而，各省（直辖市、自治区）在以后的发展中依然不能忽视技术进步的作用；增加研发经费加强核心技术的创新、改进环保技术、引进先进绿色生产技术与高级人才等系列措施仍是多数省份的工作重点。

第四节　本章小结

本章第一节主要介绍了环境效率与环境全要素生产率的测算方法，通过指出现有文献中常用的传统 DEA 模型与 SBM 模型的缺陷，引出当前学术界前沿的 EBM 模型。随后，对 Malmquist-Luenberger 生产率指数以及 Zifio（2007）的分解方法进行了简要介绍。第二节主要介绍了省际环境效率与环境全要素生产率测算的指标选择与数据来源。第三节详细分析了省际环境效率与环境全要素生产率变动的测算结果。通过本章研究，主要得到如下结论。

（1）2002~2013年基于非期望产出的 EBM 模型测算的中国省际环境效率平均值为0.77~0.82；其中，2002年平均效率值最高，而2008~2015年的环境效率值比2002~2007年更低，这一点与传统的 DEA 模型与 SBM 模型环境效率测算结果类似。

（2）根据实证结果，混合径向 EBM 模型效率值小于径向 CCR 模型效率值，大于非径向 SBM 模型效率值。SBM 模型会低估环境效率值，导致效率评价不符合实际状况。EBM 模型不但考虑了非期望产出，而且考虑了投入产出径向和非径向同时存在的情况，在一定程度上弥补了传统 DEA-CCR 模型和 SBM 模型的缺陷，对我国各省份的环境效率评价结果更为客观。

（3）我国省际环境效率测算结果从东部到西部的梯次变化情况：东部省份最高，其次是中部省份，西部省份最低，省际差异比较明显。环境效率高的省份与环境效率低的省份分布表现出“高—高、低—低”的格局，各省份环境效率具有空间相关性与集聚特性。

（4）中西部省份的环境全要素生产率一般相对较低且呈下降趋势；而东部发达地区的环境全要素生产率却大部分呈现出上升的态势；宏观经济状况对中国区域经济增长产生相对较大的影响；尽管我国总体环境效率向更高水平改进了，但不同省份的改进速度还存在显著的差异。

（5）SBM-Malmquist-Luenberger 模型明显高估了各省份环境全要素生产率的增长，需谨慎使用；我国大部分省份环境保护与经济发展都处于失衡状态，只有少数省份实现了环境保护与经济发展的“双赢”平衡。

（6）全国环境全要素生产率上升的主要驱动力是技术进步，而技术效率对环境全要素生产率的提高起阻碍作用；各省份在促进环境技术进步的同时也必须在技术效率提高方面引起高度重视，只有提高技术效率才能实现“内涵式”的发展；我国 29 个省份的跨期环境全要素生产率分解的时间演变呈现出不同的特点。

第四章 省际环境全要素生产率的收敛性研究

第一节 收敛假说与收敛机制分类

第三章根据中国省际环境全要素生产率的测算结果，分析了我国环境全要素生产率的省际差异。但这仅仅是对省际环境全要素生产率差异的客观分析，主要是对评价结果的规律性描述。然而，在动态视角下，中国环境全要素生产率省际差异的演化趋势如何？这个问题仍有待于深入研究。因此本章在第三章分析的基础上，基于动态的视角进一步研究中国省际环境全要素生产率差异的演化趋势。收敛性分析有助于厘清中国省际环境全要素生产率的趋同（发散）情况。如果省际环境全要素生产率出现收敛性，则说明当前的经济、环境政策有助于缩小落后省份和发达省份间的差距；如果不存在收敛性，则说明当前局势下，落后省份与发达省份的环境全要素生产率差距会进一步增大，因而需要适当调整经济、环境政策，进一步加强对落后省份的政府财政补贴与技术扶持力度。

一、收敛假说

新古典经济增长理论认为，“收敛”指的是在封闭的经济系统中，有效经济范围内的不同经济个体（包括国家、地区或者家庭等）收入的差距会随着时间推移而减小；不同经济个体的期初静态衡量指标与经济增长速度之间存在负相关关系；在长期，各经济区域的期初静态指标的差异性会逐渐缩小甚至消失。也就是说随着经济的不断发展，拥有较低人均资本存量的国家（地区）的资本收益率会比人均资本存量较高的国家（地区）更高，从而使经济增长速度更快；经济落后地区具有向经济发达地区收敛的趋势。收敛假说在理论上支持经济落后地区对发达地区的追赶，是新古典经济增长理论的基础。

收敛假说是政策制定部门进行宏观调控、促进地区间经济社会协调发展的重要理论依据。如果区域经济从长期来看具有收敛的动态演化趋势，那么区域间的经济差异会逐渐缩小直至均衡状态；如果区域经济从长期来看具有发散的趋势，那么政府等部门应该适当引导区域间的经济要素流动，以加强市场经济的作用，逐步缩小区域间的经济差异，促进区域经济协调发展。经济增长收敛主要分析期初变量水平和最终经济增长的关系（收入或产出的收敛），而对于收敛的产生过程有所忽略，因而，有必要对收敛过程的内在机制进行分析。

经济增长的来源包括要素投入与技术进步两方面，也就是说劳均资本积累与技术进步共同决定劳均产出的增长。因而，劳均产出的收敛也是由资本深化的收敛与技术进步的收敛共同构成，其中，技术进步的收敛也能表示为全要素生产率的收敛。新古典经济增长理论假设，不同区域的规模报酬不变而资本边际报酬递减，在此基础上，随着经济发达区域资本积累的增多，其资本边际报酬逐渐递减，经济增长速度下降；而经济落后区域的资本积累较少，储蓄动力比发达地区强，在这种情况下，经济落后区域与发达区域的差距会逐渐缩小，出现收敛的趋势。而随着新经济理论的发展，学术界逐渐意识到，技术进步对经济收敛的影响，国内外学者开始研究全要素生产率对经济收敛的影响。Abramovitz 和 Baumol（1986）首先把技术因素纳入到收敛研究框架中，他们指出技术扩散有助于经济落后地区追赶发达地区。Prescott（1998）指出全要素生产率的差距会引起人均收入的巨大差异。彭国华等（2005）也认为全要素生产率是地区经济差距的主要来源。因而，笔者重点分析技术进步的收敛机制。

简单来说，环境全要素生产率的收敛机制为：环境技术扩散——环境技术水平收敛——劳均产出收敛。也就是说，当某个区域率先使用了先进技术，从而提高了环境效率，减少了生产成本，那么，其他区域都会对其进行模仿，学习并引进先进技术，直到各区域都掌握该技术。这便是一种技术扩散的模仿行为，而这种低成本的技术扩散会导致经济收敛。具体来看，欠发达地区通过投资与贸易，学习并引进先进技术以提高经济增长速度，这种先进地区的技术溢出效应会产生后发优势，使得落后地区的技术创新速度超过先进地区成为可能，进而形成技术水平的收敛，最后引起经济增长的收敛。但需要指出的是，这种欠发达地区向发达地区学习并引进先进技术的模式也有可能导致欠发达地区长期生产较低技术含量的产品，使得区域间技术差距持续存在，难以达到收敛状态。

二、收敛性分析方法分类

在新古典经济理论中，收敛性分析方法主要包括三种类型：δ 收敛、绝对 β 收敛以及条件 β 收敛。Sala（1996）认为，δ 收敛指的是随着时间不断变化，不同国家（地区）的人均收入或产出的标准差会逐渐缩小，人均收入或产出存在趋同现象。δ 收敛主要用来反映某地区偏离整体平均发展水平的差异性的动态演化趋势，而不能衡量不同经济体间的转移性效应。β 收敛则主要是针对人均产出增长率等人均指标，落后国家（地区）的经济增长速度比发达国家（地区）更快。其中，绝对 β 收敛指的是每个经济单位的人均收入或产出均趋于完全相同的稳态水平。然而，许多学者经过理论和实证研究发现，经济增长通常会出现多重均衡，结构相差较大的经济单位会趋向不同的均衡点；这些经济单位的经济增长并没有收敛特征，但其中初始条件与结构特征相似的经济单位会表现出明显的收敛趋势，这就是所谓的“俱乐部收敛”。根据 Galor（1996）的定义，“俱乐部收敛”是指期初经济水平接近的经济集团内部不同的系统之间，在具有相似的结构（制度、区位和自然条件等）的基础上趋于收敛的现象。简单地说就是落后地区和先进地区各自内部表现出收敛趋势，但它们之间并不存在收敛现象。条件 β 收敛研究的是不同经济单位是否能趋向于各自的稳态水平。

两种形式的 β 收敛都是趋向于稳态水平收敛，所不同的是绝对 β 收敛中每个经济单位的稳态水平都相同，而条件 β 收敛中不同经济单位趋向于不同的稳态水平。δ 收敛和绝对 β 收敛均属于绝对收敛，而且 β 收敛是 δ 收敛的必要非充分条件；相对于条件 β 收敛，绝对 β 收敛的概念更严格，也就是说，条件 β 收敛是在放松绝对 β 收敛假设条件的基础上得出的，因此，存在条件 β 收敛并不一定存在绝对 β 收敛。

针对环境全要素生产率而言，δ 收敛是根据各经济单位环境全要素生产率水平的标准差分布状况来分析收敛性，如果随着时间推移，环境全要素生产率的标准差逐渐下降，则说明存在 δ 收敛。绝对 β 收敛假设不同经济体的经济基础条件相同，所有经济体的环境全要素生产率能够达到完全一致的稳态增长速度与增长水平。条件 β 收敛假设不同经济单位的经济基础条件与特征有所差异，认为各经济单位会向各自的稳态水平趋近，并且发达地区与落后地区之间的差距可能会持续存在。β 收敛的直观性比较强，但对数据的要求更高。

第二节　省际环境全要素生产率的绝对收敛检验

省际环境全要素生产率的绝对收敛检验考察的是不同省份之间的环境全要素生产率的差距是否会随着时间推移而自动消失，绝对收敛检验一般包括 δ 收敛性检验和绝对 β 收敛性检验。

一、δ 收敛性检验

δ 收敛性检验考察的是中国不同省份间环境全要素生产率差异随时间的演化趋势，一般用反映离散程度的统计指标（标准差、变异系数）进行衡量。笔者主要采用标准差来检验，如果随着时间的推移，省际环境全要素生产率的标准差减小，则说明存在 δ 收敛。此外，为了避免可能出现的收入转移效应，还通过环境全要素生产率的变异系数进行验证（见表 4.1），变异系数（见式（4.2））能够避免平均收入规模的影响，并认为收入转移效应为中性。本节所选用的环境全要素生产率指数均为第三章测算的 EBM-Malmquist-Luenberger 指数值。由于环境全要素生产率测度结果是环比指数，为了表示方便起见，笔者参考相关文献，把 2002~2003 年的环境全要素生产率指数定义为 2003 年的环境全要素生产率指数。

用 $ETFP_{i,t}$ 表示我国第 i 个省（自治区、直辖市）第 t 年的环境全要素生产率值；$\overline{ETFP_t}$ 表示 t 年各省（自治区、直辖市）的环境全要素生产率平均值；N 表示省（自治区、直辖市）的个数；σ_t 表示 t 年的标准差，那么可以用公式（4.1）表示。

$$\sigma_t = \sqrt{\frac{1}{N-1}\sum_{i=1}^{N}(ETFP_{i,t} - \overline{ETFP_t})^2} \tag{4.1}$$

$$CV = \frac{1}{\overline{ETFP_t}}\sqrt{\frac{1}{N-1}\sum_{i=1}^{N}(ETFP_{i,t} - \overline{ETFP_t})^2} \tag{4.2}$$

根据式（4.1），笔者分别检验了全国、东部省份、中部省份以及西部省份的 δ 收敛性状况，结果如图 4.1 所示。

表 4.1 中国及三大区域环境全要素生产率 δ 系数与变异系数

年份	全国		东部		中部		西部	
	δ 系数	变异系数	δ 系数	变异系数	δ 系数	变异系数	δ 系数	变异系数
2003	0.0338	0.0339	0.0408	0.0400	0.0163	0.0166	0.0184	0.0187
2004	0.0433	0.0434	0.0459	0.0445	0.0234	0.0238	0.0211	0.0218
2005	0.0445	0.0451	0.0574	0.0567	0.0219	0.0227	0.0259	0.0267
2006	0.0411	0.0412	0.0294	0.0289	0.0290	0.0299	0.0513	0.0511
2007	0.0327	0.0322	0.0124	0.0120	0.0296	0.0294	0.0465	0.0460
2008	0.0422	0.0413	0.0263	0.0259	0.0385	0.0379	0.0582	0.0563
2009	0.0489	0.0491	0.0488	0.0483	0.0320	0.0326	0.0601	0.0603
2010	0.0425	0.0417	0.0469	0.0452	0.0238	0.0237	0.0445	0.0440
2011	0.0323	0.0329	0.0246	0.0249	0.0296	0.0300	0.0416	0.0427
2012	0.0273	0.0272	0.0291	0.0288	0.0212	0.0213	0.0310	0.0308
2013	0.0370	0.0375	0.0409	0.0409	0.0233	0.0238	0.0412	0.0420
2014	0.0327	0.0326	0.0363	0.0360	0.0202	0.0203	0.0376	0.0377
2015	0.0303	0.0299	0.0326	0.0320	0.0175	0.0174	0.0368	0.0362

注：根据第三章测度结果整理计算得出。

从全国范围来看，2003~2015 年的环境全要素生产率标准差变化相对较小，并且整体呈现出收敛的趋势。2003~2005 年阶段，全国环境全要素生产率显示出轻微的发散趋势；2005~2009 年，该数值先下降后上升，呈现出明显的“V”形变化结构；2009~2012 年，环境全要素生产率的标准差又有所下降，显示出明显的收敛趋势；2012~2013 年 δ 系数值又开始上升；而 2013~2015 年 δ 系数值又开始下降。东部省份在 2003~2015 年，总体来看存在并不明显的 δ 收敛现象。在 2003~2005 年该区域呈现出轻微的发散趋势；2005~2007 年则出现了明显的收敛现象，而 2007~2009 年又表现出明显的发散现象，波动幅度较大，说明 2005~2009 年东部地区省份之间的内部差距先缩小后又扩大；2009~2011 年又呈现出收敛趋势；2011~2013 年东部地区环境全要素生产率具有发散趋势；2013~2015 年该区域呈现出轻微的收敛趋势。总体来看，中部省份 2003~2015 年存在不明显的 δ 收敛现象。其中，2003~2008 年，中部地区的环境全要素生产率标准差有较为明显的发散现象；2008~2015 年环境全要素生产率标准差又有所下降，呈现收敛趋势。西部省份的环境全要素生产率标准差的时间演化趋势和全国整体的演化趋势类似，但变化幅度更剧烈。2003~2006 年呈现出明显的发散现象；2006~2009 年标准差出现先下降后上升的“V”形状态；而 2009~2012 年又出现了明显的收敛趋势；但 2012~2015 年西部地区的环境全要素生产率标准差先上升后下降，不易确定其是否存在 δ 收敛。

为了对中国省际环境全要素生产率的 δ 收敛状况进一步检验，笔者构建如式（4.3）所示模型。

$$\sigma_t = c + \theta \times t + \mu_t \tag{4.3}$$

其中，σ_t 表示环境全要素生产率在第 t 年的标准差，c 是截距项，t 是时间趋势项，μ_t 是随机扰动项。那么，当系数 θ 大于 0 并且通过显著性检验时，则说明省际环境全要素生产率水平随着时间的推移而扩大，不具有 δ 收敛特征；而当系数 θ 小于 0 并且通过显著性检验时，说明省际环境生产率水平的差异在逐渐减小，呈现出环境全要素生产率水平的 δ 收敛现象；当系数 θ 等于 0 时，表示省际环境生产率水平的差异几乎没有变动，既不存在环境全要素生产率水平的 δ 收敛，也不存在发散现象。笔者对中国分

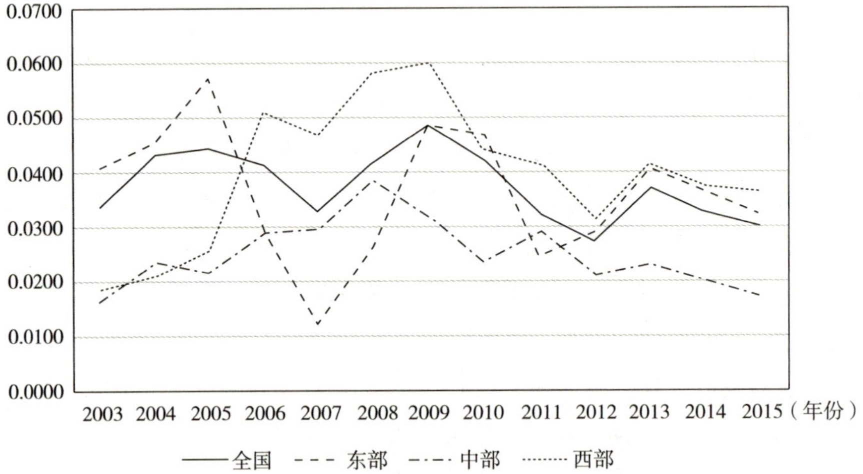

图 4.1　全国与东、中、西部环境全要素生产率标准差（2002~2015 年）

地区环境全要素生产率 δ 收敛情况进行回归检验，相关的 θ 系数值和显著性检验如表 4.2 所示。

根据表 4.2 的统计性检验结果可以验证前文的分析结论，即全国、东部和中部省份的环境全要素生产率增长具有 δ 收敛趋势；而西部省份的环境全要素生产率增长没有呈现出 δ 收敛趋势。但所有地区的 p 值都没有通过显著性检验，因而，δ 收敛性检验结果并不稳定。

表 4.2　中国及三大区域环境全要素生产率 δ 收敛的 θ 值检验结果表

地区	全国	东部	中部	西部
θ 值	-0.0008	-0.0007	-0.0002	0.0009
p 值	0.1011	0.4903	0.6487	0.3573

注：由 Eviews8.0 软件根据模型 4.3 计算得出。

从全国三大区域比较来看，西部地区的标准差最大，由此可以推测，西部各省份之间的经济环境发展差距相对较大。西部地区经济基础最薄弱，技术条件十分落后，产业化水平相对偏低，交通运输又不方便，各省份发展不够协调；既包括陕西省、新疆维吾尔自治区、青海省和内蒙古自治区等资源比较丰富、经济较为发达的省份，也包括贵州省、广西壮族自治区、云南省和甘肃省等经济环境综合实力相对更落后的省份，并且省际差距并没有明显缩小的趋势。东部地区呈现出 δ 收敛趋势，表明东部发达省份之间的经济环境发展相对均衡，内部差距随着时间推移而减小；但东部省份环境全要素生产率标准差的波动最大，这可能是因为东部省份正在经历经济和产业结构调整的阵痛时期，而且东部沿海省份的外向型经济特征相对明显，对国外市场的变化反应更为敏感，容易受到海外经济的冲击。中部地区的环境全要素生产率标准差值比东部和西部地区要小，说明中部省份环境全要素生产率的内部差异比其他区域更小，这可能与中部省份经济、环境的宏观状况和发展战略大体一致有关。通过分析表 4.1 可知，在剔除了年度平均收入规模的影响后，环境全要素生产率的变异系数的时间变化趋势与 δ 系数相似，这也进一步验证了通过 δ 系数来分析全国和分地区环境全要素生产率收敛性的客观论断。全国及分地区环境全要素生产率 δ 收敛现象不显著的原因主要是不同地区在不同时间段内所呈现出的 δ 收敛或者发散趋势没有连续性。

二、绝对 β 收敛性检验

绝对 β 收敛性检验可以进一步验证省际环境全要素生产率是否趋近于同一稳态均衡值，也就是研究环境全要素生产率水平比较落后的省份是否对发达省份存在“追赶效应”。从本质上来看，绝对 β 收敛性检验就是考察环境全要素生产率的增长率是否与其初始水平存在负相关关系，如果相关系数 β 小于 0，则表明存在绝对 β 收敛。也就是初期环境全要素生产率水平落后的省份增长速度比发达省份更快，前者对后者具有“追赶效应”，因而，所有省份都会趋向于同一稳态水平。本书采用 Bernard 和 Jones（1996）等学者的经典分析方法，并对模型进行了适当调整，得到式（4.4）所示的绝对 β 收敛回归检验模型。

$$(\ln ETFP_{iT}-\ln ETFP_{i0})/T=\alpha+\beta\ln ETFP_{i0}+\varepsilon_{it} \tag{4.4}$$

式（4.4）中，ln 代表取自然对数；$ETFP_{iT}$ 和 $ETFP_{i0}$ 分别代表报告期与期初第 i 个省份的环境全要素生产率；T 为基期和报告期的时间跨度；α 和 β 是待估计的参数；ε_{it} 是随机误差项。如果 β 值显著为负，那么此地区呈现出绝对收敛的趋势，也就是说区域环境全要素生产率增长速度与期初水平呈负相关。根据 Mankiw 等的相关研究，绝对 β 收敛的速度 λ 可以表

示为式（4.5）。

$$\beta=-(1-e^{-\lambda T}) \tag{4.5}$$

其中，T 为基期和报告期的时间跨度，β 为模型（4.4）中的参数。

以上绝对 β 收敛检验模型属于横截面分析，由于横截面收敛分析对样本的时间跨度有很强的敏感性，可能不能有效说明收敛的连续性。因此，笔者不但分区域、分时间段综合检验了样本的绝对 β 收敛趋势（时间段分别为：2003~2015 年，$T=12$；2003~2007 年，$T=4$；2008~2015 年，$T=7$），为了克服各时间段中可能出现的异常值以便进行连续的时间估计，本节以每 3 年为一个时间段（共分为 6 个时间段），并把每 2 年的平均值作为各时间段内环境全要素生产率的估计值，然后也对此进行了绝对 β 收敛检验。

表 4.3 是全国与东、中、西部三大区域环境全要素生产率绝对 β 收敛性检验结果。从全国来看，4 个回归估计方程式参数 β 值分别是-0.090、-0.209、-0.221 以及-0.106，并且都在 0.01 的显著性水平下显著。这表明中国省际环境全要素生产率的增长速度确实与其初始水平呈现出负相关关系，即环境全要素生产率水平较低的省份对生产率较高的省份具有“追赶效应”，所有省份逐渐收敛趋近于同一稳态均衡值。对全国省份进行分时期绝对 β 收敛性检验，结果显示 2003~2015 年收敛速度为 0.79%；2003~2007 年为 6.25%；2008~2015 年为 1.60%。由此可知，中国省际环境全要素生产率在不同时期以不同的收敛速度逐步趋近于同一稳态值。更进一步分析，根据新经济增长相关理论，生产率的收敛机制表现为技术扩散与知识溢出。在全国范围内环境全要素生产率具有绝对 β 收敛性，这表明由于环境技术的不断创新与高速传播，随着我国生态经济不断完善以及省际绿色合作联盟内各种要素的流动，中国生态经济发展的知识与技术壁垒也在逐步降低。

笔者采用模型（4.4）进一步分析东、中、西部区域内省际环境全要素生产率之间是否具有绝对 β 收敛趋势（见表 4.3）。东部省份在 2003~2015 年样本分时间段检验与连续性时间检验中，都在 1%的显著性水平下表现出显著的绝对 β 收敛性，并且其收敛速度分别是 0.92%和 6.12%。这揭示出东部省份初始状态下环境全要素生产率水平较低的省份具有更高的增长速度，环境全要素生产率的省际差距逐渐缩小，东部区域环境全要素

表 4.3 中国及三大区域环境全要素生产率绝对 β 收敛性检验

2003~2015 年			2003~2015 年			2003~2007 年			2008~2015 年		
β	判定系数	λ	β	判定系数	λ	β	判定系数	λ	β	判定系数	λ
−0.090[a] (0.014)	0.600 [0.585]	0.0079	−0.209[a] (0.035)	0.563 [0.547]	0.0469	−0.221[a] (0.048)	0.446 [0.425]	0.0625	−0.106[a] (0.018)	0.558 [0.542]	0.0160
−0.105[a] (0.021)	0.734 [0.705]	0.0092	−0.264[a] (0.053)	0.730 [0.700]	0.0612	−0.230[a] (0.025)	0.904 [0.894]	0.0652	−0.047 (0.047)	0.097 [−0.003]	0.0068
−0.114[b] (0.033)	0.666 [0.611]	0.0101	−0.315[a] (0.084)	0.703 [0.653]	0.0757	−0.376 (0.173)	0.439 [0.346]	0.1177	−0.141[a] (0.027)	0.822 [0.792]	0.0217
−0.066 (0.055)	0.150 [0.044]	0.0057	−0.001 (0.252)	1.93E−06 [−0.125]	0.0002	−0.421 (0.209)	0.336 [0.253]	0.1364	−0.107[a] (0.029)	0.634 [0.589]	0.0162

注：由 Eviews8.0 软件根据模型 4.4 计算得出；表中数据第 1 行到第 4 行分别是全国、东部省份、中部省份、西部省份；圆括号内是标准差、方括号内是调整 R^2（判定系数）值；上标 a 和 b 分别表示在 1%和 5%的显著性水平下显著。

生产率存在绝对β收敛趋势。东部省份在2003~2007年也存在显著的绝对β收敛，其收敛速度是6.52%；但在2008~2015年存在并不显著的绝对β收敛，这表明东部省份的绝对β收敛性有所弱化。中部地区在整体样本分时间段检验和连续时间检验中，都能通过5%的显著性水平检验，说明中部区域省际环境全要素生产率整体表现出绝对收敛趋势。2003~2007年参数β估计值没有通过5%的显著性检验；但2008年以后的β值可以通过1%的显著性检验，并且收敛速度为2.17%。西部省份在整体样本分时间段估计和连续时间检验中β值都不能通过显著性检验。2003~2007年西部地区没有表现出显著的绝对β收敛趋势；而2008~2015年在1%的显著性水平下存在绝对β收敛，并且收敛速度是1.62%，说明中、西部省份的收敛性逐渐强化。

根据以上分析可以基本认为，整体来看，中国环境全要素生产率存在显著的绝对β收敛趋势。省际环境全要素生产率的增长速度与初始水平负相关，环境全要素生产率落后的省份对先进省份具有“追赶效应”，如果假设所有省份经济条件相似，那么省际环境全要素生产率的差异在逐年递减。但分地区来看，东、中、西区域内部的情况有所差异。东部省份由于既存在δ收敛性也存在绝对β收敛性，故可以认为东部地区环境全要素生产率存在“俱乐部收敛”现象，这与孙传旺等（2010）等对东部区域碳强度约束下全要素生产率收敛性研究的结论类似。而西部省份的绝对β收敛趋势不显著，这与前文的δ收敛性检验结果基本一致。这些结论揭示出当前我国的生态经济发展投入在地区分配上应该向中、西部省份倾斜。中、西部地区仍然处于粗放型经济增长时期，因而，结合第三章中对环境全要素生产率分解的结论，要缩小中、西部省份与东部省份的差距，不但要加大生态经济领域的投入，还必须加强省际环境技术交流与合作，进一步推动先进绿色技术向中、西部扩散。否则，不但区域间差距会进一步加大，而且会影响全国“五化”目标（绿色化、新型工业化、城镇化、信息化和农业现代化）以及生态文明建设目标的实现。

综合以上分析可知，采用δ系数与变异系数测算2002~2015年中国环境全要素生产率总体差异发现，我国各地区环境全要素生产率差距主要趋势为先扩大后缩小后又扩大。通过进一步对全国和三大区域的环境全要素生产率构建模型进行 δ 收敛性检验，得出全国、东部地区和中部地区的环境全要素生产率存在 δ 收敛趋势，但检验结果并不显著；西部地区不存在 δ 收敛性。因此，可以认为中国省际环境全要素生产率并不存在显著的 δ 收敛趋势。

无论是分时间段还是连续时间估计，全国与东、中部地区环境全要素生产率都存在显著的绝对 β 收敛性；环境全要素生产率水平较低的省份对环境全要素生产率水平较高的省份具有明显的“追赶效应”，逐渐收敛于同一稳态均衡水平；东部省份存在“俱乐部收敛”特征。然而，西部地区环境全要素生产率却不存在显著的绝对 β 收敛趋势，说明西部地区内部省份之间没有表现出明显的环境全要素生产率“追赶”现象，这与 δ 收敛性检验结果基本一致。

第三节　省际环境全要素生产率的条件收敛检验

不同于绝对收敛检验，条件收敛研究的是在各自特定的经济条件下，不同的经济体能否趋近于各自不同的稳态水平。与绝对 β 收敛趋向于相同的稳态水平不同，条件 β 收敛中不同的经济体具有自己的稳态水平，承认落后经济体与发达经济体差距的持续存在性。根据国内外现有文献，条件收敛的检验方法主要包括两种。其中一种是在绝对 β 收敛回归模型中加入部分解释变量，在控制加入的变量基础上检验 β 估计值是否小于 0，如果估计值小于 0，则表明具有条件 β 收敛趋势。如式（4.6）所示。

$$g=\alpha+\beta\ln y_0+\gamma X+\varepsilon \tag{4.6}$$

在模型（4.6）中，X 代表影响增长率的主要因素，包括产业结构、技术水平、宏观经济因素等。这种方法的主要缺陷是容易遗漏解释变量、X 与随机扰动项自相关等。另外一种是面板数据固定效应模型，该模型与第一种模型相比，具有以下优势：①不需要另外加入解释变量，可以避免选择解释变量的主观性与变量遗漏问题；②能有效克服变量个数过多而产生的多重共线性问题，由于不再加入其他控制变量，可以避免数据不可获得性等问题；③还能设定时间与截面固定效应，不但考虑了不同经济体自身的稳态水平，而且考虑了不同经济体自身稳态水平的时间演化趋势，并且允许因变量与随机扰动项之间存在相关关系。因而，笔者选择第二种方法来进行条件 β 收敛性检验。

本节根据 Miller 和 Upadhyay（2002）的研究思路，运用面板数据双向固定效应对全国以及东、中、西部三大区域的环境全要素生产率进行条件 β 收敛性检验。面板数据双向固定效应检验模型可以控制时间与截面效应，不但考虑了不同经济体具有不同的稳态值，而且考虑了各经济体自身状态稳态值的时变效应。面板数据双向固定效应估计方法的优点不仅仅在于其能最大限度地避免模型解释变量的遗漏和解释变量间的多重共线性等问题，更为关键的是，相对于面板数据随机效应检验模型来说，固定效应检验模型可以允许随机误差项和解释变量之间存在相关关系，这一点对于分析存在复杂影响机制的区域经济问题十分重要。

因而，笔者以先验理论为依据，构建条件 β 收敛回归估计模型，如式（4.7）所示。

$$\ln(ETFP_{it}/ETFP_{i,t-1})=\alpha+\beta\ln ETFP_{i,t-1}+\varepsilon_{it} \tag{4.7}$$

模型（4.7）中，$\ln(ETFP_{it}/ETFP_{i,t-1})$ 表示环境全要素生产率的平均增长率。β 是模型的回归系数，如果 β 估计值小于 0，并能通过显著性检验，则表明具有条件 β 收敛趋势，第 i 个省份的环境全要素生产率会趋近于自身的稳态值。α 是面板数据固定效应项，对应不同经济体各自的稳态水平。在通常情况下，在估计面板数据时，为了克服经济周期的影响，一般会把样本区间划分为若干个时间段，但笔者为了能充分利用数据，没有进行时间分段，仍然使用跨期为一年的样本数据。

条件 β 收敛速度 λ 的计算公式如式（4.8）所示。

$$\beta=-(1-e^{-\lambda T}) \tag{4.8}$$

本节采用 2003~2015 年中国 29 个省（直辖市、自治区）的环境全要素生产率指数的面板数据，根据模型（4.7）进行条件 β 收敛性检验。表 4.4 是全国以及东、中、西部省份环境全要素生产率条件 β 收敛回归检验的结果。全国以及东、中、西部省份条件收敛模型的参数 β 值均能通过

1%的显著性检验，并且所有地区的 β 估计值都小于 0。也就是说，整体来看，全国省份在 2002~2015 年存在条件 β 收敛，说明全国省份的环境全要素生产率存在向其自身的稳态水平收敛的趋势，并且收敛速度为 11.57%。从分地区来看，东部、中部和西部地区内部省份也由于经济环境差异，具有各自不同的稳态水平，并且环境全要素生产率正逐步收敛于其各自的稳态水平。东、中、西部地区经过较长时间的发展已经成熟，都表现出了显著的条件 β 收敛趋势，收敛速度分别为 15.62%（东部地区）、11.83%（中部地区）和 12.34%（西部地区）。

表 4.4　中国及三大区域环境全要素生产率条件 β 收敛性检验：双向固定效应估计

区域	全国	东部	中部	西部
α	0.0006	0.0098	−0.0076	−0.0032
β	−0.6769[a] (0.0498)	−0.7576[a] (0.0864)	−0.6806[a] (0.0885)	−0.7155[a] (0.0780)
R^2	0.4530 [0.4547]	0.3851 [0.3795]	0.4672 [0.4888]	0.4216 [0.3448]
λ	0.1157	0.1562	0.1183	0.1234

注：由 Eviews8.0 软件根据模型（4.7）计算得出；圆括号内是标准差、方括号内是调整 R^2 值；上标 a 表示在 1%的显著性水平下显著。

综合以上分析可知，全国与东部、中部和西部地区的环境全要素生产率存在显著的条件 β 收敛。说明全国省份的环境全要素生产率存在向其自身的稳态水平收敛的趋势，并且东部、中部和西部地区内部省份也由于经济环境差异，具有各自不同的稳态水平。

第四节　省际环境全要素生产率的核密度动态变动趋势

前文的收敛性研究是采用增长回归分析模型来检验经济体发展的收敛

趋势，而从方法论的角度来看，前文分析主要是针对环境全要素生产率增长分布的一阶矩与二阶矩进行的，但这没有考察其分层、极化与动态分布等特征，并不能充分解释收敛性问题。著名的“Quah 批判”指出：回归分析模型仅仅关注每个经济单位是否趋向其自身的稳态水平，而对所有经济单位增长效率的分布变化有所忽略，这使得条件收敛偏离了研究经济增长收敛的初衷，应该从全要素生产率增长分布的动态演化机制来研究经济单位间的差异。鉴于此，本节采用核密度估计方法对中国环境全要素生产率增长分布的形状动态进行研究，试图从生产率增长的分布形状角度来评价环境全要素生产率增长分布的动态演化机制。核密度估计方法是一种十分重要的非参数方法，它是研究非均衡分布最常用的分析方法之一，具体来说，是使用连续的密度曲线分析随机变量的分布形态，并对变量的概率密度进行有效的估计。当前学术界也有一些学者采用核密度估计方法对中国全要素生产率增长空间差异分布的动态变化进行了研究（郭庆旺等，2005；肖攀等，2013；徐晶晶，2015 等）。本书在前人研究的基础上，对省际环境全要素生产率增长分布的形状动态变化进行实证分析。首先简要介绍核密度估计方法；然后对中国 2003~2015 年的累积相对环境全要素生产率、累积相对技术效率和累积相对技术进步指数进行测算；最后使用核密度估计方法分析省际环境全要素生产率的动态演变过程。

一、省际环境全要素生产率的核密度估计方法

为了分析中国省际环境全要素生产率水平的动态变动情况，参考现有相关文献，本节采用非参数核密度估计方法进行研究。核密度估计方法把环境全要素生产率作为连续状态处理，通过核密度的估计量来研究省际环境全要素生产率的分布，从而直观地反映环境全要素生产率的分布状态与演化趋势。

核密度估计方法一般用于随机变量密度函数的估计，该方法与直方图对比，能够有效弥补频率分布直方图不连续的缺陷，从而使得变量的分布形态更为准确。假设 $f(x)=f(x_1, \cdots, x_n)$ 是 p 维随机变量 X 的密度函数，X_1、X_2、…，X_n 是 $f(x)$ 的一个独立同分布样本，$f(x)$ 是序列 X 在点 x 处的密度函数，其经验分布函数如式（4.9）所示。

$$F_N(y) = \frac{1}{N}\sum_{i=1}^{N} I(X_i \leqslant y) \tag{4.9}$$

式（4.9）中，N 是样本观测值个数，$I(z)$ 是指标函数，z 为条件关系式。如果满足 z 式条件，则 $I(z)=1$；如果不满足 z 式条件，那么 $I(z)=0$。取核函数是均匀核，如式（4.10）所示。

$$K_0(x) = \begin{cases} 1/2 & -1 \leqslant x \leqslant 1 \\ 0 & 其他 \end{cases} \tag{4.10}$$

那么，$f(x)$ 在点 x 的概率密度分布函数如式（4.11）所示。

$$f(x) = \frac{1}{Nh}\sum_{i=1}^{N} K\left(\frac{x - X_i}{h}\right) \tag{4.11}$$

式（4.11）中，N 是样本观测值的具体数目。$K(\cdot)$ 代表核函数，它是一种加权函数或者平滑转换函数；核函数具有对称性，并且 $\int k(x)dx = 1$，使用原点有单峰的核密度函数形式。常数 h 是带宽，由于密度函数对带宽的选择十分敏感，因而选择最佳带宽 h 对于获得最优的拟合结果非常重要。带宽决定了核密度估计的精度和密度图形的平滑程度。在实证分析中，样本量越大，对带宽的要求就会越小，但也不能无限小；如果带宽越大，核估计的方差则越小，密度函数曲线越平滑，而估计的偏差就越大。h 是 N 的函数，并且可以证明式（4.12）成立。

$$\lim_{N\to\infty} h(N) = 0, \lim_{N\to\infty} nh(N) = N \to \infty \tag{4.12}$$

在进行具体的核密度估计中，要估计的并不是某个参数，而是一个函数 $f(x)$。因此在估计密度的每个点上都存在均方误差，一般称为综合的均方误差（MISE），那么用公式表示为式（4.13）。

$$MISE(f_h) = E\int \{f_h(x) - f(x)\}^2 dx \tag{4.13}$$

根据 Silverman 最佳准则，带宽选择为最优化的 $MISE$，也就是当 $n\to\infty$ 时的近似替代值，用 $AMISE$ 表示。鉴于此，带宽 h 的最优值 h_{opt} 的表达式如式（4.14）所示。

$$h_{opt} = \left[\frac{\int K(z)^2 dz}{n(\int z^2 K(z)dz)^2 (\int f^n(x)^2 dx}\right]^{1/5} \tag{4.14}$$

Kernel 核密度估计函数具有多种不同的表达形式，经总结可知，核函数包括 Gaussian Kernel Function（高斯正态核）、Epanechnikov 核、Ouartic（四次核）以及 Triangular（三角核）等不同类型。其中，Epanechnikov 核应用频率比较高，因而笔者也选择该方法进行核密度估计，如式（4.15）所示。

$$K(u)=\frac{p(p+2)}{2S_p}(1-u_1^2-u_2^2-\cdots-u_p^2) \tag{4.15}$$

式（4.15）中，$S_p=2\pi^{p/2}/\Gamma(p/2)$，当 $p=1$ 时，$K(u)=0.75(1-u^2)I(|u|\leqslant1)$，其中，$I(\cdot)$ 是显性函数，如果满足 $|u|\leqslant1$，则该函数的取值是1；如果 $|u|>1$，那么，$I(\cdot)$ 取值是 0，则其样本形式可以表示为式（4.16）。

$$K_h(x-X_i)=\frac{p(p+2)}{2hS_p}\left[1-\left(\frac{x_1-X_{i1}}{h}\right)^2-\cdots-\left(\frac{x_p-X_{ip}}{h}\right)^2\right] \tag{4.16}$$

因为非参数估计并没有确定的核函数表达式，必须通过图形变化对比来研究分布的变化趋势。在通常情况下，通过核密度估计的结果图形，能够得到变量分布的形态、位置以及延展性等方面的信息。样本期间内分布概率密度函数的形态可以反映省际环境全要素生产率是否呈现出两极分化的趋势。如果变量分布的概率密度函数具有“单峰”形状，那么，省际环境全要素生产率分布趋近于同一均衡点收敛，并不存在多重均衡；而若变量分布的概率密度函数出现“双峰”甚至“多峰”形状，则说明省际环境全要素生产率差异分布收敛于高水平与低水平两个均衡点甚至更多的均衡点，因而可以认为，环境全要素生产率的省际差异具有两极分化或多极分化的趋势。

二、累积相对环境全要素生产率指数

本书在第三章详细分析了中国省际环境全要素生产率及其分解项的变化率，并进行了分地区研究。如果能够进一步得到中国各省份的环境全要素生产率与其分解项的水平值，并对这些水平值的分布及动态变化进行分析，则会挖掘出十分有价值的信息。而怎样得到期初年份的生产率与其分解项的水平值是问题的关键。EBM 模型测度结果并没有相关的信息，笔者根据 Fung 等（2008）等的研究方法①，假设基期（2002 年）的环境全要素生产率水平、技术效率水平以及技术进步水平的取值都相等，并等于该年的 EBM 环境效率值。由于本章分析的重点为变量分布的变化形态，这样的假定对所研究的演化趋势不会产生实质影响。鉴于此，各年度的省际累积相对环境全要素生产率指数模型可以表示为式（4.17）至式（4.19）。

$$CETFP_h = ETE_h^{2002} \times \prod_{t=2003}^{T} ETFP_h^t \tag{4.17}$$

$$CEEC_h = ETE_h^{2002} \times \prod_{t=2003}^{T} EEC_h^t \tag{4.18}$$

$$CETC_h = ETE_h^{2002} \times \prod_{t=2003}^{T} ETC_h^t \tag{4.19}$$

在式（4.17）至式（4.19）中，$CETFP_h$、$CEEC_h$、$CETC_h$ 分别表示第 h（h=1，2，…，29）个省份的累积相对环境全要素生产率指数、累积相对环境技术效率指数和累积相对环境技术进步指数。ETE_h^{2002} 是通过 EBM 方法测算出的 2002 年第 h 个省份的技术效率值。$ETFP_h^t$、EEC_h^t、ETC_h^t 分别是前文通过 EBM-Malmquist-Luenberger 生产率指数模型测算出来的环境全要素生产率指数、环境技术效率变化指数和环境技术进步指数。根据式（4.17）至式（4.19），笔者测算了 2003 至 2015 年我国省际累积相对环境全要素生产率指数、累积相对环境技术效率指数和累积相对环境技术进步指数②。

从全国整体来看，我国在 2003~2015 年的累积相对环境全要素生产率指数从 2003 年的 0.815 上升至 2015 年的 0.855，大体呈现出上升的趋势。分省（直辖市、自治区）来看，天津市和福建省两个省份的累积相对环境全要素生产率指数值最大；上海市、浙江省、北京市和山东省等东部省份次之；而宁夏回族自治区、贵州省、云南省和新疆维吾尔自治区等西部省

① Fung，M. K.，C. K. Chow & H. Y. Van. Measuring the efficiency of airports in China with the DEA and endogenous-weight TFP methods [J]. International Journal of Transport Economics. 2008，(1)：45~73.

② 由于篇幅限制，本书仅列出累积相对环境全要素生产率指数，见表 4.5。

表 4.5 中国 2003~2015 年省际累积相对环境全要素生产率指数

省份	2003 年	2004 年	2005 年	2006 年	2007 年	2008 年	2009 年	2010 年	2011 年	2012 年	2013 年	2014 年	2015 年
北京	1.015	1.031	1.036	1.049	1.070	1.088	1.099	1.105	1.105	1.106	1.111	1.115	1.120
天津	1.000	1.076	1.194	1.251	1.305	1.263	1.362	1.403	1.403	1.415	1.429	1.443	1.476
河北	0.865	0.957	1.047	1.084	1.116	1.111	0.987	1.149	1.128	1.126	1.084	1.058	1.057
山西	0.800	0.779	0.739	0.679	0.666	0.655	0.623	0.623	0.635	0.621	0.613	0.606	0.600
内蒙古	0.816	0.750	0.744	0.790	0.807	0.822	0.863	0.903	0.898	0.900	0.837	0.798	0.770
辽宁	0.862	0.833	0.798	0.773	0.797	0.812	0.813	0.853	0.841	0.847	0.836	0.833	0.836
吉林	0.785	0.774	0.726	0.705	0.736	0.721	0.726	0.724	0.747	0.775	0.794	0.823	0.858
黑龙江	0.795	0.812	0.821	0.805	0.775	0.752	0.705	0.698	0.688	0.676	0.662	0.654	0.647
上海	1.027	1.057	1.067	1.105	1.136	1.153	1.154	1.177	1.178	1.178	1.179	1.180	1.185
江苏	1.006	1.026	1.018	1.002	1.027	1.037	1.064	1.098	1.124	1.167	1.111	1.070	1.057
浙江	1.000	1.005	1.047	1.028	1.057	1.115	1.164	1.202	1.202	1.253	1.294	1.350	1.420
安徽	0.791	0.783	0.758	0.762	0.766	0.830	0.826	0.795	0.797	0.792	0.761	0.757	0.758
福建	0.980	0.999	0.903	0.937	0.971	1.014	1.043	1.113	1.085	1.135	1.249	1.372	1.511
江西	0.805	0.759	0.725	0.710	0.722	0.760	0.784	0.822	0.808	0.822	0.818	0.819	0.834
山东	0.887	0.985	1.012	1.070	1.122	1.180	1.232	1.243	1.232	1.251	1.226	1.243	1.274
河南	0.821	0.814	0.785	0.789	0.816	0.833	0.793	0.792	0.763	0.758	0.737	0.736	0.739
湖北	0.801	0.771	0.747	0.709	0.732	0.744	0.727	0.733	0.702	0.686	0.669	0.658	0.659
湖南	0.822	0.815	0.795	0.760	0.747	0.754	0.750	0.752	0.714	0.716	0.678	0.654	0.652
广东	1.000	1.001	1.001	1.003	1.004	1.004	1.005	1.005	1.005	1.005	1.005	1.004	1.006

续表

省份	2003 年	2004 年	2005 年	2006 年	2007 年	2008 年	2009 年	2010 年	2011 年	2012 年	2013 年	2014 年	2015 年
广西	0.826	0.799	0.767	0.709	0.679	0.689	0.683	0.666	0.662	0.703	0.728	0.764	0.811
海南	1.001	1.001	1.001	1.002	1.028	1.029	1.005	1.007	0.932	0.876	0.848	0.837	0.837
四川	0.712	0.695	0.675	0.675	0.684	0.690	0.714	0.755	0.768	0.777	0.749	0.739	0.751
贵州	0.570	0.557	0.556	0.543	0.544	0.566	0.568	0.578	0.587	0.566	0.548	0.539	0.539
云南	0.681	0.671	0.636	0.622	0.586	0.583	0.561	0.516	0.479	0.459	0.448	0.447	0.448
陕西	0.587	0.576	0.567	0.592	0.629	0.665	0.726	0.747	0.669	0.689	0.649	0.624	0.628
甘肃	0.795	0.774	0.734	0.687	0.649	0.593	0.562	0.543	0.523	0.516	0.490	0.477	0.475
青海	0.576	0.554	0.514	0.556	0.575	0.639	0.624	0.642	0.637	0.648	0.632	0.630	0.633
宁夏	0.482	0.456	0.461	0.460	0.487	0.541	0.474	0.497	0.464	0.475	0.503	0.541	0.593
新疆	0.527	0.521	0.511	0.522	0.550	0.586	0.602	0.624	0.624	0.616	0.616	0.617	0.629
平均值	0.815	0.815	0.806	0.806	0.82	0.835	0.836	0.854	0.841	0.847	0.838	0.841	0.855
东部	0.968	0.997	1.011	1.028	1.058	1.073	1.084	1.123	1.112	1.124	1.125	1.137	1.162
中部	0.802	0.788	0.762	0.74	0.745	0.756	0.742	0.742	0.732	0.731	0.716	0.713	0.718
西部	0.657	0.635	0.616	0.616	0.619	0.637	0.638	0.647	0.631	0.635	0.620	0.618	0.628

注：由 Maxdea6.6 软件根据 EBM-Malmquist-Luenberger 模型计算得出。

份的累积相对环境全要素生产率指数值最低。从分地区来看，如图 4.2 所示，西部地区在 2003~2015 年的累积相对环境全要素生产率指数一直处于相对最低的状态，甚至还出现了略微下降的趋势；中部地区在这 14 年的累积相对环境全要素生产率变动趋势与西部地区类似，尽管指数值比西部地区要高，但也呈现出下降的态势；东部地区的累积相对环境全要素生产率指数值最高，而且 2003~2015 年处于稳步上升的阶段，与中、西部地区的差距逐年增大。由此可知，近年来，我国东部沿海地区的生态经济发展态势良好，而中、西部地区的经济发展与环境保护不够平衡，导致累积相对环境全要素生产率出现下降。

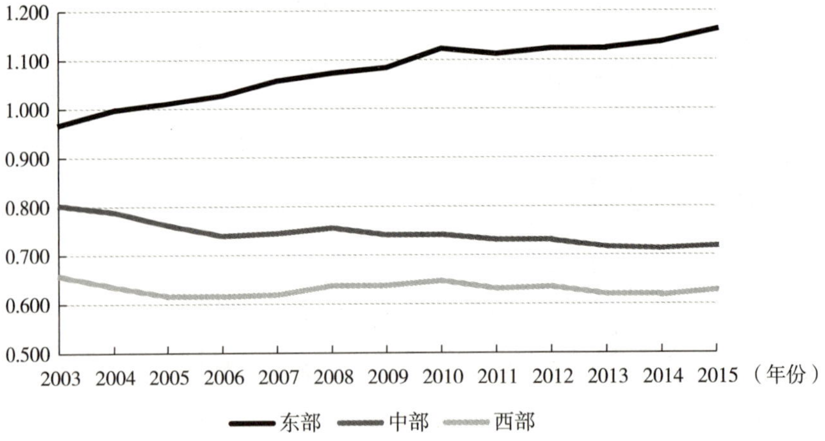

图 4.2　东、中、西部地区累积相对环境全要素生产率指数（2003~2015 年）

三、省际环境全要素生产率的核密度分布分析

为了进一步分析环境全要素生产率及其分解项的动态变化趋势，笔者运用 Eviews8.0 软件根据公式（4.17）~式(4.19）估计了 2003 年、2005 年、2008 年、2010 年和 2013 年 29 个省份的核密度函数图（见图 4.3~图 4.8)，图中横轴分别代表省际累积相对全要素生产率指数、省际累积相对环境技术效率指数和累积相对环境技术进步指数，纵轴代表核密度大小。根据样本期间内核密度曲线的形状可以判断区域环境全要素生产率水平是

否具有两极分化的特征。如果核密度曲线为“单峰”，那么说明各省（直辖市、自治区）全要素生产率分布收敛于同一均衡点，没有出现多重均衡；而如果核密度曲线形态为“双峰”或者“多峰”，那么各省份的环境全要素生产率差异将分别收敛于“高水平”与“低水平”两个均衡点甚至更多的均衡点，表明省际环境全要素生产率呈现出“两极分化”或“多极分化”的趋势。

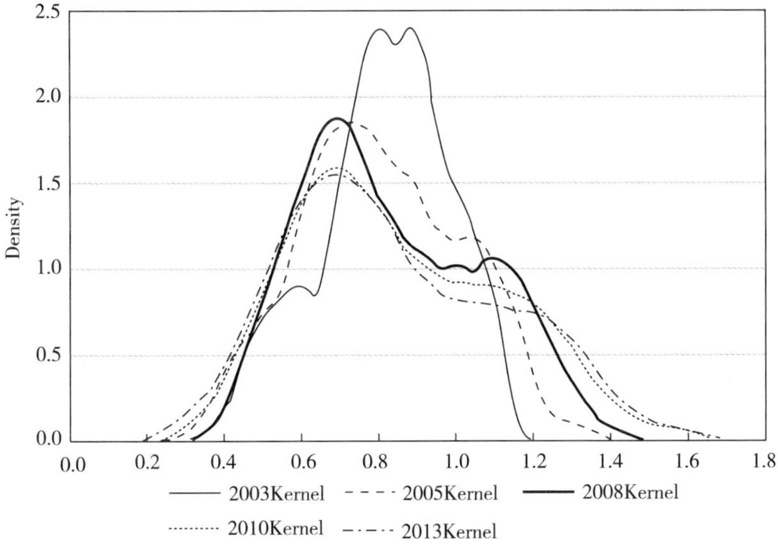

图 4.3　代表性年份累积相对环境全要素生产率核密度分布情况综合

（一）省际累积相对环境全要素生产率分布的动态演化特征

图 4.3 与图 4.4 反映了省际累积相对环境全要素生产率分布的动态演化特征：

（1）2003~2013 年累积相对环境全要素生产率核密度曲线具有明显的波峰，并且主峰位于曲线的中部偏左，此处集中了环境生产率中等偏低的省份；主峰随时间略微向左移动，并且波峰高度逐年下降，也就是说环境生产率较低的省份比例下降，但从总体上来看，仍然是较低生产率的省份占比更大。

（2）核密度曲线右侧出现了拖尾现象，这表明尽管我国整体环境生产率水平不高，但仍有部分省份的生产率高于全国平均值，并且领先生产率水平逐年增高。

（3）2003~2013年核密度曲线波峰的高度一直在下降，右拖尾不断拖长并且逐渐右移，这也可以说明各省生产率水平的集中程度在降低，分散度逐年增高，省际差距变大，两极分化现象逐渐增强。

（4）从全国来看，2003~2008年累积相对环境全要素生产率核密度曲线波峰所对应的生产率水平向左侧移动，表明多数省份环境全要素生产率在此期间有轻微的退步；而2008~2013年，波峰对应的生产率水平又略微向右侧移动，说明在此期间大部分省份环境全要素生产率有所进步，但幅度不大。

（5）2003年呈现出明显的“三峰”分布，2005~2013年也是“双峰”分布，这表明2003~2013年全国省际环境全要素生产率增长具有显著的差异性，部分省份生产率水平提高要领先于其他省份。

（6）核密度曲线从2005年开始呈现出“双峰”分布，并且一直持续到2013年，说明省际累积相对环境全要素生产率出现了明显的两极分化，而且一直没有消除。2005~2013年左锋对应的省份比例下降，生产率有轻微的恶化；右峰对应的省份比例上升，生产率有所改善。这表明环境全要素生产率落后省份的个数减少，对应的生产率水平下降；领先省份的个数增多，对应生产率水平愈发提高。因而省际的环境全要素生产率差异也更加明显，省际生产率增长具有一定的“俱乐部收敛”趋势；并且较低生产率水平的省份收敛于0.7左右，较高生产率水平的省份收敛于1.1左右；在此期间，左峰的高度始终比右峰高，因而，较低生产率的省份比例要高于较高生产率的省份。

（二）省际累积相对环境技术进步分布的动态演化特征

图4.5与图4.6反映了省际累积相对环境技术进步分布的动态演化特征：

（1）整体来看，全国环境技术进步的核密度曲线偏向右侧移动，并且呈现出右偏的趋势。说明2003~2013年中国各省份存在一定程度的环境技术进步，有部分省份该指数的增长速度要领先于其他省份。但核密度曲线

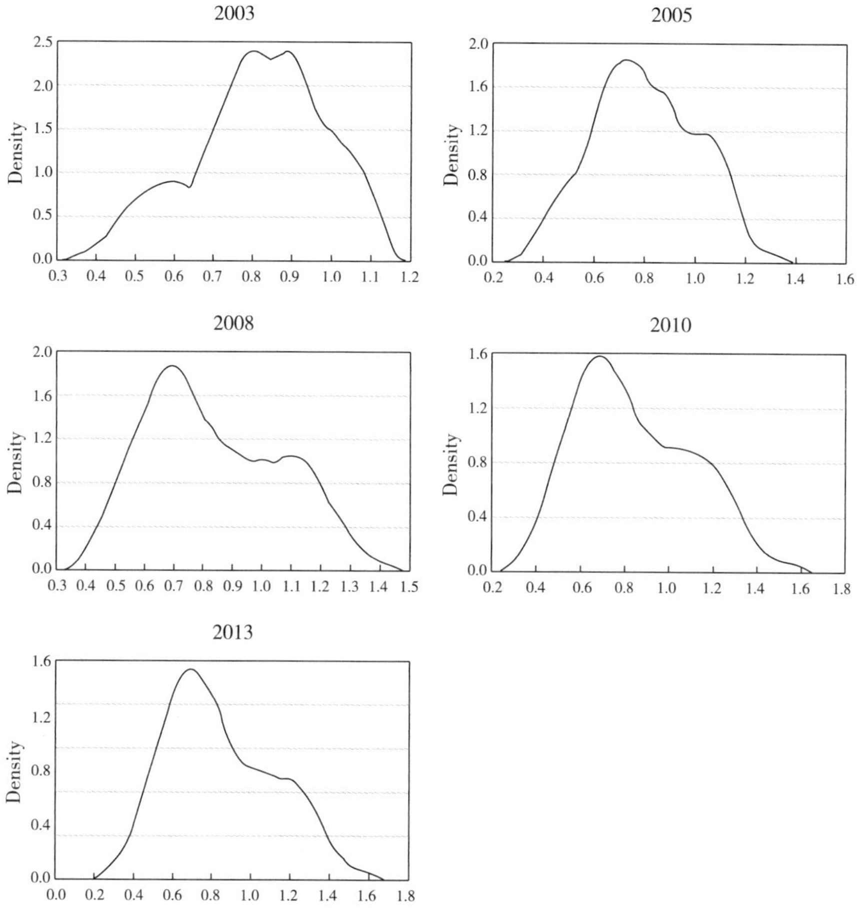

图 4.4 代表性年份累积相对环境全要素生产率核密度分布

整体右移的幅度不大，因而累积相对环境技术进步指数的增长率偏低。

（2）从核密度曲线的垂直高度来看，累积相对环境技术进步指数的核密度曲线主峰高度先增高后逐年降低，即波峰所对应的核密度先上升后下降。说明省际环境技术进步指数在 2003~2005 年差异有所减小，呈现出明显的收敛趋势；而在 2005~2013 年差异逐年增大，出现了显著的发散特征。核密度曲线的变化区间有所增大，说明这一时期内我国环境技术进步指数的区域差异有所拉大。

（3）从形状来看，2003 年和 2005 年，省际累积相对环境技术进步指数核密度曲线呈现出“三峰”分布，说明2005年以前省际累积相对技术进步指数的多极分化现象比较明显。但波峰高度有所上升，表明省际差距在逐渐缩小。2010年和2013年都是“多峰”分布形态，多峰现象逐渐向右尾方向偏移，并且呈现出由少到多的趋势。2008~2013年，波峰数量增多并且偏右尾方向，这表明在环境技术进步水平提高的同时，多极分化现象更为明显，省际差异继续扩大，呈现出分散趋势。

（4）2005~2013年核密度分布的右拖尾逐年延长，说明全国总体累积相对环境技术进步指数呈现出增长的趋势，存在部分环境技术水平较高的省份，并且这部分省份的增速有扩张的趋势。左尾波峰逐渐消失，说明环境技术进步水平低的省份数量在减少。

（5）在所有代表性年份中，核密度曲线达到最高峰时的累积相对环境技术进步指数水平基本保持不变，也就是省际累积相对环境技术进步指数收敛于相同的水平。同时，省际累积相对环境技术进步指数分布在主峰值处所对应的核密度有很大差异，2005年主峰值处对应的核密度值最大，2013年在主峰值处对应的核密度最小。这说明，在2005年有更多的省（直辖市、自治区）的累积相对环境技术进步指数收敛于这一水平，而2013年则相反。

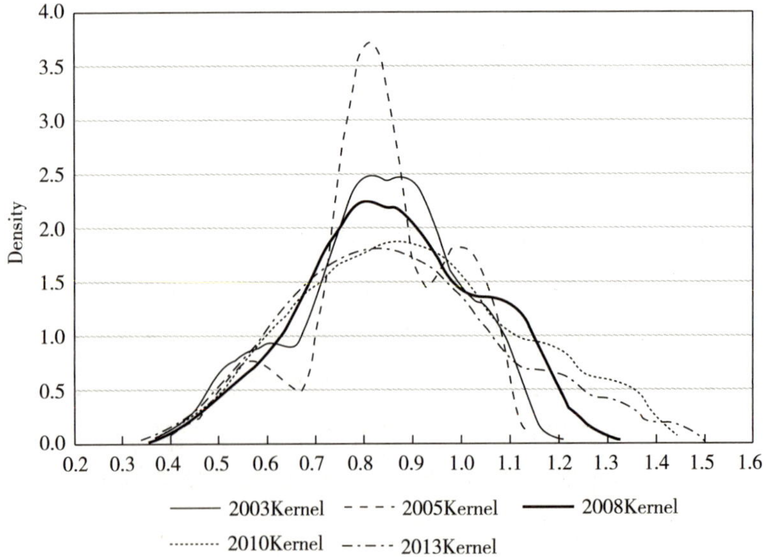

图4.5　代表性年份累积相对环境技术进步指数核密度分布情况综合

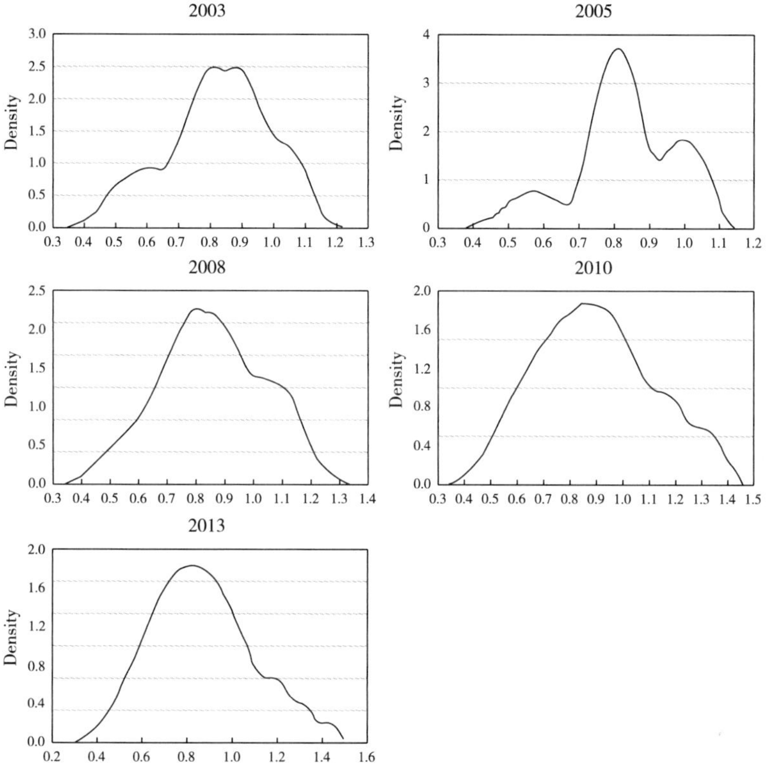

图 4.6　代表性年份累积相对环境技术进步指数核密度分布

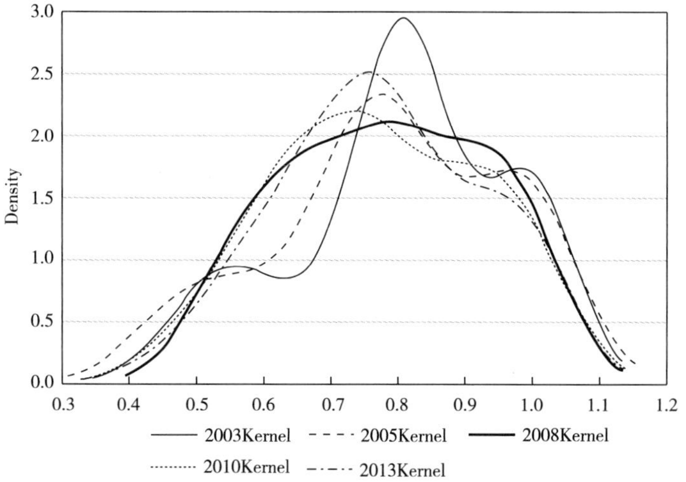

图 4.7　代表性年份累积相对环境技术效率指数核密度分布情况综合

（三）省际累积相对环境技术效率分布的动态演化特征

图 4.7 与图 4.8 反映了省际累积相对环境技术效率分布的动态演化特征：

（1）中国省际累积相对环境技术效率分布在 2003 年和 2005 年呈“三峰”分布，在 2008 年呈“单峰”分布，在 2010 和 2013 年均为“双峰”分布。这说明中国省际累积相对环境技术效率复杂多变，分布具有两极或者多极分化的特征，省际累积相对环境技术效率差异明显。其中，2003～2005 年表现出“三峰”分布特征，说明这一时期中国省际累积相对环境技术效率差异比较明显；而 2008 年表现为“单峰”分布，表明低相对环境技术效率的省份对高环境技术效率的省份具有“赶超效应”，地区差异减小，到 2008 年“多极分化”现象消失。但 2010 年和 2013 年又出现了“双峰”分布，说明此期间内，落后省份的“赶超效应”不足，省际差异继续增大，“两极分化”现象明显，2010 年开始出现的“双峰”态势不容忽视。

（2）2003～2013 年核密度曲线波峰高度呈现出先下降后上升的态势（两次下降、两次上升），并且波峰既有左移也有右移，但以轻微的左移为主。也就是主峰所对应的核密度先下降后上升，而省际累积相对环境技术效率指数出现了轻微的下降。这说明中国累积相对环境技术效率在 2003～2013 年出现了恶化，而总体来看省际差异仍表现为增大。其中，与 2010 年相比，2013 年波峰表现出右移，说明尽管总体来看省际累积相对环境技术效率是下降的，但 2010～2013 年还是呈现出了上升趋势。

（3）与 2010 年相比，2013 年核密度曲线右峰高度有所降低，左峰的高度有所增加，并且左峰高度始终高于右峰。说明较高累积相对环境技术效率指数对应的概率出现了降低的趋势，而较低累积相对环境技术效率指数对应的概率增加，这进一步说明了省际累积相对环境效率的恶化趋势。

（4）省际累积相对环境技术效率核密度曲线水平位置移动很小，变化区间几乎维持不变；左尾和右尾的形态、位置以及拖尾长度总体来看变化也不大；核密度曲线表现出轻微的左偏态势。这说明全国累积相对环境技术效率的平均水平并未发生明显的变化，并且存在部分环境技术效率水平十分落后的省份。

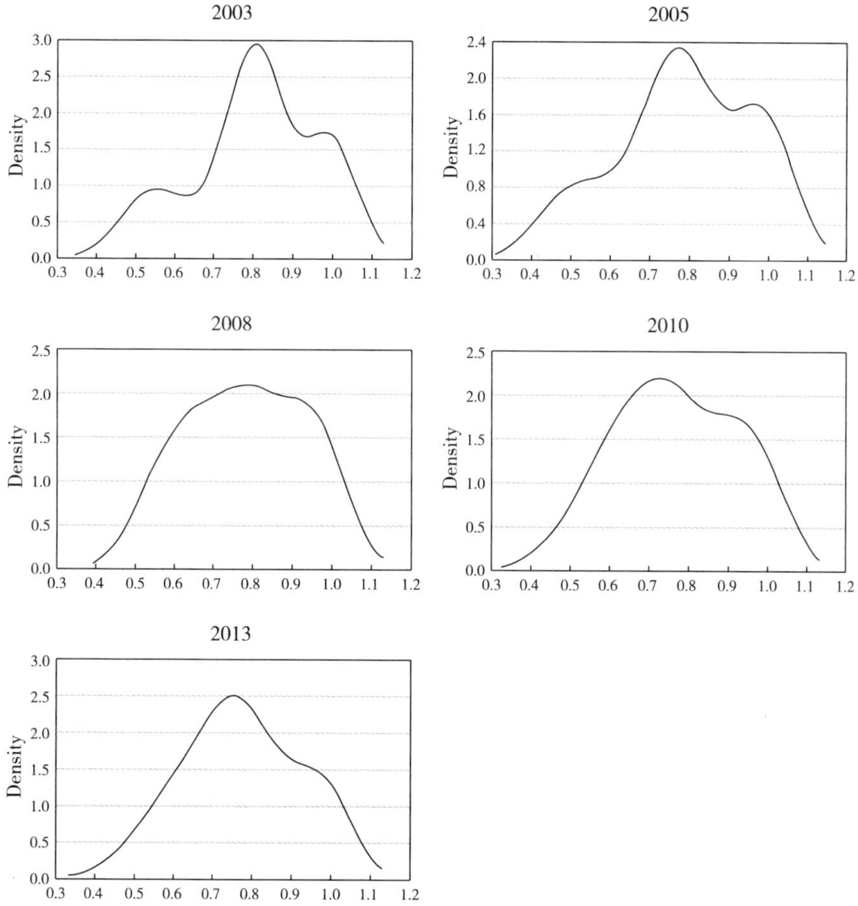

图 4.8　代表性年份累积相对环境技术效率指数核密度分布

与前文的分析一致，即从总体来看，全国累积相对环境技术效率有所下降，而累积相对环境技术进步水平有所提高。比较三个核密度分布情况综合图的总体趋势可以看出，省际累积相对环境全要素生产率与省际累积相对环境技术进步的核密度分布更为接近。说明累积相对环境技术进步对累积相对环境全要素生产率的影响更大。这也与第三章测算的 EBM-Malmquist-Luenberger 省际环境全要素生产率指数中环境技术进步指数的推动作用更显著，而环境技术效率在大多数年份处于恶化状态的结论相互印证。

通过上文对核密度分布图的综合分析可以明显看出，环境全要素生产率水平分布的形态特征在样本时期内发生了显著的变化。究其原因可能是，中国生态经济在转型期已经发生而且仍在继续发生着较大规模的生态经济制度变迁。这些生态经济制度变迁对省际累积相对环境全要素生产率分布的形态特征产生了十分重要的影响。

第五节 省际环境全要素生产率增长分布内部流动性研究

除了核密度估计方法外，增长分布动态研究工具还包括马尔可夫链方法。第四节的核密度分析是把环境全要素生产率序列视为连续状态，而马尔可夫链方法把环境全要素生产率序列视为离散状态。核密度估计方法可以很好地刻画出环境全要素生产率分布的整体形态，但其局限性在于不能展示出环境全要素生产率增长分布内部各省份相对位置的动态变化与其发生概率，也就不能分析各省份整体环境全要素生产率增长分布演化的长期趋势。而本节的马尔可夫链方法通过省际环境全要素生产率分布的状态转移，能够很好地刻画出环境全要素生产率增长分布的内部流动性。

一、马尔可夫链方法简介

马尔可夫链是一种随机时间序列方法，是指从省际环境全要素生产率内部分布的流动性来分析其动态演化趋势的过程。此过程假设各省份环境全要素生产率序列具有“无后效性”特征，也就是说在已知各省份环境全要素生产率“现在状态”条件下，各省份环境全要素生产率“未来状态”的条件概率分布和“过去状态”无关（Pan，2015）。笔者把各省份环境全要素生产率离散化为 4 种类型，通过计算各类型的概率分布与变化，得出省际环境全要素生产率演化过程的转移概率矩阵，以此分析省际环境全要素生产率的收敛情况。

假设随机过程 $x(t)$ 从时刻 t 的状态 i 转移到时刻 $t+1$ 的状态 j 的概率

为 p_{ij}，在时刻 t，如果状态处于 s_i 的概率为 $a_i(t)$，则如式（4.20）所示。

$$a_i(t+1)=\sum_{i=1}^{n}a_i(t)p_{ij}(i=1,\ 2,\ \cdots,\ n) \tag{4.20}$$

也就是说，时刻 $t+1$ 各系统要素的状态概率只和时刻 t 的状态概率与转移概率相关，而和过去的状态不相关。这种状态的随机转移过程就是马尔可夫链。

笔者把第 t 年各省份的环境全要素生产率的概率分布表示成一个 $1\times K$ 的状态概率向量 P_t，表示为 $P_t=(P_1(t),\ P_2(t),\ P_3(t)\ \cdots,\ P_n(t))$，那么，不同年份的省际环境全要素生产率可以用 $K\times K$ 的马尔可夫转移矩阵表示，如表 4.6 所示。

表 4.6　马尔可夫转移概率的矩阵

水平类型	低	中低	中高	高
低	P_{11}	P_{12}	P_{13}	P_{14}
中低	P_{21}	P_{22}	P_{23}	P_{24}
中高	P_{31}	P_{32}	P_{33}	P_{34}
高	P_{41}	P_{42}	P_{43}	P_{44}

在表 4.7 中，P_{ij} 代表期初环境全要素生产率状态为 i 的省份在下个年份转移到状态 j 的转移概率，其表达式如式（4.21）所示。

$$P_{ij}=n_{ij}/n_i \tag{4.21}$$

在式（4.21）中，n_{ij} 代表在研究期间内，期初状态为 i 的省份在下一年后转移到状态 j 类型的省份数量；n_i 表示所有年份中属于状态 i 类型的省份数量。如果某个省份的环境全要素生产率水平在期初为类型 i，在下一年份后仍为类型 i 不变，则其转移是平稳的；而如果某省份环境全要素生产率水平转移到比期初更低（更高）的状态类型，则其表现为向下（向上）转移（张建升，2011）。

若状态转移概率矩阵 P 具有时间稳定性的特征，那么，经过 n 期之后的生产率分布 $a(t+n)$ 可以表示为 $a(t+n)=p^n a(t)$。当 $n\to\infty$时，若 $a(t+n)$ 收敛，也就是省际环境全要素生产率具有收敛性时，就可以得出中国各省份环境全要素生产率的平稳分布 $\pi=(\pi_1, \pi_2, \cdots, \pi_n)$，即为我国省际环境全要素生产率分布的长期均衡状态。根据式（4.22）可以得出平稳分布矩阵 π 的唯一解。

$$\begin{cases} \pi_j = \sum_{i=1}^{N} \pi_i p_{ij}, \ j=1, 2, \cdots, N \\ \pi_j > 0, \ \sum_{i}^{N} \pi_j = 1 \end{cases} \tag{4.22}$$

根据平稳分布状态，能够预测我国省际环境全要素生产率的未来发展趋势：若 π 分布集中，那么，中国省际环境全要素生产率存在趋同现象，省际差距可以消除；若 π 分布分散甚至无法求解，那么，中国省际环境全要素生产率存在“极化”现象，省际差距将持续存在，难以消除（潘丹，2012）①。

二、环境全要素生产率累积增长指数

本章实证研究采用了两种不同的累积生产率增长指数：第一种是本章第四节使用的累积相对环境全要素生产率指数（*CETFP*）、累积相对环境技术效率指数（*CEEC*）以及累积相对环境技术进步指数（*CETC*）；第二种是环境全要素生产率累积增长指数（*CML*）。

环境全要素生产率累积增长指数（*CML*）的计算公式为式（4.23）。

$$CML_h = \prod_{t=2003}^{T} ML_h^t \tag{4.23}$$

在式（4.23）中，CML_h 表示第 h（$h=1, 2, \cdots, 29$）个省份的环境全要素生产率累积增长指数；ML_h^t 表示前文通过 EBM-Malmquist-Luenberger 生产率指数模型测算出来的环境全要素生产率指数。计算结果如表 4.7 所示。

表 4.7 中的数据是把由 EBM-Malmquist-Luenberger 模型测算出来的环境全要素生产率指数转化为以 2002 年为基期的累积增长指数。

---

① 潘丹．考虑资源环境因素的中国农业生产率研究．[D]．南京农业大学博士学位论文，2012.

表 4.7 中国 2003~2015 年省际环境全要素生产率累积增长指数

省份	2003 年	2004 年	2005 年	2006 年	2007 年	2008 年	2009 年	2010 年	2011 年	2012 年	2013 年	2014 年	2015 年
北京	1.015	1.031	1.036	1.049	1.070	1.088	1.099	1.105	1.105	1.106	1.111	1.115	1.121
天津	1.000	1.076	1.194	1.251	1.305	1.263	1.362	1.403	1.403	1.415	1.429	1.443	1.476
河北	1.117	1.236	1.352	1.400	1.441	1.435	1.274	1.483	1.457	1.455	1.399	1.367	1.365
山西	1.006	0.979	0.929	0.853	0.837	0.823	0.783	0.783	0.798	0.780	0.770	0.761	0.754
内蒙古	0.944	0.867	0.861	0.914	0.934	0.951	0.999	1.045	1.039	1.041	0.968	0.923	0.890
辽宁	1.006	0.973	0.931	0.903	0.931	0.948	0.949	0.996	0.982	0.989	0.976	0.972	0.976
吉林	0.984	0.971	0.910	0.884	0.923	0.905	0.911	0.908	0.937	0.972	0.996	1.031	1.076
黑龙江	0.981	1.002	1.013	0.994	0.956	0.928	0.870	0.861	0.849	0.834	0.817	0.806	0.798
上海	1.027	1.057	1.067	1.105	1.136	1.153	1.154	1.177	1.178	1.178	1.179	1.180	1.185
江苏	1.006	1.026	1.018	1.002	1.027	1.037	1.064	1.098	1.124	1.167	1.111	1.070	1.057
浙江	1.000	1.005	1.047	1.028	1.057	1.115	1.164	1.202	1.202	1.253	1.294	1.350	1.421
安徽	0.999	0.990	0.958	0.963	0.968	1.048	1.044	1.005	1.007	1.000	0.962	0.957	0.958
福建	0.980	0.999	0.903	0.937	0.971	1.014	1.043	1.113	1.085	1.135	1.249	1.372	1.511
江西	0.957	0.903	0.862	0.845	0.859	0.904	0.932	0.977	0.961	0.978	0.973	0.974	0.991
山东	1.080	1.200	1.233	1.303	1.367	1.437	1.501	1.514	1.500	1.524	1.494	1.514	1.552
河南	0.995	0.988	0.952	0.957	0.990	1.010	0.962	0.961	0.926	0.919	0.894	0.892	0.896
湖北	0.969	0.932	0.903	0.858	0.886	0.900	0.880	0.887	0.849	0.830	0.809	0.796	0.797
湖南	0.993	0.985	0.960	0.918	0.902	0.911	0.906	0.908	0.863	0.865	0.819	0.790	0.787
广东	1.000	1.001	1.001	1.003	1.004	1.004	1.005	1.005	1.005	1.005	1.005	1.005	1.006

续表

省份	2003 年	2004 年	2005 年	2006 年	2007 年	2008 年	2009 年	2010 年	2011 年	2012 年	2013 年	2014 年	2015 年
广西	0.996	0.964	0.925	0.855	0.819	0.830	0.824	0.803	0.799	0.847	0.878	0.921	0.978
海南	1.001	1.001	1.001	1.002	1.028	1.029	1.005	1.007	0.932	0.876	0.848	0.836	0.837
四川	0.981	0.957	0.930	0.930	0.942	0.951	0.983	1.041	1.058	1.071	1.032	1.019	1.035
贵州	0.969	0.948	0.945	0.925	0.925	0.963	0.966	0.984	0.998	0.964	0.932	0.916	0.917
云南	0.992	0.976	0.926	0.906	0.853	0.848	0.816	0.751	0.697	0.667	0.652	0.651	0.652
陕西	0.981	0.962	0.947	0.990	1.051	1.111	1.213	1.249	1.118	1.151	1.085	1.043	1.049
甘肃	0.985	0.959	0.909	0.851	0.804	0.735	0.696	0.672	0.648	0.639	0.607	0.590	0.588
青海	1.006	0.967	0.898	0.970	1.004	1.116	1.089	1.121	1.113	1.131	1.104	1.100	1.106
宁夏	0.959	0.907	0.917	0.916	0.970	1.077	0.944	0.989	0.924	0.946	1.002	1.077	1.180
新疆	0.991	0.979	0.960	0.980	1.034	1.101	1.132	1.174	1.173	1.158	1.158	1.161	1.183

注：由 Maxdea6.6 软件根据 EBM-Malmquist-Luenberger 模型计算得出。

三、马尔可夫链方法估计结果分析

本章第四节根据核密度估计法分析了省际环境全要素生产率分布的整体形态，具体刻画了不同时期环境全要素生产率增长的动态特征。本小节将继续采用马尔可夫链方法研究环境全要素生产率增长分布中各省份的状态转移，试图把握环境全要素生产率增长分布的内部流动性。

以测算的省际环境全要素生产率累积增长指数为研究对象，采用四分位数方法，把各省份累积增长指数离散化为四种状态水平类型：环境全要素生产率处于序列四分之一分位数以下的省份属于低环境全要素生产率地区；处于四分之一到四分之二分位数之间的省份属于中低环境全要素生产率地区；处于二分之一到四分之三分位数之间的省份属于中高环境全要素生产率地区；处于四分之三分位数之上的省份属于高环境全要素生产率地区。为了具体刻画我国省际环境全要素生产率累积增长指数在不同时期的动态演化趋势，笔者选择2003~2013年为研究期间，并把整个研究期间分为两个子时间段，即2003~2008年、2008~2013年，且分别测算了不同时间段内我国省际环境全要素生产率的马尔可夫转移矩阵，如表4.8所示。在表4.8中，对角线上的概率表示在不同时期内环境全要素生产率累积增长指数保持不变的概率；非对角线上的转移概率表示省际环境全要素生产率累积增长指数向下转移或向上转移的概率；样本数表示期初各状态水平类型中的省份数量。

表4.8　中国省际环境全要素生产率的马尔可夫转移矩阵结果表

时间段	水平类型	低	中低	中高	高	样本数
2003~2008年	低	**0.750**	0.250	0.000	0.000	68
	中低	0.213	**0.656**	0.131	0.000	61
	中高	0.000	0.200	**0.600**	0.200	5
	高	0.000	0.000	0.000	**1.000**	11
2008~2013年	低	**0.867**	0.133	0.000	0.000	30
	中低	0.047	**0.891**	0.063	0.000	64
	中高	0.000	0.054	**0.892**	0.054	37
	高	0.000	0.000	0.071	**0.929**	14

续表

时间段	水平类型	低	中低	中高	高	样本数
2003~2013年	低	**0.786**	0.214	0.000	0.000	98
	中低	0.128	**0.776**	0.096	0.000	125
	中高	0.000	0.071	**0.857**	0.071	42
	高	0.000	0.000	0.040	**0.960**	25

由表4.8中国省际环境全要素生产率的马尔可夫链方法估计结果显示得出以下结论：

（1）省际环境全要素生产率的流动性偏低，省际环境全要素生产率呈现出显著的“俱乐部趋同”特征。如表4.8所示，无论是子时间段还是整个样本期间内，环境全要素生产率马尔可夫转移矩阵的对角线上的概率值要比非对角线上的概率值高很多。说明无论是哪个时期，中国省际环境全要素生产率水平比较稳定，更趋向于保持现状，转移到其他状态类型的概率比较小，变动具有“黏性”特点。省际环境全要素生产率具有“俱乐部趋同”特征：若某个省份在初始时期属于类型 i，那么，之后年份中该省份仍属于类型 i 的可能性最高是100%，最低是60%，平均值是83%；而初始时期属于类型 i 的省份，在之后年份中转移到其他状态类型的概率最大只有25%。之所以出现这种现象，可能是由于环境全要素生产率增长和自然经济基础密切相关。高水平类型的省份一般具有更为雄厚的自然资源与经济基础，更容易实现高环境全要素生产率；反之，则出现相反的状况。

（2）省际环境全要素生产率的转移都发生在相邻状态中，并没有出现跨越式发展的现象。如表4.8所示，环境全要素生产率从低水平类型转移到中高、高水平类型的概率、由中低水平类型转移到高水平类型的概率、从中高水平类型转移到低水平类型的概率以及由高水平类型转移到低、中低水平类型的概率都是0。由此可知，我国省际环境全要素生产率难以实现跨越式增长。

（3）省际环境全要素生产率具有明显的集聚特征。从整个样本期间（2003~2013年）来看，初始时期属于低水平类型的省份，之后的年份中仍然处于低水平类型的概率高达78.6%，向上转移的概率只有21.4%；而初始时期属于高水平类型的省份，之后年份中仍然保持高水平类型的概率是96.0%，向下转移的概率只有4.0%；初始时期属于中高和中低水平类型的省份，之后年份保持中高和中低状态类型的概率也分别高达85.7%与77.6%。这说明中国省际环境全要素生产率具有高生产率、中高生产率、中低生产率以及低生产率四种状态类型的集聚特征。

表4.9　中国省际环境全要素生产率的平稳分布表

水平类型	低	中低	中高	高
平稳分布	0.1124	0.1875	0.2517	0.4484

表4.9为马尔可夫链过程的稳态分布，揭示出了中国省际环境全要素生产率增长的长期均衡状态依然分散于4种水平类型的状态空间中。无论期初环境全要素生产率属于哪种状态类型，经过一定的时间后，省际环境全要素生产率属于高水平类型的概率高达44.84%，中高水平类型的概率是25.17%，中低水平类型的概率是18.75%，低水平类型的概率是11.24%。由此可知，若我国省际环境全要素生产率继续按此趋势变动，则各省份的环境全要素生产率差异会持续存在，短时间内不会实现均衡发展。

第六节　本章小结

对于环境全要素生产率省际差异动态演化趋势的研究还比较少，本章在第三章测算我国省际环境全要素生产率的基础上进一步研究了其收敛性。在进行收敛性检验之前，笔者首先对收敛假说与收敛机制分类进行了简要介绍。环境全要素生产率的收敛机制为“环境技术扩散——环境技术水平收敛——劳均产出水平收敛”的过程。然后，笔者分别采用δ收敛、绝对β收敛、条件β收敛、核密度估计方法以及马尔可夫链方法对中国省际环境全要素生产率的收敛性及其省域差距的动态演变趋势进行了分析，并得出如下主要结论：

其一，本章采用 δ 系数与变异系数测算 2002~2015 年中国省际环境全要素生产率的总体差异，发现我国各地区环境全要素生产率差距主要趋势为先扩大后缩小后又扩大。通过进一步对全国和三大区域的环境全要素生产率构建模型进行 δ 收敛性检验，得出全国、东部和中部地区的环境全要素生产率存在 δ 收敛趋势，但检验结果并不显著；西部地区不存在 δ 收敛性，因此可以认为，中国省际环境全要素生产率并不存在显著的 δ 收敛趋势。

其二，笔者采用绝对 β 收敛性检验进一步验证省际环境全要素生产率是否趋近于同一稳态均衡值。根据检验结果可知，整体来看，中国环境全要素生产率存在显著的绝对 β 收敛趋势。省际环境全要素生产率的增长速度与初始水平负相关，环境全要素生产率落后的省份对先进省份具有“追赶效应”。如果假设所有省份经济条件相似，那么省际环境全要素生产率的差异在逐年递减。但从分地区来看，东、中、西部区域内的情况有所差异：东部省份由于既存在 δ 收敛性也存在绝对 β 收敛，故可以认为东部地区环境全要素生产率存在“俱乐部收敛”现象；中部省份只具有绝对 β 收敛性，不具有 δ 收敛性；而西部省份的绝对 β 收敛趋势不显著，这与前文的 δ 收敛性检验结果基本一致。

其三，不同于绝对收敛检验，为了进一步考察各省份在特定的经济条件下，是否可以趋近于各自不同的稳态水平，本章采用面板数据双向固定效应模型对全国与三大区域进行了条件 β 收敛检验。根据分析结果可知，全国与东部、中部和西部地区的环境全要素生产率存在显著的条件 β 收敛趋势。说明全国省份的环境全要素生产率存在向其自身的稳态水平收敛的趋势，并且东部、中部和西部地区内部省份也由于经济环境差异，具有各自不同的稳态水平。

其四，笔者在测算了中国省际累积相对环境全要素生产率、累积相对环境技术进步指数和累积相对环境技术效率的基础上，运用核密度函数分析了其在 2003~2013 年期间的动态分布演变趋势，并作出了代表性年份的核密度函数图。根据研究结果得出：①2003~2013 年省际累积相对环境全要素生产率水平的集中程度在降低，省际差距变大，两极分化现象逐渐增强，环境生产率增长具有一定的“俱乐部趋同”现象；尽管我国整体环境生产率水平不高，较低生产率的省份所占比例更大，但仍有部分省份的生产率高于全国平均值，并且领先生产率水平逐年增高；2003~2008年多数省份的环境全要素生产率水平有轻微的退步，而2008~2013年生产率水平又有所进步。②2003~2013年中国各省份存在一定程度的环境技术进步，部分省份累积相对环境技术进步指数的增长速度要领先于其他省份，环境技术进步水平低的省份数量在减少；2005年以前省际累积相对技术进步指数的差距逐渐缩小，2008~2013年环境技术进步水平提高的同时，多极分化现象更为明显，省际差异继续扩大，呈现出分散趋势。③中国省际累积相对环境技术效率复杂多变，分布具有两极或多极分化的特征；省际累积相对环境技术效率差异明显，2010年开始出现的“双峰”特征不容忽视；中国累积相对环境技术效率在2003~2013年出现了恶化，总体来看，省际差异增大。④从全国来看，累积相对环境技术进步对累积相对环境全要素生产率的影响更大；这也与第三章测算的省际环境全要素生产率指数中环境技术进步指数推动作用更显著的结论相互印证。

其五，根据省际环境全要素生产率的马尔可夫链方法估计结果表明：①环境全要素生产率的流动性偏低，呈现出“俱乐部趋同”特征，难以实现绝对趋同。②环境全要素生产率转移都发生在相邻状态中，跨越式增长难以实现。③省际环境全要素生产率具有明显的集聚特征。④根据马尔可夫链过程的稳态分布可知，各省份的环境全要素生产率增长差异显著，并且会持续存在，短时间内难以实现均衡发展。

由以上分析可知：无论是在长期还是短期内，中国省际环境全要素生产率的差异都不会自动消失，本章对此结论进行了详细的解释。那么，究竟是什么原因导致上述研究结论？又是哪些因素对我国省际环境全要素生产率水平产生了主要影响？第五章将进一步对这些问题进行研究。

第五章 省际环境全要素生产率影响因素的空间计量分析

通过第三章和第四章对中国省际环境全要素生产率的评价与分析可知，我国省际环境全要素生产率的发展并不平衡，东、中、西部不同区域存在显著的差异。我国要实现环境保护与经济发展的“双赢”平衡，就要提高区域环境全要素生产率水平。因而，对我国省际环境全要素生产率的影响因素进行深入研究是十分有必要的，探求出影响省际环境全要素生产率发展的内在机理，从而为提升中国环境全要素生产率水平并促进经济、环境协调发展提供理论依据与实证支持。

通过前文对我国 29 个省份 2003~2015 年的环境全要素生产率测算并结合图表对中国环境全要素生产率整体趋势的研究可知：中国省际环境全要素生产率在研究期间具有上升趋势，并且技术进步是其提升的主要原因。环境技术进步和环境技术效率变化是导致环境全要素生产率变化的因素，由于这两项是环境全要素生产率的分解项，可以认为是内生变量对因变量的影响。而诸如产业结构、环境规制、能源因素等外生变量对环境全要素生产率有怎样的影响呢？这正是接下来要研究的主要问题。为了进一步揭示省际环境全要素生产率空间差异的影响因素，本章运用先进的空间计量建模方法，构建科学合理的空间面板数据计量模型，利用空间回归对省际环境全要素生产率水平的影响因素与空间溢出效应进行实证分析。

本章主要内容：第一节是省际环境全要素生产率的空间相关性检验，采用探索性空间数据分析方法（ESDA）对省际环境全要素生产率的空间属性进行研究；第二节是影响因素分析及指标选择，在总结已有成果中全要素生产率影响因素的基础上，结合本书研究需要选出科学合理的影响因素指标，并简要分析其影响机理；第三节构建了省际环境全要素生产率的空间计量模型，并详细介绍了样本数据的来源与处理；第四节对空间面板估计的实证研究结果进行了详细分析；第五节是本章小结，对主要结论进行了归纳。

第一节　省际环境全要素生产率的空间相关性检验

众所周知，研究省际环境全要素生产率的影响因素及其作用机理需要运用计量模型实现。已有研究成果主要使用三种方式：截面数据模型、时间序列模型或者面板数据模型来进行估计与检验。然而，经典的计量经济分析的前提假设是“样本之间相互独立”，但是，根据地理学第一定律（Tobler）：世界上所有事物都是相互联系的，事物距离越近，则相关性越高；距离越远，则相关性越低。因而，省际经济行为之间都会具有空间效应，区域间的经济行为在地理上具有一定的空间交互作用。这种空间交互作用导致传统的计量经济模型的前提假设（研究样本相互独立）不再成立，进而导致回归结果偏离实际情况。鉴于此，本书运用空间统计学与空间计量经济学把空间结构与空间效应纳入研究框架，从而得出更切合实际的结果。

第四章运用核密度估计方法对省际环境全要素生产率水平分布的动态演化趋势进行了分析，为了进一步明确中国省际环境全要素生产率的空间相关性以及空间相关程度，本节根据探索性空间数据分析方法（Exploratory Spatial Data Analysis，ESDA）对中国环境全要素生产率水平的空间属性进行研究，这也是进行空间计量分析的必要步骤。其中，利用 Moran's I 指数检验省际环境全要素生产率的全局相关性（Global Spatial Autocorrelation）；根据 Moran 散点图和空间局域 LISA 分析对环境全要素生产率的局域空间相关性进行检验。

一、空间异质和空间依赖

根据前文章节的分析可知，我国环境全要素生产率分布具有“俱乐部趋同”特征，即省际环境全要素生产率水平在地理空间上具有集群效应。那么，如何科学地检验省际环境全要素生产率是否具有空间效应是构建空间计量模型首先要面对的问题。因而，笔者会在进行空间计量分析之前对环境全要素生产率的空间相关性检验方法与结果进行介绍。

Getis（1997）指出，在现实世界中，传统计量理论的“观测样本独立性”假设并不具有普遍性；对于具有空间属性的样本数据来说，距离近的变量之间比距离远的变量之间具有更密切的空间相关关系；不同区域间的经济地理行为在一定程度上都具有空间交互作用，这种空间效应被称为空间依赖和空间异质。空间计量经济学与空间统计学可以为存在空间效应的样本数据的检验与估计提供相应的研究理论与实证方法。而空间依赖和空间异质这两个空间效应便是空间计量经济学产生的现实背景与存在原因，也是空间计量模型与传统计量模型的主要不同之处。鉴于此，从方法论的角度研究空间依赖和空间异质是十分必要的。

（一）空间依赖与关联

空间依赖（Spatial Dependence）（较弱的形式为空间关联）指的是事物（现象）在空间上的相互依赖、相互制约、相互影响与相互作用，这是事物（现象）本身固有的属性，是空间过程与空间地理现象的本质特征①。根据 Anselin 等（2000）的定义，空间依赖即为观测值及区位之间的一致性。当相邻区域随机变量的高值（低值）在空间上出现集聚趋势时表现为正的空间自相关；当地理区域出现被相异值的邻区包围的倾向时表现为负的空间自相关。由此可知，空间依赖表示观测值由于空间效应而在地理上的集聚；这些联系不同区域的作用包括溢出效应及贸易、传播或者其他经济社会的交互作用。这说明，一个区位上的事物（现象）能由空间系统中

① 田晶，何遒，周梦杰．运用 Q 统计分析网络空间现象关联模式［J］．武汉大学学报·信息科学版．2014，（4）：486~491.

其他位置上的事物（现象）决定或者部分决定①。造成空间依赖性的主要原因包括两个，分别是空间交互作用和干扰性空间依赖，具体如下所示：

1. 空间交互作用（Spatial Interaction）

各省（直辖市、自治区）虽然具有相互独立的行政区域，但不同省份之间仍然存在明显的技术扩散、要素流动以及结构趋同等倾向，使区域间在经济、环境发展演变方面存在一定程度的空间效应。诸如能源消耗结构趋同、环境技术水平扩散、环境规制力度相互影响等因素都会导致省际环境全要素生产率水平存在空间交互作用。

2. 干扰性空间依赖（Nuisance Spatial Interaction）

实际测量过程中的误差会产生干扰空间依赖性。如果在研究过程中的省际环境全要素生产率的空间关联模式和省域之间的边界不一致，就会产生相邻省域的测量误差。在实际进行统计调研时，统计的数据和样本空间有关。例如，中国的统计数据一般是按照行政区划（省、市、县等）进行收集整理，而这种统计的空间单元和所研究对象本身的空间范围往往并不能完全匹配；此外，空间单元的任意合并等现象都会形成某种程度的测量误差，而这种误差可能会通过空间单元的边界发生外溢，从而形成冗余形式的空间依赖。

根据 Anselin（1988）的研究成果，存在两种描述空间依赖性（也称为空间自相关）的计量模型：当变量之间的空间相关性是由空间交互作用导致的，则适合采用空间滞后模型对变量间的关系进行刻画；当变量之间的空间相关性是由干扰性空间依赖造成的，则适合采用空间误差模型来估计变量间的关系②。

（二）空间异质

在现实中，由于空间经济分布的非均匀性与非随机性导致了空间异质特征。根据 Anselin（1988）的定义，所谓空间异质性（Spatial Heterogenei-

① Anselin, L., A. Varga & Z. Acs. Geographical spillovers and university research: A spatial econometricperspective [J]. Growth and change. 2000, 31 (4): 501~515.

② Anselin, L. & D. A. Griffith. Do spatial effecfs really matter in regression analysis? [J]. Papers in Regional Science. 1988, 65 (1): 11~34.

ty)，也就是空间差异性，指的是每个空间区位上的事物（现象）都具有区别于其他空间区位上的事物（现象）的特征；比如经济地理结构中存在发达地区与落后地区、内陆地区与沿海地区以及中心地区与一般郊区等差别。事物（现象）之所以在空间上是异质的，一方面是因为各种事物（现象）本身在空间上缺乏平稳的结构；另一方面空间单元本身就不是均质的，在形状、面积等很多方面具有较大的差异。而从统计学的角度来看，空间异质性是指研究对象在空间上的非平稳，这与经典统计学所要求的“所有样本都来自于同一总体”的前提假设相违背。当存在空间异质性时，通常要把空间单元的特性考虑到研究框架之中，采用传统的计量模型进行估计分析。然而，当同时存在空间依赖与空间异质两种空间效应时，传统的计量经济模型将不足以分析这种更复杂的问题，并没有科学的方法把空间相关性与空间异质性区分开来。鉴于此，处理这种情况需要建立空间地理加权回归模型（Geographical Weighted Regression），充分考虑数据的异质性与相关性，把空间结构权重纳入到研究模型中，使计量模型更符合实际情况。

空间计量经济学自从 Paelinck（1979）最早提出，经过许多学者的深入拓展研究，目前已经基本形成了比较完整的分析框架。根据空间计量经济学的分析思路，笔者首先对中国省际环境全要素生产率水平的空间相关性进行检验。如果存在空间相关性，则有必要构建空间计量模型对环境全要素生产率的影响因素进行检验；而如果不存在显著的空间相关性，则可以构建传统的计量模型进行影响因素的估计。

二、空间相关性检验方法

空间相关性是空间中数据聚集程度的一种量度，也是构建空间计量经济模型的前提条件，检验省际环境全要素生产率的空间相关性就是从空间层面来分析中国环境全要素生产率的分布状态。探索性空间数据分析方法（ESDA）主要用来检验分布的空间自相关性。ESDA 把统计学与现代图形计算技术结合起来，直观地展示空间数据中所隐含的空间分布、空间模式与空间相互作用等现象。该方法的本质为数据驱动的研究过程，而不是理论驱动的演绎推理，通过数据分析来实现“让数据自己说话”的目的。

ESDA 主要采用两类分析工具：①全局空间相关性：用来分析整个系统内空间数据所表现的分布特性，通常用 Moran's I 指数检验；②局域空间相关性：表现形式包括空间集聚区、非典型的局部区域等，通常用 Moran 散点图与 LISA 来检验。

（一）全局空间相关性

通常采用 Moran's I 指数对全局空间相关性进行检验。根据 Moran's I 指数可以判断整个研究区间中邻近区域是空间正相关、空间负相关或是相互独立的。Moran's I 指数可以根据式（5.1）测算。

$$Moran's I = \frac{N\sum_i \sum_j w_{ij}(x_i - \bar{x})(x_j - \bar{x})}{(\sum_i \sum_j w_{ij})\sum_i (x_i - \bar{x})^2} = \frac{\sum_i \sum_{j\neq i} w_{ij}(x_i - \bar{x})(x_j - \bar{x})}{S^2 \sum_i \sum_j w_{ij}} \tag{5.1}$$

式（5.1）中，N 代表研究区间内的地区总个数，w_{ij} 表示空间权重矩阵，x_i 与 x_j 分别代表地区 i 和地区 j 的属性，$\bar{x}$ 表示属性的平均值，$S^2 = \frac{1}{N}\sum_i (x_i - \bar{x})^2$ 表示属性的方差。Moran's I 指数可以认为是观测值与其空间滞后间的相关系数，而变量 x_i 的空间滞后是其在邻域 j 的平均值，可以表示为式（5.2）。

$$x_{i,\ -1} = \sum_j w_{ij}x_{ij} / \sum_j w_{ij} \tag{5.2}$$

因而，Moran's I 指数的取值范围是 [-1, 1]。如果其取值大于 0，并且检验显著时，则说明所研究的变量空间正相关（相似），存在集聚效应；取值接近 1 时说明相似的属性集聚在一起（高—高相邻、低—低相邻）。如果其取值小于 0，并且检验显著时，则说明所研究的变量空间负相关（相异），存在扩散效应；取值接近-1 时说明具有相异的属性集聚在一起（高—低相邻、低—高相邻）。如果其取值接近于 0，且检验显著时，则说明变量在空间属性上是独立分布的，不存在空间自相关性。此外，Moran's I 指数的绝对值大小能够反映空间相关程度，绝对值越大则空间相关程度越大，绝对值越小则空间相关程度越小①。

进一步，空间相关性的显著性还需要用统计学理论中的"弃伪存真"来判断，一般通过统计量 Z 值来检验正态分布假设前提下 Moran's I 指数的显著性，标准化的 Moran's I 指数统计量如式（5.3）所示。

$$Z = \frac{Moran'sI - E(I)}{\sqrt{Var(I)}} \tag{5.3}$$

在式（5.3）中，$E(I) = -\frac{1}{n-1}$，$Var(I) = \frac{n^2 w_1 + n w_2 + 3w_0^2}{w_0^2(n^2-1)} - E^2(I)$，$w_0 = \sum_{i=1}^{n}\sum_{j=1}^{n} w_{ij}$，$w_1 = \frac{1}{2}\sum_{i=1}^{n}\sum_{j=1}^{n}(w_{ij} + w_{ji})^2$，$w_2 = \sum_{i=1}^{n}(w_{i.} + w_{.j})^2$，其中，$w_{i.}$ 和 $w_{.j}$ 分别表示空间权重矩阵第 i 行与第 j 列之和。在正态分布的假设前提下，原假设为变量数据值不存在空间相关性，也就是区域数据的分布和区域位置数值的分布相互独立。如果 Z 统计量的估计 p 值能够通过 5%（或 10%）的显著性水平检验，则拒绝原假设，认为区域数据存在相关性。并且当 Z 统计量大于 0 时，说明区域数据的属性值存在空间正相关，相似的观测值趋于空间集聚；当 Z 统计量小于 0 时，说明存在空间负相关，相似的观测值趋于空间分散；当 Z 统计量等于 0 时，说明观测值为独立随机分布②。

（二）局域空间相关性

全局 Moran's I 指数只能从整体范围描述省际环境全要素生产率的空间分布，但它可能将区域之间的差异平均化了，从而不能具体反映区域单元之间是否具有局域集聚性。而局部区域的空间关联分布可能会呈现出全局指标不能反映出的特殊情况。那么，为了进一步研究局域空间的集聚性，需要进行局域空间相关性检验。局域空间自相关用来反映每个地区和周边区域之间同一属性值是否存在相似性，可以检验局部区域是否具有空间异

① 李婧，谭清美，白俊红．中国区域创新生产的空间计量分析——基于静态与动态空间面板模型的实证研究［J］．管理世界．2010（7）：43~65.

② 周力，刘馨月．市场风险、契约关系与农户空间溢出效应——基于人感染禽流感（H7N9）风险视角［J］．财经研究．2016，42（2）：121~131.

质性，从而弥补全局空间自相关的不足。通常使用 Moran 散点图与局部空间联系指标（LISA）两种方法来进行局域空间自相关检验。

1. Moran 散点图

以（z，Wz）为坐标点（横坐标为各地区观测值的离差 z，纵坐标为空间滞后值 Wz），Moran 散点图即对空间滞后因子 z 和 Wz 进行了可视化后的二维图示。其中 $z_i = x_i - \bar{x}$ 是空间滞后因子，W 是空间权重矩阵，Wz 是对观测值的空间加权。Moran 散点图的四个象限与四种类型的局域空间联系形式一一对应：第一象限是高—高（H—H）集聚类型（高水平环境全要素生产率—高空间滞后），此象限中的点表示高观测值的区域单元被具有高值的邻近区域所包围的空间联系形式；第二象限是低—高（L—H）集聚类型（低水平环境全要素生产率—高空间滞后），此象限中的点表示低观测值的区域单元被具有高值的邻近区域所包围的空间联系形式；第三象限是低—低（L—L）集聚类型（低水平环境全要素生产率—低空间滞后），此象限中的点表示低观测值的区域单元被具有低值的邻近区域所包围的空间联系形式；第四象限是高—低（H—L）集聚类型（高水平环境全要素生产率—低空间滞后），此象限中的点则表示高观测值的区域单元被具有低值的邻近区域所包围的空间联系形式①。其中，第一象限和第三象限均表示正的空间相关性；第二象限和第四象限均表示负的空间相关性。

综上所述，根据 Moran 散点图能够清晰的辨别某一地区与其相邻地区之间的空间联系形式，并根据其在散点图中的象限位置，分析空间分布中存在哪些不同的聚集群体。

2. 局部空间联系指标

1995 年，Anselin 提出了局部空间联系指标（Local Indicator of Spatial Association，LISA）来检验局部区域的空间相关性。LISA 与 Moran 散点图具有相似性，也能把区域单元与其邻近地区之间的空间联系形式划分为四种类型。然而，LISA 与 Moran 散点图的不同之处在于 LISA 能通过随机化

---

① 李婧，谭清美，白俊红．中国区域创新生产的空间计量分析——基于静态与动态空间面板模型的实证研究［J］．管理世界．2010（7）：43~65.

方法检验统计的显著性，进而甄别出对全局联系影响比较大的区域单元。其计算公式如式（5.4）所示。

$$I_i = \frac{(x_i - \bar{x})}{s_x^2} \sum_j [w_{ij}(x_j - \bar{x})] \tag{5.4}$$

在式（5.4）中，$s_x^2 = \sum_j (x_j - \bar{x})^2/n$ 表示方差，w_{ij} 表示空间权重，x_i 与 x_j 分别代表地区 i 和地区 j 的属性，$\bar{x}$ 表示属性的平均值。值得注意的是，式（5.4）中对 j 的累加不包括地区 i 本身（$j \neq i$）。如果 I_i 的测算值是正数，则说明一个高观测值的区域单元被同样具有高值的邻近区域所包围；或者一个低观测值的区域单元被同样具有低值的邻近区域所包围，也就是具有相似属性值的区域集聚在一起。而如果 I_i 的测算值为负，则说明一个高观测值的区域单元被具有低值的邻近区域所包围；或者一个低观测值的区域单元被具有高值的邻近区域所包围，也就是具有相异属性值的区域集聚在一起。

把 Moran 散点图和 LISA 显著性相结合，能够得出 LISA 聚集地图（LISA Cluster Map），这种地图可以同时展示各地区在 Moran 散点图中的所在象限和 LISA 指标的显著性。

（三）空间权重矩阵设置

在空间计量经济学与空间统计学中，空间关联模式通常采用空间权重矩阵（Spatial Weight Matrix）来表现。空间权重矩阵的设置是空间计量经济学的核心问题，也是空间计量经济学与传统计量经济学的重要区别之一。空间权重矩阵能够表现空间单元间的依赖性和关联程度，由于不同的空间关联模式会影响空间计量模型的实证结果，因而对于空间权重矩阵的设置需要十分慎重。设置空间权重，首先需要量化空间单元的位置，而对位置的量化通常根据“距离”设定，设定的距离应该满足“有意义、非负性与有限性”的要求。总结现有文献，主要有三种权重设置方式表现不同的空间关联模式：邻接空间权重矩阵、地理距离空间权重矩阵以及经济空间权重矩阵。

其中，邻接空间权重矩阵中的元素 W_{ij} 在空间单元 i 与空间单元 j 相邻时取值是 1，当空间单元 i 与 j 不相邻时取值是 0。地理距离空间权重矩阵是根据地理学第一定律，由地理距离平方的倒数构成的，并采用省会城市之间的球面距离来表示地理距离。经济空间权重矩阵通常采用地区间人均实际 GDP 的差额指标测度空间单元的“经济距离”。

本书在参考已有研究成果的基础上，选择多数学者使用的邻接空间权重矩阵（非负前定空间权重矩阵），此种矩阵中对角线上的元素是 0（通常认为空间单元不与其自身相邻），其他元素满足式（5.5）。

$$W_{i,j}=\begin{cases}0 & \text{若地区 } i \text{ 与 } j \text{ 不相邻} \\ 1 & \text{若地区 } i \text{ 与 } j \text{ 相邻}\end{cases} \tag{5.5}$$

由式（5.5）可知，如果空间单元 i 与 j 之间不相邻，则认为二者不存在空间相关；而如果空间单元 i 与 j 相邻，则认为二者具有空间相关性。尽管海南省和其他省份在地理上均不相邻，但考虑到广东省与海南省联系紧密，有十分频繁的贸易往来，并且也为了防止出现“孤岛效应”，在设置空间权重矩阵时，假设广东省和海南省为相邻地区。为了更为合理地反映区域间的空间关联模式，需要对 W_{ij} 进行标准化，使每行的元素之和等于 1（见图 5.1）。需要注意的是，邻接空间权重矩阵具有两种不同的标准：一是 Rook 标准，此标准具有东、南、西、北四个区位的邻近区域，适用于所有存在共同边界的相邻地区之间；二是 Queen 标准，该标准包括东、南、西、北四个区位以及角落相邻地区共八个邻近区域，适合于存在共同边界与共同邻接点的地区之间。除此之外，邻接空间权重矩阵还可以分为一阶邻接矩阵和高阶邻接矩阵。

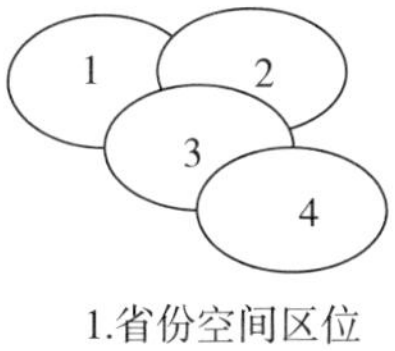

$$\begin{bmatrix}0 & 1 & 1 & 0\\ 1 & 0 & 1 & 0\\ 1 & 1 & 0 & 1\\ 0 & 0 & 1 & 0\end{bmatrix} \qquad \begin{bmatrix}0 & 0.5 & 0.5 & 0\\ 0.5 & 0 & 0.5 & 0\\ 0.33 & 0.33 & 0 & 0.33\\ 0 & 0 & 1 & 0\end{bmatrix}$$

1.省份空间区位　　2.空间权重矩阵　　3.标准化的空间权重矩阵

图 5.1　邻接空间权重矩阵标准化处理

三、空间相关性检验结果

Hall 和 Jones（1999）指出，当研究不同区域的长期经济增长差异时，相对生产率水平比平均增长率更能有效衡量长期经济增长绩效。鉴于此，本节使用累积相对环境全要素生产率指数对省际环境全要素生产率的空间相关性进行检验。累积相对环境全要素生产率的测算方法与结果见第四章。

表 5.1 中国 29 个省（直辖市、自治区）的邻接省份表

省份	邻接省份	邻接数目
北京	河北、天津	2
天津	河北、北京	2
河北	北京、河南、辽宁、内蒙古、山东、山西、天津	7
山西	河北、河南、内蒙古、江西	4
内蒙古	甘肃、河北、黑龙江、吉林、辽宁、宁夏、山西、陕西	8
辽宁	河北、吉林、内蒙古	3
吉林	黑龙江、辽宁、内蒙古	3
黑龙江	吉林、内蒙古	2
上海	江苏、浙江	2
江苏	安徽、山东、上海、浙江	4
浙江	安徽、福建、江苏、江西、上海	5
安徽	河南、湖北、江苏、江西、浙江、山东	6
福建	广东、江西、浙江	3
江西	安徽、福建、广东、湖北、湖南、浙江	6
山东	安徽、河北、河南、江苏	4
河南	安徽、河北、湖北、山东、山西、陕西	6
湖北	安徽、河南、湖南、江西、陕西、四川	6
湖南	广东、广西、贵州、湖北、江西、四川	6
广东	福建、广西、海南、湖南、江西	5
广西	广东、贵州、湖南、云南	4
海南	广东	1
四川	甘肃、贵州、湖北、湖南、青海、陕西、云南	7
贵州	广西、湖南、四川、云南	4
云南	广西、贵州、四川	3
陕西	甘肃、河南、湖北、内蒙古、宁夏、山西、四川	7
甘肃	内蒙古、宁夏、青海、陕西、四川，新疆	6
青海	四川，新疆、甘肃	3
宁夏	甘肃、内蒙古、陕西	3
新疆	甘肃、青海	2

注：本书省份不包括西藏自治区，重庆市并入四川省处理。

（一）全局空间相关性检验

本书的研究样本包括29个省（直辖市、自治区），表5.1展示了这些省份的地理邻接关系。基于邻接空间权重矩阵，根据前文介绍的方法，笔者采用Arcgis10.2和Geoda095i软件对2003~2013年①中国省际累积相对环境全要素生产率指数的Moran's I指数进行了测算，结果如表5.2所示，11年间Moran's I指数的变化趋势如图5.2所示。

根据表5.2可知，2003~2013年的Moran's I指数全部都大于0，并且11个年份的Moran's I指数均通过了1%的显著性水平检验。这说明我国省际累积相对环境全要素生产率存在明显的高—高聚集和低—低聚集的空间正相关现象：环境全要素生产率水平比较高的省份趋向于与其他环境全要素生产率较高的省份相邻近；而环境全要素生产率水平比较低的省份趋向于与其他环境全要素生产率较低的省份相邻近。这说明省际环境全要素生产率在空间上具有相关性，不能将其假设为独立的观测值。鉴于此，在研究中国省际环境全要素生产率的影响因素时，必须要考虑到不同省份之间的空间集聚和溢出效应。

由图5.2全局Moran's I指数的变化趋势可以看出，Moran's I指数大体上呈现出先上升后下降的波动趋势。在2003~2013年整个样本期间内，全局Moran's I指数从2003年的0.520提升到2013年的0.577，总体上有所上升。说明中国省际环境全要素生产率的空间自相关性随着时间推移逐渐增强了，这可能是因为在我国区域经济一体化的基础上，省际合作与分工不断加强，不同地区的经济发展水平呈现出趋同的态势。其中，2003~2008年呈现出显著的上升趋势，2008~2009年出现了快速的下降，而后2009~2011年表现为比较平缓的上升趋势，2012年又有所下降。这揭示出我国省际累积相对环境全要素生产率水平的空间相关性在2008年以前表现出不断增强的态势；经过2008~2009年的快速下降后，在2009年以后省际空间相关性较为平缓的增强。但整体来看，空间相关性程度仍然是变大了，Moran's I指数基本维持在0.5~0.6。空间相关性的存在还表明某个省

① 衔接第四章的第四节和第五节，本章仍选择2003~2013年的研究期间。

份的环境全要素生产率水平不但与自身经济发展有关，还会受到邻近省份的资源、环境等因素的影响。技术水平、政府规制、产业结构等使省际经济发展、环境保护与能源消耗的空间关联性加强，因而，选择空间计量模型分析不同因素对省际环境全要素生产率的影响更为合适。

尽管全局 Moran's I 指数的测算结果说明中国省际累积相对环境全要素生产率总体存在空间正相关关系，但其缺陷在于可能会掩盖局部区域的特殊性，不能详细展示出哪些省份的环境全要素生产率水平呈现出高观测值的“优势”集聚状态；哪些省份的环境全要素生产率呈现出低观测值的“劣势”集聚状态；或者是否有省份偏离了空间正相关性，呈现出低—高集聚或者高—低集聚的趋势。因而，局域自相关检验也是一个必要的环节。

表 5.2　中国 2003~2013 年省际累积相对环境全要素生产率的 Moran's I 指数

年份	2003	2004	2005	2006	2007	2008	2009	2010	2011	2012	2013
Moran's I	0.520	0.573	0.603	0.610	0.626	0.653	0.577	0.581	0.589	0.575	0.577
Sd 值	0.122	0.129	0.124	0.130	0.130	0.124	0.124	0.128	0.121	0.122	0.124
Z 值	4.534	4.716	5.162	4.940	5.042	5.579	4.897	4.782	5.220	5.057	4.900
p 值	0.001	0.001	0.001	0.001	0.001	0.001	0.001	0.001	0.001	0.001	0.001

注：由 Arcgis10.2 和 Geoda095i 软件根据 Moran's I 指数公式计算得出。

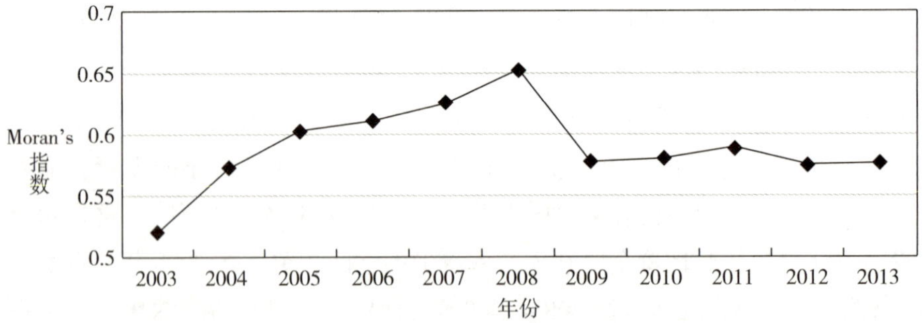

图 5.2　省际累积相对环境全要素生产率的 Moran's I 指数的演化趋势图（2003~2013）

（二）局域空间相关性检验

下面根据部分代表性年份的 Moran 散点图和 LISA 聚集图（空间关联

指标）进一步研究中国省际环境全要素生产率的空间集聚特征，进而判断各省（直辖市、自治区）环境全要素生产率水平的局域空间相关性。

1. Moran 散点图分析

图 5.3～图 5.6 直观地刻画了 2003 年、2006 年、2009 年和 2013 年中国累积相对环境全要素生产率的区域分布状况。根据 Moran 散点图可知，中国省际累积相对环境全要素生产率主要存在两个正向空间集聚：处于第一象限的高—高“优势”集聚状态，也就是累积相对环境全要素生产率本身比较高的省份与环境全要素生产率水平也较高的省份相邻；处于第三象限的低—低“劣势”集聚状态，也就是累积相对环境全要素生产率本身比较低的省份，同时其相邻省份的环境全要素生产率水平也比较低。其中“高—高”集聚与“低—低”集聚类型的省份数量基本相当，远大于第二象限和第四象限的省份数量。这也进一步印证了前文中得出的“中国省际累积相对环境全要素生产率呈现出显著的空间正相关性”的实证结论。

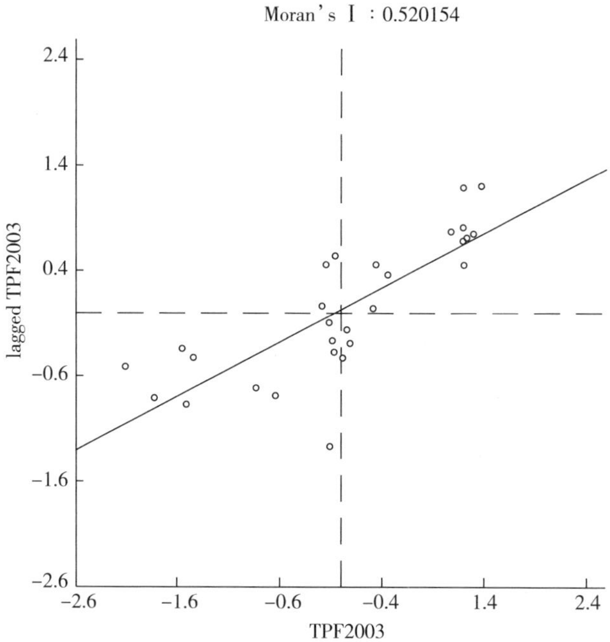

图 5.3　2003 年累积相对环境全要素生产率的 Moran 散点图

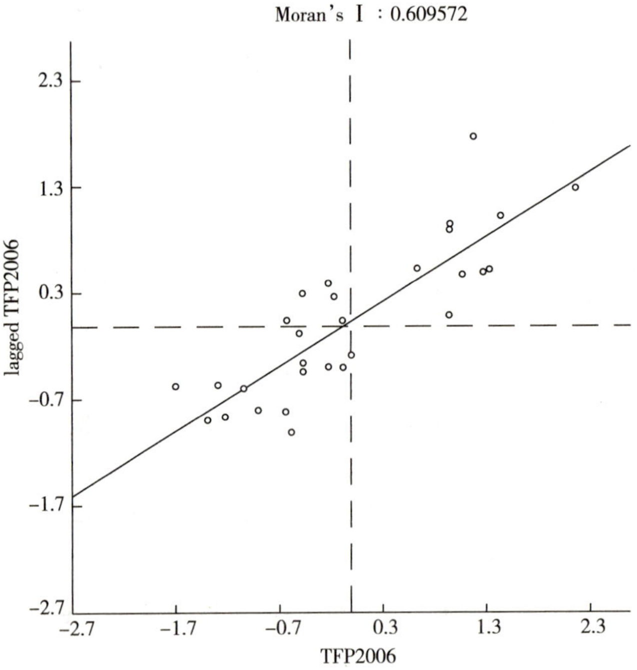

图 5.4 2006 年累积相对环境全要素生产率的 Moran 散点图

具体来看，2003 年中国有 11 个省份位于第一象限（具体省份见表 5.3）；11 个省份位于第三象限，二者合计占到省份总数的 76%。2006 年位于第一象限和第三象限的省份个数分别是 10 个和 13 个，二者合计占样本总数的 79%。2009 年位于第一象限和第三象限的省份个数也分别是 10 个和 15 个，合计占样本总数的 86%。2013 年第一象限和第三象限的省份个数分别为 10 个和 13 个，二者合计占样本总数的 79%。与此同时，观察位于第二象限和第四象限的“非典型”省份，2003 年有 3 个省份落在第二象限，4 个省份落在第四象限，二者合计占到省份总数的 24%。2006 年落在第二象限和第四象限的省份个数分别为 5 个和 1 个，合计占样本总数的 21%。2009 年也分别有 3 个和 1 个省份落在第二象限和第四象限，二者合计占样本总数的 14%。2013 年则分别有 5 个和 1 个省份落在第二象限和第四象限，二者合计占到样本总数的 21%。由此可见，位于第一、第三象限的省份数量远大于其他位置的省份数量，只有少数省份位于空间非典型区域或不稳定性区域。

表 5.3 代表性年份中国省际累积相对环境全要素生产率的空间局域分布

年份	第一象限	第二象限	第三象限	第四象限
2003	上海市、海南省、福建省、浙江省、江苏省、北京市、广东省、天津市、辽宁省、河北省、山东省	江西省、安徽省、吉林省	黑龙江省、山西省、湖北省、甘肃省、四川省、云南省、青海省、陕西省、贵州省、新疆维吾尔自治区、宁夏回族自治区	内蒙古自治区、湖南省、河南省、广西壮族自治区
2006	河北省、北京市、天津市、山东省、江苏省、上海市、浙江省、福建省、广东省、海南省	辽宁省、山西省、河南省、安徽省、江西省	内蒙古自治区、新疆维吾尔自治区、甘肃省、吉林省、青海省、宁夏回族自治区、陕西省、湖北省、湖南省、四川省、云南省、贵州省、广西壮族自治区	黑龙江省
2009	河北省、北京市、天津市、山东省、江苏省、上海市、浙江省、福建省、广东省、海南省	辽宁省、安徽省、江西省	黑龙江省、吉林省、山西省、河南省、湖南省、新疆维吾尔自治区、甘肃省、青海省、宁夏回族自治区、陕西省、湖北省、四川省、云南省、贵州省、广西壮族自治区	内蒙古自治区
2013	河北省、天津市、北京市、山东省、江苏省、上海市、浙江省、福建省、广东省、海南省	辽宁省、山西省、河南省、江西省、安徽省	黑龙江省、吉林省、新疆维吾尔自治区、甘肃省、青海省、宁夏回族自治区、陕西省、湖北省、湖南省、广西壮族自治区、贵州省、云南省、四川省	内蒙古自治区

注：由 Geoda095i 软件根据 Moran 散点图整理得出。

2. 时空跃迁测度分析

为了对 Moran 散点图的时空动态变化进行更深入的研究，本书根据 Rey（2001）的时空跃迁测度法进一步分析。如表 5.4 所示，时空跃迁测度法包括 4 种时空跃迁类型：第一种只是相对位移的省域跃迁；第二种仅是相关空间邻近省域跃迁；第三种包括某省份与其相邻省份都跃迁到其他省域；第四种指某省份与其相邻省份保持相同水平，在整个样本期不变的情况。

表 5.4　Moran 散点图动态演化的时空跃迁类型

类型	类型特征	时空跃迁路径
Ⅰ	相对位移的省域跃迁	HH→LH，HL→LL，LH→HH，LL→HL
Ⅱ	相关空间相邻省份跃迁	HH→HL，HL→HH，LH→LL，LL→LH
Ⅲ	某省份与其相邻省份向其他省域跃迁	HH→LL，HL→LH，LH→HL，LL→HH
Ⅳ	某省份与其相邻省份保持不变	HH→HH，HL→HL，LH→LH，LL→LL

注：根据 Rey（2001）的时空跃迁测度法整理而得。

表 5.5　29 个省份环境全要素生产率水平 Moran 散点的时空跃迁（2003~2013）

象限	省份	
	2003 年	2013 年
第一象限（高—高）	上海市、海南省、福建省、浙江省、江苏省、北京市、广东省、天津市、辽宁省、河北省、山东省（11）	河北省、天津市、北京市、山东省、江苏省、上海市、浙江省、福建省、广东省、海南省（10）
第二象限（低—高）	吉林省、江西省、安徽省（3）	辽宁省、山西省、河南省、江西省、安徽省（5）
第三象限（低—低）	黑龙江省、山西省、湖北省、甘肃省、四川省、云南省、青海省、陕西省、贵州省、新疆维吾尔自治区、宁夏回族自治区（11）	黑龙江省、吉林省、新疆维吾尔自治区、甘肃省、青海省、宁夏回族自治区、陕西省、湖北省、湖南省、广西壮族自治区、贵州省、云南省、四川省（13）
第四象限（高—低）	内蒙古自治区、湖南省、河南省、广西壮族自治区（4）	内蒙古自治区（1）

注：由 Geoda095i 软件根据 Moran 散点图整理得出。

通过对我国 29 个样本省份在期初（2003 年）和期末（2013 年）的环境全要素生产率水平检测（见表 5.5），可以看出比较明显的空间非均衡性与持续性特点。对中国 2003 年和 2013 年省际环境全要素生产率水平的 Moran 散点的跃迁类型进行对比发现：在 2003~2013 年 11 年内，大部分省份（23 个）属于第Ⅳ种跃迁类型，即某省份与其相邻省份保持不变（跃迁路径是 HH→HH，HL→HL，LH→LH，LL→LL）。这表明超过 79%省份的环境全要素生产率水平呈现出空间稳定性。只有少部分省份属于其他三种跃迁类型。其中，属于第Ⅰ种类型的包括湖南省（HL→LL）、广西壮族自治区（HL→LL）和辽宁省（HH→LH）三个省份；吉林省（LH→LL）和山西省（LL→LH）两个典型省份属于第Ⅱ种跃迁类型；只有河南省（HL→LH）一个省份是第Ⅲ种类型的跃迁方式。

从整个样本期间来看，并未检测出空间集群结构中存在显著的位移。由此可知，中国省际环境全要素生产率水平在空间地理分布中存在明显的“路径依赖”，呈现出显著的集聚性特征；并且区域流动性较低，各省份难以脱离其原来所在的集群。

3. LISA 集聚图分析

尽管从 Moran 散点图中可以直观地看出单个省份与邻接省份间的集聚类型，但并不能检验局部相关的显著性。而区域集聚图与显著性能更直观地揭示局域空间相关性，也能为“俱乐部收敛”提供依据。因而，有必要进一步测算省际累积相对环境全要素生产率的局域 LISA 统计值与显著性水平，局域 LISA 为我们提供了一种空间相互作用的解释模式。如果某地区的 LISA 水平显著，则说明此地区的环境全要素生产率并不是随机出现的，而是与邻接地区的环境全要素生产率呈现出正相关或者负相关的关系。如果某地区具有显著的高—高“优势”集聚性，那么，它不但自身生产率水平较高，而且通过与相邻地区的交流合作，使邻接地区都呈现出较高的环境全要素生产率水平。因而，在一定程度上可以认为该地区具有较强的正向辐射作用，是全国环境全要素生产率的“扩散中心”。如果某地区具有显著的低—低“劣势”集聚性，那么，它与相邻地区的环境全要素生产率水平都比较低；相邻地区对它的负向影响比较明显，在一定程度上抑制了该地区的发展，认为其是全国环境全要素生产率的“低洼中心”。如果某地区具有显著的高—低集聚，那么，它本身比较高的环境全要素生产率并不能促进相邻地区环境全要素生产率水平的提高，反而对相邻地区发展有抑制作用，因而，可以认为该地区是环境全要素生产率的“极化中心”。

我国省际累积相对环境全要素生产率表现出显著的东、西部地区空间分块现象。呈现出高—高“优势”集聚状态的省份一般位于东部地区，比如北京市、江苏省、上海市和浙江省等省份；这些省份不但自身环境全要素生产率水平较高，而且具有较强的正向空间溢出效应。呈现出低—低"劣势"集聚状态的省份一般位于中西部地区，比如甘肃省、四川省、青海省和陕西等省份；这表明我国中、西部省份生态经济发展比较滞后，缺乏环境全要素生产率水平较高的省份的正向辐射作用，因而表现出"低—低"的恶性循环。

具体来看，2003 年我国有 6 个省份呈现出显著的 LISA 集聚，其中，江苏省、上海市和浙江省三个省份呈现出高—高聚集类型；甘肃省，青海省和四川省则呈现出低—低聚集类型。2006 年有 8 个省份表现出显著的 LISA 集聚，其中，北京市、天津市、河北省和江苏省四个省份表现为高—高聚集类型；青海省、甘肃省、四川省和陕西省四个省份则表现为低—低聚集类型。2009 年有 10 个省份呈现出显著的 LISA 集聚，其中，江苏省、北京市和河北省三个省份为高—高聚集类型；新疆维吾尔自治区、青海省、甘肃省、贵州省、四川省和陕西省六个省（自治区）属于低—低聚集类型；内蒙古自治区则表现为高—低聚集类型。2013 年有 8 个省份表现出显著的 LISA 集聚，其中，北京市、上海市、浙江省和江苏省四个省（自治区）表现为高—高聚集类型；甘肃省、四川省、新疆维吾尔自治区和陕西省四个省份表现为低—低聚集类型。综上可知，部分省份确实呈现出了局域空间相关性，分地区来看，显著的高—高聚集类型主要分布在东部地区；低—低聚集类型则主要分布在中、西部地区。

环境全要素生产率在我国局域空间分布中基本形成了三大集聚区域。第一个是以上海市为中心，与相邻的浙江省和江苏省等形成的长三角高环境全要素生产率聚集区。第二个是以北京市为中心，与相邻的天津市和河北省形成了京津冀高环境全要素生产率聚集区。这两个聚集区都分别有一个以环境全要素生产率水平很高的省份为中心，区域间没有明显的市场分割；资本、技术和人力等资源流动性较高，十分有利于环境技术在区域间的扩散，中心省份对相邻省份的环境技术溢出效应明显。第三个是以青海省为中心，和周围的四川省、甘肃省、新疆维吾尔自治区等西北部省（自治区）形成了低环境全要素生产率聚集区。此聚集区位于我国中西部落后地区，经济基础薄弱，市场化程度偏低，交通运输不够便利，人才、技术等要素流动不畅，没有产生较强的辐射效应，从而西部地区的环境全要素生产率普遍偏低。大部分中部省份都没有通过 LISA 显著性检验，那么，这些省份的局域集聚现象并不明显，其基本状况可能介于上述两类显著性集聚区之间。

综观以上检验结果可知，在 2003~2013 年，尽管存在一定的波动，中国省际环境全要素生产率具有显著的空间正向相关关系。并且环境全要素生产率的空间分布具有稳定的“路径依赖”特点，分别形成了京津冀高环境全要素生产率集聚区、长三角高环境全要素生产率集聚区和西北部低环境全要素生产率集聚区。那么，在不考虑空间效应的情况下研究环境全要素生产率的影响因素可能会产生较大的偏差，不符合实际状况。鉴于此，将空间地理因素纳入到环境全要素生产率影响因素的分析框架中是十分必要的，应该重视地理因素以控制相邻地区的影响。因此，本书运用空间计量经济学模型研究空间地理及其他主要因素对省际环境全要素生产率的影响程度。

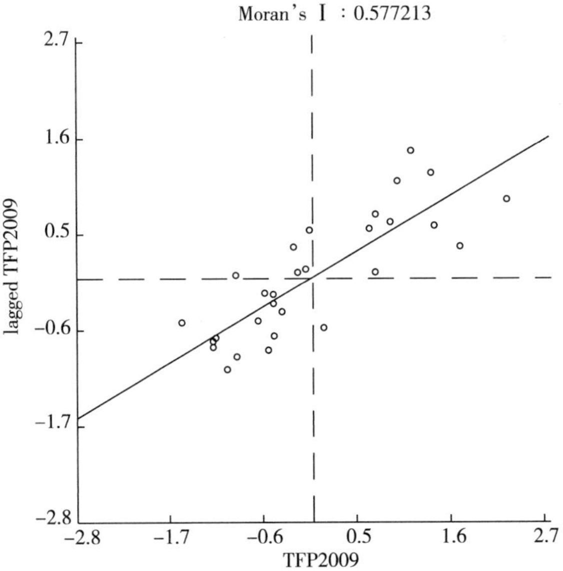

图 5.5　2009 年累积相对环境全要素生产率的 Moran 散点图

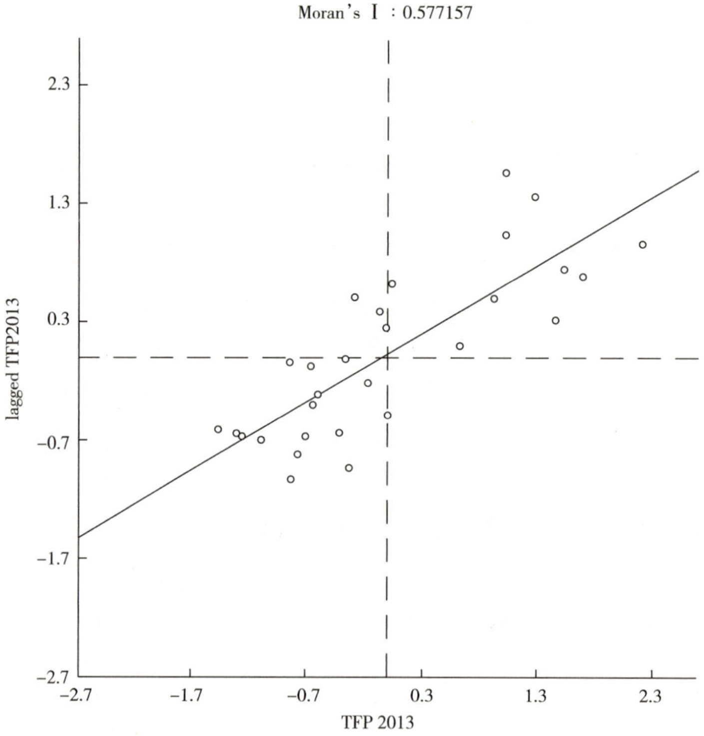

图 5.6　2013 年累积相对环境全要素生产率的 Moran 散点图

第二节　省际环境全要素生产率影响因素分析及指标选择

中国作为最大的发展中国家，在经过改革开放 40 多年的高速发展后已经成了世界第二大经济体。然而，我国的快速发展却是以消耗大量的自然资源为代价的，经济发展的过程中伴随着一系列的环境污染问题。特别是近年来大范围的雾霾天气再次引发了我们对环境问题的忧虑，也再度敲响了污染防治的警钟。然而，要实现环境保护与经济发展的双赢平衡、提高环境全要素生产率水平，首先要找出影响我国省际环境全要素生产率水平的因素是什么？各因素对环境全要素生产率的影响机理如何？只有明白这些问题，才能事半功倍，找到最科学合理的政策措施来提高省际环境全要素生产率水平，改善我国的环境现状，实现经济、环境的协调发展。

第二章的文献综述详细回顾了关于环境全要素生产率的研究成果，发现当前文献对全要素生产率影响因素的指标选取主观性较强，缺乏系统性和逻辑性，对指标选取科学性的理论分析不足；同时，多数文献仅是随意选取若干指标进行实证研究，而缺乏对全要素生产率作用机理的系统分析。鉴于此，本节将系统科学地选取影响因素指标并定性分析技术水平、环境规制等影响因素对省际环境全要素生产率水平的作用机理。

一、环境全要素生产率的影响因素归纳

省际环境全要素生产率关系到“经济—环境—资源”综合系统的各个方面，经济发展水平、结构因素、技术因素、能源因素、环境规制等都会对环境全要素生产率产生影响。但由于笔者研究能力以及计量模型的限制，把所有影响因素都纳入到研究模型中是不现实的。笔者在选择省际环境全要素生产率的影响因素时从两方面考虑：一方面是归纳现有文献对环境全要素生产率影响因素的分析结果，从中遴选出适合本书的指标；另一方面是根据环境全要素生产率的内涵与分解项，从环境技术效率变化和环境技术进步两个角度出发探究其影响因素。

直接研究省际环境全要素生产率水平影响因素的文献寥寥无几，不过研究区域生态效率、中国全要素生产率、工业环境全要素生产率影响因素的研究成果比较多（见表 5.6），从中也可以受到启发，筛选出环境全要素生产率的影响指标。王兵等（2010）研究发现，外商直接投资、资源禀赋结构、所有制结构因素都对中国区域环境全要素生产率产生显著的正向影响，而产业结构因素、能源结构因素、政府环境规制对我国区域全要素生产率产生负向影响；Loko 等（2009）主要研究了通货膨胀水平、政府规模、贸易开放、外商直接投资、人口密度、制度因素、产业结构等因素对全要素生产率的影响；刘华军和杨骞（2014）研究结果表明，经济发展水平、科技水平以及贸易开放因素对中国环境全要素生产率增长具有显著的正向促进作用，而能源结构、要素禀赋结构以及产业结构等因素对环境全

要素生产率增长具有显著的负向阻碍作用；梅国平等（2014）研究结果表明，经济发展水平对中国资源环境约束下的全要素生产率的提高存在显著的正向影响，而要素禀赋、能源结构以及产业结构等对全要素生产率产生显著的负向影响；潘兴侠（2014）研究，发现经济发展和区域生态效率呈现出负相关的关系，产业结构与技术投入对区域生态效率的提升作用显著，而环保投资却对区域生态效率有显著的负面影响；Fleisher 等（2010）研究发现，人力资本因素、新技术扩散、物质资本因素、基础设施水平以及市场结构等因素都会直接或间接的影响全要素生产率增长；陈玉桥（2013）经研究指出，经济发展水平、对外开放度以及外商直接投资对中国各省份环境技术效率有显著的正向提升作用，而环境治理、产业结构对环境技术效率有负向影响；钱争鸣和刘晓晨（2014）研究发现，长期治污投资、人均 GDP 以及研发投资对我国绿色经济效率具有显著的提高作用，而产业结构、经济开放水平等因素对绿色经济效率具有负向影响。Zaim 等（2000）重点分析了人均国内生产总值、人口密度、环境研究与开发支出以及制造业总产值占 GDP 的比重对 OECD 国家环境效率的影响，并通过在经典面板回归分析中加入人均国内生产总值的平方项，验证了环境库兹涅茨曲线的存在；李小胜和宋马林（2015）通过空间面板数据回归模型发现，经济发展水平、技术进步与对外开放水平的提升会对环境全要素生产率有正向影响，而城市化进程与结构调整都会阻碍环境全要素生产率的提高；张胜利和俞海山（2015）研究结果表明能源结构、工业结构、技术投入、能源强度与价格水平等因素都对我国工业碳排放效率产生重要影响。

由表 5.6 可以看出，尽管不同文献中对影响因素指标的选择各不相同，但大体上可以归纳为经济发展状况、对外因素、科技水平以及结构因素等几个方面：

（1）经济发展状况，主要包括人均 GDP、人均 GDP 的平方、城市化率、居民收入、宏观经济稳定性、交通基础设施以及城乡收入差距等具体指标。

（2）对外因素。主要包括进出口总额占国内生产总值的比重、外商直接投资占 GDP 的比重、外商直接投资额、外商直接投资企业总产值以及外贸依存度等具体指标。

（3）科技水平因素。主要包括研发投入强度、研发投资总额、专利申请数、人力资本强度、劳动力受教育水平以及技术引进等具体指标。

（4）结构因素。主要包括三大产业机构占比、工业总产值占比、高新技术企业占比、国有企业占比、资本—劳动比、要素禀赋结构、煤炭消费量占能源消费总量的比重、工业所有制结构以及农业结构等具体指标。

（5）能源因素。主要包括能源消耗强度、能源结构、能源基础设施以及能源价格水平等具体指标。

（6）政府控制力。主要包括排污费征收总额、环境污染治理投资总额、政府财政支出占 GDP 的比重、地方环境法规与规章制度数目、地区污染治理投资完成额占 GDP 比重、排污费收入占工业增加值比重、政府规模、工业污染治理投资完成额以及政府资源环境管制政策等具体指标。

笔者也试图从经济发展水平、外资利用因素、技术进步因素、产业结构因素、能源消耗因素和政府环境规制这六个方面着手，并结合环境全要素生产率的内涵甄选出最具代表性的影响因素指标。

表 5.6 省际环境全要素生产率影响因素相关文献归纳

作者、年份	研究样本	影响因素选取	作用对象
王兵，吴延瑞，颜鹏飞（2010）	1998~2007 年中国 30 个省份	经济发展 、结构因素、企业环境管理、外资因素、环境规制、公众环保意识	环境全要素生产率
刘华军，杨骞（2014）	2000~2011 年中国 30 个省份	经济发展水平、贸易开放度、能源结构、科技水平、要素禀赋、外商投资、产业结构、环境规制	环境全要素生产率增长
梅国平（2014）	2001~2011 年我国 29 个省级地区	经济发展水平、要素禀赋、产业结构、能源结构、外商投资、公众参与、科技水平、政府规制	资源环境全要素生产率
Loko，Diouf（2009）	1970~2005 年马格里布地区	宏观经济因素、贸易开放、技术溢出效应、劳动力质量、制度因素、产业结构	全要素生产率
Fleisher（2013）	1985~2003 年全国 30 个省市	人力资本、基础设施、市场结构、物质资本、技术传播	省际全要素生产率

续表

作者、年份	研究样本	影响因素选取	作用对象
潘兴侠（2014）	2005~2011 年中国 30 个省份	经济发展 、环境政策、人力资本、产业结构、科技水平、外资水平	区域生态效率
Zaim，Takin（2000）	1980 ~ 1990 年 25 个 OECD 国家	经济发展水平、人口密度、环境研究与开发支出、产业结构	环境效率
王群伟，周鹏，周德群（2010）	1996~2007 年中国 28 个省份	能源强度因素、产业结构因素、所有制结构因素、经济发展水平、对外开放水平	二氧化碳排放绩效
李小胜，宋马林（2015）	1997~2011 年中国大陆 30 个省份	人均 GDP 对数、经济结构因素、城市化进程、经济开放水平、城市化进程	环境全要素生产率
陈玉桥（2013）	2000~2009 年我国 29 个省（市）	人均产出水平 、产业结构、外贸依存度、环境治理、对外开放水平	省域环境技术效率
钱争鸣，刘晓晨（2014）	2000~2010 年中国 30 个省（直辖市、自治区）	经济发展状况、经济开放水平、产业结构、研发投资	绿色经济效率

注：根据权威性期刊具有代表性的相关文献整理得出。

二、影响因素机理分析及指标选择

由上文分析可知，影响环境全要素生产率增长的因素涉及“经济—环境—资源”系统的方方面面，在当前条件下，任何一种分析框架都不可能穷尽所有影响因子。鉴于此，笔者在归纳大量已有文献的基础上，结合研究区间内数据的可得性，从经济发展水平、外资利用因素、技术进步因素、产业结构因素、能源消耗因素和政府环境规制六个方面出发，研究其对省际环境全要素生产率增长的影响。

从环境全要素生产率的内涵来看，环境全要素生产率是指，将环境变量纳入到传统全要素生产率模型中，在环境约束下所测度的经济增长情况。而环境全要素生产率可以分解为环境技术效率变化与环境技术进步，这两项变动导致环境全要素生产率的变动。因而，所有的影响因素都是通过改变自身性质从而对环境技术进步或环境技术效率产生影响，进而影响环境全要素生产率的变化。如图 5.7 所示，直观地展示了各类影响因素对省际环境全要素生产率的作用途径。

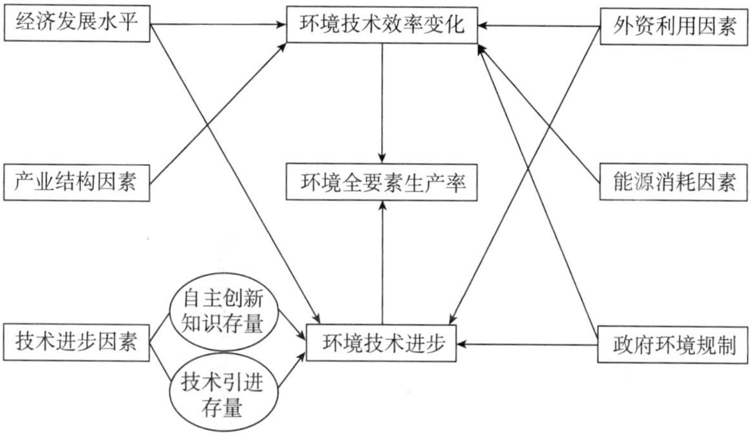

图 5.7 省际环境全要素生产率影响因素的作用机理

（一）经济发展水平

经济发展水平是一个地区经济发展状态和发展潜力的标志。衡量一个地区的经济发展水平，不但要分析经济规模是否扩大，还应该考察经济质量是否有所提高。如果一个地区的经济规模扩大，则为科技创新提供了丰富的物质基础，从而推动环境技术进步，最终导致环境全要素生产率水平的提高。并且随着经济发展水平的提高，社会公众会对环境质量有更高的要求，这会进一步促进产业结构优化升级，从而带动环境全要素生产率的提升。而如果一个地区的经济发展属于要素驱动型的粗放增长，在经济规模扩大的同时经济质量并未改善，那么，资源投入与能源消耗的增多导致污染排放量也相应增多，进而会对环境全要素生产率产生负面影响。除此之外，经济发展的内涵之一就是经济效率的提高，这又必然会促进环境全要素生产率的提高。因此，经济发展水平对省际环境全要素生产率的影响主要取决于经济质量提升与否，暂时还不能准确判断其对环境全要素生产率影响的方向。笔者选择人均地区生产总值作为经济发展水平的代表性指标。

（二）外资利用因素

对外因素一般包括对外开放程度与外资利用情况。考虑到指标选择的全面性与代表性，本书主要研究外资利用情况（外商直接投资）对环境全要素生产率的影响。关于外商直接投资对环境的影响学术界尚未达成共识：一种观点是“污染避难所”假说（List 和 Catherine，2000），该假说认为，一些发展中国家为了解决资金短缺问题而降低环境规制标准，引进高能耗高污染的行业，从而沦为发达国家的“污染避难所”，加剧本国的环境污染问题；另一种观点则认为外商直接投资的生产活动具有规模效益递增的特征，在严格的环境标准条件下的生产活动会给引进国带来先进的技术与管理经验，从而改善环境质量，促进环境全要素生产率水平的提高。由上述分析可知，外商直接投资（FDI）对省际环境全要素生产率的影响机理比较复杂：一方面，通过外商直接投资可以引进许多国外的先进环境技术与管理方法，进而推动环境技术进步，提高环境全要素生产率；另外，外资企业会对我国同类企业造成竞争压力，这会进一步促进国内企业进行技术创新、学习先进管理经验，进而提高环境全要素生产率。然而，另一方面，一些资本密集型与劳动密集型的外资企业可能是发达国家为本国利益而转移到发展中国家的，这些资本、劳动密集型企业会阻碍环境全要素生产率的增长；此外，外商直接投资在扩大东道国生产规模与总产出量的同时，也消耗了更多的资源与能源，排放了更多的环境污染物，这也会降低环境全要素生产率水平。鉴于此，外商直接投资对省际环境全要素生产率的影响方向也还有待实证检验，进而分析“污染天堂假说”在省际环境污染中是否成立。笔者选择各省份外商直接投资强度（即外商直接投资占地区生产总值的比重）作为外资利用因素的替代指标。

（三）技术进步因素

技术进步是环境全要素生产率的重要分解项，特别是在希克斯中性条件下，环境技术进步就是环境全要素生产率。内生增长理论认为技术进步会提高资源、能源的使用效率，使自然资源得到节约与循环利用，从而相应地减少了污染排放与环境破坏，因此技术进步因素对省际环境全要素生产率的影响方向预期为正。技术进步是一个地区经济发展的重要推动力，同时，自主创新与技术引进是促进技术进步的两种主要途径。然而，关于自主创新与技术引进对经济增长的作用，学术界并没有达成共识，研究自主创新和技术引进对省际环境全要素生产率影响作用的文献更是少见。因而本书将考察自主创新和技术引进对环境全要素生产率影响的差异，判断出提升环境全要素生产率的技术创新路径。

自主创新主要是指创新主体通过自身的努力和探索，依赖本身具有的资源与能力实现的创新活动。关于自主创新的替代指标，现有文献多数采用研发经费支出来表示（吴青青，2015；潘兴侠，2014；刘华军等，2014；张胜利等，2015 等）。但笔者认为这一指标有很大缺陷：首先，研发经费支出只能反映自主创新活动的投入状况而不是产出状况，在一些中小型企业中还存在许多非正式的研发创新活动；其次，也有文献指出，研发投入与产出之间并不存在线性关系；再次，关于研发经费支出的最终用途是不得而知的，因而，使用研发经费支出衡量自主创新情况可能会产生较大偏差。根据数据的可得性，笔者选择各省份专利授权数量构建的“自主创新知识存量”作为衡量地区自主创新状况的替代指标。尽管专利指标也存在一些缺陷，诸如某些行业的创新并没有申请专利、获得专利的发明创新可能存在很大的质量差别、专利之间的经济效益差异较大等。但相对于其他衡量自主创新的指标而言还是具有很大的优势：首先，专利的内涵和自主创新联系密切；其次，专利数据可以在官方数据库中获得，数据来源可靠；再次，专利数据能较好地反映自主创新的成果。因而，笔者从研发产出的角度，选择专利数据构建“自主创新知识存量”作为替代指标衡量各省的自主创新情况。技术引进主要是指引进发达国家的先进技术并同时进口相应的技术设备与管理方法，把所引进的技术知识与管理方法的效用发挥到最大化。由于官方统计数据库中并没有“技术引进”这一指标，因而也需要进行指标替代。参考相关文献，大部分学者采用国外技术引进合同经费作为技术引进的替代指标。鉴于此，笔者也选择国外技术引进合同金额构建的“技术引进存量”来衡量技术引进情况。

（四）产业结构因素

产业结构是产业经济学的专业术语，通常指的是三大产业的构成情况与各产业间的联系与比例关系。不同的产业结构，各部门间的比例关系有所差异，从而对经济发展的推进作用也有所区别。已有研究证明，第一产业、第二产业和第三产业的生产效率依次递增，由此可知，产业结构主要影响环境技术效率变化，进而对环境全要素生产率产生影响。根据产业结构的演化趋势，第一产业所占的比重会越来越低，而第二产业与第三产业所占比重会越来越高。众所周知，第二产业主要包括制造业、采掘业、煤炭与电力的生产业等，这些重工业部门的特点就是资源、能源投入量大，污染排放量多。而第三产业主要包括的是为提高科学文化技术水平和居民素质以及为生产、生活服务的行业。由此可知，第三产业的比重越高、第二产业的比重越低，则环境全要素生产率就会越高。因而，笔者选择第二产业增加值占地区生产总值的比重作为产业结构因素的代表指标，并预期其对环境全要素生产率产生负向影响。

（五）能源消耗因素

相当一部分的污染排放是由于能源消耗造成的，能源消耗会增加非期望产出（环境污染物），进而降低环境技术效率。因而，能源消耗因素主要影响环境技术效率变化，进而对环境全要素生产率产生影响。尽管能源消耗强度能在一定程度上反映环境污染状况，但也能同时反映出经济增长状况，这是由于更多的能源消耗表明经济在发展，同时环境污染排放也在增多，因而其对省际环境全要素生产率影响作用的方向还暂时不能确定，要根据后文的实证分析决定。笔者选择万元 GDP 能耗作为能源消耗因素的代表性指标。

（六）政府环境规制

根据现代经济增长理论可知，政府环境规制政策对环境保护与经济发展的“双赢”平衡具有重要的推动作用。通过地方政府制定相应的环境规章与政策，可以减少环境污染所形成的外部不经济性，进而对省际环境全要素生产率起到正向提升的作用，促进经济环境的协调可持续发展。我国的政府环境规制基本可以分为三种类型：第一种是政府行政管制与财政提供，其中政府的行政管制一般是指中央政府颁布的法律、禁令、环境政策以及地方政府制定的规章制度等，同时，政府采用公共财政建设的自然保护区、生态工业园等也属于这种类型；第二种是引导社会公众与私有部门参与；第三种是运用市场经济手段，这也是最有效的一种政府规制工具。具体来看，政府环境规制会对环境全要素生产率产生两种不同方向的影响：一方面，比较传统的观点指出，政府环境规制会将环境的外部成本内部化，从而会提高企业的生产成本，降低企业的竞争力，进而导致环境全要素生产率的下降。另一方面，“波特假说”认为，尽管政府环境规制在短期内会导致企业生产成本的提高，但从长期来看，科学合理的政府环境规制会刺激环境技术创新，从而减少污染排放，提高生产质量，进而提升环境全要素生产率；除此之外，政府环境规制还会提高社会公众的环境意识，在全社会形成重视环境质量、积极参与并监督环保的良好风气，这也有利于环境全要素生产率的提高。因而，政府环境规制会从环境技术效率变化和环境技术进步两个方面影响省际环境全要素生产率，至于其最终是产生正向影响还是负向影响，还有待进一步实证分析。由于政府环境规制难以量化，因而，笔者通过借鉴现有文献中多数学者的方法（徐晶晶，2015；张胜利等，2015；潘兴侠，2014；钱争鸣等，2014 等），选择各省份污染治理投资完成额占地区生产总值的比重来衡量政府环境规制因素。

除了以上归纳的六类影响省际环境全要素生产率的主要因素，许多文献都忽视了空间地理因素的作用。根据空间计量经济学理论，某一地区和其相邻地区之间就某种经济地理现象或者某个属性值存在空间相关关系。如果忽略了这种空间地理因素，假设经济行为仅仅是发生在过滤空间维度后的“点”上，则会导致计量分析结果偏离实际情况，而由此产生的政策建议也会产生误导作用。空间计量经济学家 Anselin 明确提出，在涉及空间地理数据的经济分析中，如果没有考虑空间相关性，则其实证分析结果还有待商榷（Anselin，2003）。我国改革开放 40 多年以来，工业化与城市化水平迅速提高，市场开放程度也不断增强，区域间贸易流通越来越频繁，这导致生态经济增长已经突破了省际局限，省际空间效应愈发明显。因而，笔者采用空间计量经济模型来进一步实证检验空间地理因素对我国省际环境全要素生产率的影响作用。预计省际环境全要素生产率会受到相邻省份生产率的影响，即空间地理因素对环境全要素生产率产生正向影响。

空间地理因素的代表指标即为空间面板模型中的空间自回归系数以及空间相关误差参数。表 5.7 是本书选择的省际环境全要素生产率影响因素指标说明，其具体数据来源、处理方法与统计描述在后文中会进一步说明。

表 5.7 省际环境全要素生产率影响因素的指标选择与说明

影响因素	变量符号	具体指标	预计方向
经济发展水平	Ln(RJGDP)	人均地区生产总值的对数	待实证检验
外资利用因素	WZLY	外商直接投资占地区生产总值的比重	待实证检验
技术进步因素	Ln(ZHCX)、Ln(JSYJ)	自主创新知识存量、技术引进存量	正向
产业结构因素	CYJG	第二产业增加值占地区生产总值的比重	负向
能源消耗因素	NYXH	万元 GDP 能耗	待实证检验
政府环境规制	HJGZ	污染治理投资完成额占地区生产总值的比重	待实证检验
空间地理因素	ρ/λ	空间自回归系数、空间相关误差参数	正向

注：根据已有文献归纳以及环境全要素生产率的内涵筛选得出。

第三节　空间计量模型与数据来源

由前文分析可知，省际环境全要素生产率存在空间自相关性，不符合传统计量经济模型的“区域单元相互独立”的前提假设，因而，有必要把空间地理因素纳入到分析框架中，建立空间计量经济模型。本节主要介绍经典的空间计量经济模型。

一、空间计量模型与方法

1979 年，荷兰学者 Paelinck 首次提出空间计量经济学的概念。此后，随着学术界对空间经济效应的日益关注，空间计量经济学逐步形成了比较完整的理论框架。空间计量经济学主要研究在横截面数据（Cross-section Data）和面板数据（Panel Data）模型中如何处理空间相互作用与空间结构等问题，是计量经济学的一个重要分支。近年来，随着与地理对应的社会经济数据库的广泛应用和地理信息系统（GIS）以及空间数据分析软件的发展，空间计量模型被应用在社会科学的诸多领域，尤其在经济领域的运用十分热门，成为计量经济学理论的又一大亮点。空间计量经济学模型的种类很多，其中，最经典的两个模型就是空间自回归模型（SAR model）与空间误差模型（SER model）。

（一）基本空间计量经济模型

1. 空间自回归模型

空间自回归模型（SAR）主要研究的是各变量是否具有空间溢出效应（扩散现象），是标准的回归计量模型加上空间滞后因变量，如式（5.6）所示。

$$
\begin{aligned}
&Y=\rho WY+X\beta+\mu \\
&\mu \sim N(0,\ \sigma^2 I_n)
\end{aligned}
\tag{5.6}
$$

在式（5.6）中，Y 是被解释变量；X 是 $n\times k$ 阶外生解释变量矩阵；ρ 是空间自回归系数，能够反映被解释变量的空间交互效应大小，取值范围为［-1，1］；W 是 $n\times n$ 的空间权重矩阵；μ 是随机误差项；而 WY 为空间滞后因变量，属于内生变量，可以反映出空间关系对区域经济的影响。

空间自回归模型说明某个省份的环境全要素生产率水平不但会受到主要外生变量的影响，而且还会受到邻接省份对环境全要素生产率的影响。如果构建的空间自回归模型正确并通过了所有显著性检验，那么，省际环境全要素生产率存在明显的空间交互作用。

2. 空间误差模型

空间误差模型（SEM）与空间滞后模型的区别之处在于，空间误差模型认为空间效应存在于不可观测的随机误差项中，测度的是邻接省份所不能忽视的因变量的误差冲击对本省份属性值的影响程度。如式（5.7）所示。

$$
\begin{aligned}
&Y=X\beta+\varepsilon \\
&\varepsilon=\lambda W\varepsilon+\mu \\
&\mu \sim N(0,\ \sigma^2 I_n)
\end{aligned}
\tag{5.7}
$$

在式（5.7）中，λ 是 $n\times1$ 的因变量空间相关误差系数，能够测度邻接省份的因变量的随机冲击对本省份观测值的影响，取值也为［-1，1］；ε 是随机误差项；而 μ 是正态分布的随机误差向量。

（二）空间面板计量模型

近年来，面板计量模型是学术界关注的焦点，空间计量方法也已经扩展到了面板数据。与截面数据计量模型相比，面板数据计量模型有助于一般模型的扩展，并且提供的信息量更大。本节主要对两种空间面板计量模型进行分析：基于固定效应的空间自回归模型和基于固定效应的空间误差模型。

1. 基于固定效应的空间自回归模型

基于固定效应的空间自回归模型如式（5.8）所示。

$$
\begin{aligned}
&Y_t=\rho WY_t+X_t\beta+u+\mu_t \\
&\mu_t\sim N(0,\ \sigma^2 I_n)
\end{aligned}
\tag{5.8}
$$

在式（5.8）中，$t=1,\ 2,\ \cdots,\ T$ 表示不同的年份；Y_t 即为（y_{1t}，y_{2t}，$\cdots$，y_{nt}）$'$，表示在时刻 t，n 个截面数据的被解释变量，即省际环境全要素生产率；而 X_t 即为（x_{1t}，x_{2t}，$\cdots$，x_{nt}）$'$，表示在时刻 t，n 个截面数据的解释变量；u 即为（u_1，u_2，$\cdots$，u_n）$'$，表示回归模型中的个体效应；而 μ_t 即为（μ_{1t}，μ_{2t}，$\cdots$，μ_{nt}）$'$表示服从正态分布的随机误差项；W 表示空间权重矩阵；β 是解释变量 X_t 的回归系数；而 ρ 是有待估计的参数，即空间自回归系数，表示某个省份的被解释变量 Y_t 的空间溢出效应与空间溢出的平均强度。

2. 基于固定效应的空间误差模型

基于固定效应的空间误差模型如式（5.9）所示。

$$
\begin{aligned}
&Y_t=X_t\beta+u+\varepsilon_t \\
&\varepsilon_t=\lambda W\varepsilon_t+\mu_t \\
&\mu_t\sim N(0,\ \sigma^2 I_n)
\end{aligned}
\tag{5.9}
$$

在式（5.9）中，$t=1,\ 2,\ \cdots,\ T$，Y_t 即为（y_{1t}，y_{2t}，$\cdots$，y_{nt}）$'$，表示在时刻 t，n 个截面数据的被解释变量；而 X_t 即为（x_{1t}，x_{2t}，$\cdots$，x_{nt}）$'$，

表示在时刻 t，n 个截面数据的解释变量；u 即为 $(u_1, u_2, \cdots, u_n)'$，表示回归模型中的个体效应；而 μ_t 即为 $(\mu_{1t}, \mu_{2t}, \cdots, \mu_{nt})'$ 表示服从正态分布的随机误差项；W 表示空间权重矩阵；β 是解释变量 X_t 的回归系数；而 λ 是有待估计的参数，表示某个省份的随机误差项 ε_t 被邻接省份 ε_t 影响的程度。

（三）空间计量经济模型的估计

不同形式的空间计量经济模型的估计方法也有所差异，本章实证研究主要用到基于面板数据的空间自回归模型（5.8）和基于面板数据的空间误差模型（5.9），因此，本节主要对这两种模型的估计方法进行介绍。

由于空间计量经济模型的解释变量具有内生性，采用传统的最小二乘估计方法（OLS）会出现偏差，因而 OLS 不是理想的估计方法。适用于空间回归模型的方法主要包括：广义最小二乘法（GLS）、最大似然估计法（ML）、工具变量法（Ⅳ）、广义矩估计方法（GMM）等。每种估计方法都具有优点和局限性，笔者根据 Anselin（1988）的观点，选择最大似然估计法（ML）对空间回归模型进行估计。

为了对基于固定效应的面板数据空间自回归模型（5.8）的参数 β 和 ρ 进行估计，先要对个体效应 u 进行消除，根据式（5.8）可以得出：

$$(I-\rho W)Y_t = X_t\beta + u + \mu_t \quad t = 1, 2, \cdots, T \tag{5.10}$$

再把以上 T 个式子求和后等式两边同时除以 T：

$$(I-\rho W)\frac{1}{T}\sum_{t=1}^{T}Y_t = \frac{1}{T}\sum_{t=1}^{T}X_t\beta + \frac{1}{T}\sum_{t=1}^{T}u + \frac{1}{T}\sum_{t=1}^{T}\mu_t \tag{5.11}$$

其中，$\bar{Y} = \frac{1}{T}\sum_{t=1}^{T}Y_t$，$\bar{X} = \frac{1}{T}\sum_{t=1}^{T}X_t$，$\bar{\mu} = \frac{1}{T}\sum_{t=1}^{T}\mu_t$

令式（5.10）~式（5.11），如下所示。

$$(I-\rho W)(Y_t-\bar{Y}) = (X_t-\bar{X})\beta + (\mu_t-\bar{\mu}) \tag{5.12}$$

因为 $\mu_t \sim N(0, \sigma^2 I_n)$，所以 $\bar{\mu} = \frac{1}{T}\sum_{t=1}^{T}\mu_t$ 也符合正态分布，那么，$\mu_t-\bar{\mu}$ 也应该是正态分布。又因为 $E(\mu_t) = 0$，$E(\bar{\mu}) = E\left(\frac{1}{T}\sum_{t=1}^{T}\mu_t\right) = 0$，那么，

$E(\mu_t-\bar{\mu})=E(\mu_t)-E(\bar{\mu})=0$，并且：

$$Var(\mu_t-\bar{\mu})=E\left[\left(\mu_t-\frac{1}{T}\sum_{t=1}^{T}\mu_t\right)\left(\mu_t-\frac{1}{T}\sum_{t=1}^{T}\mu_t\right)\right]$$

$$=\begin{pmatrix} E\left[\left(\mu_{t1}-\frac{1}{T}\sum_{t=1}^{T}\mu_{t1}\right)^2\right] & 0 & \cdots & 0 \\ 0 & E\left[\left(\mu_{t1}-\frac{1}{T}\sum_{t=1}^{T}\mu_{t1}\right)^2\right] & \cdots & 0 \\ \vdots & \vdots & \vdots & \vdots \\ 0 & 0 & \cdots & E\left[\left(\mu_{t1}-\frac{1}{T}\sum_{t=1}^{T}\mu_{t1}\right)^2\right] \end{pmatrix}$$

可以得出：

$$E\left(\mu_{t1}-\frac{1}{T}\sum_{t=1}^{T}\mu_{t1}\right)^2=E\left(\mu_{ti}-\frac{1}{T}\sum_{t=1}^{T}\mu_{ti}\right)^2=\frac{T-1}{T}\sigma^2,\ t=1,\ 2,\ \cdots,\ T$$

那么，$Var(\mu_t-\bar{\mu})=\dfrac{T-1}{T}\sigma^2 I_n$

因而，$\mu_t-\bar{\mu}\sim N(0,\ \tilde{\sigma}^2 I_n)$，并且 $\tilde{\sigma}^2=\dfrac{T-1}{T}\sigma^2$

假定 $\tilde{Y}_t=Y_t-\bar{Y}$，$\tilde{X}_t=X_t-\bar{X}$，那么，根据式（5.12）可得：

$$\tilde{Y}_t\sim N((I-\rho W)^{-1}\tilde{X}_t\beta,\ \tilde{\sigma}^2[(I-\rho W)^{-1}]^2)$$

对于单个 $\tilde{Y}_t$来说，其似然函数可以表示如下：

$$L(\tilde{Y}_t|\rho,\ \beta,\ \tilde{\sigma}^2)=\frac{1}{(2\pi)^{n/2}|\zeta|^{1/2}}$$

$$\exp\left\{-\frac{1}{2}[\tilde{Y}_t-(I-\rho W)^{-1}\tilde{X}_t\beta]'\zeta^{-1}[\tilde{Y}_t-(I-\rho W)^{-1}\tilde{X}_t\beta]\right\}$$

$$=\frac{1}{(2\pi)^{n/2}|\zeta|^{1/2}}\exp\left\{-\frac{1}{2\tilde{\sigma}^2}[(I-\rho W)\tilde{Y}_t-\tilde{X}_t\beta]'[(I-\rho W)\tilde{Y}_t-\tilde{X}_t\beta]\right\}$$

上式中，$\zeta=\tilde{\sigma}^2[(I-\rho W)^{-1}]^2$，假设 $\tilde{Y}_t$ 相互独立，那么，$\tilde{Y}_t$ 联合分布的似然函数可以表示如下：

$$L(\tilde{Y}_1, \tilde{Y}_2, \cdots, \tilde{Y}_T \mid \rho, \beta, \tilde{\sigma}^2)$$
$$=\left(\frac{1}{(2\pi)^{n/2}|\zeta|^{1/2}}\right)^T \exp\left\{-\frac{1}{2\tilde{\sigma}^2}\sum_{t=1}^{T}[(I-\rho W)\tilde{Y}_t-\tilde{X}_t\beta]'[(I-\rho W)\tilde{Y}_t-\tilde{X}_t\beta]\right\}$$

等式两边取对数得到：

$$\mathrm{Ln}(L) = -\frac{nT}{2}\ln(2\pi\tilde{\sigma}^2) + T\ln|(I-\rho W)| - \frac{1}{2\tilde{\sigma}^2}\sum_{t=1}^{T}[(I-\rho W)\tilde{Y}_t-\tilde{X}_t\beta]'[(I-\rho W)\tilde{Y}_t-\tilde{X}_t\beta]$$

假设只有 $\tilde{\sigma}^2$ 是未知参数，则上式的最大化条件为：

$$\tilde{\sigma}^2 = \frac{\sum_{t=1}^{T}[(I-\rho W)\tilde{Y}_t-\tilde{X}_t\beta]'[(I-\rho W)\tilde{Y}_t-\tilde{X}_t\beta]}{nT}$$

采用重复迭代方法（Anselin，1988）可以解决该极大化条件问题。同理，采用相似的方法可以对基于固定效应的面板数据空间误差模型进行估计，即在一定的假设前提下，将模型表示为最大似然函数的对数形式，进而根据对数似然函数的极值条件估计模型的参数值，此处不再详述。

（四）空间计量经济模型的选择方法

基于截面数据的空间回归经济模型数据量较少，造成自由度偏低；而基于面板数据的空间计量经济模型不但考虑了变量的空间效应，还考虑了时间因素与截面因素。因而，本章将采用基于面板数据的空间计量经济模型对省际环境全要素生产率的影响因素进行实证分析。

如前文所述，基于面板数据的空间计量经济模型主要包括空间自回归模型和空间误差模型；而面板数据模型又包括固定效应模型与随机效应模型；固定效应模型还包括个体固定效应、时间固定效应以及个体、时间双固定效应等类型。鉴于此，在构建空间回归模型之前，首先要对计量模型进行选择。

1. 空间自回归模型与空间误差模型的选择方法

如图 5.8 所示，选择空间计量经济模型的流程一般如下：首先不考虑空间相关性，采用传统的最小二乘方法（OLS）进行回归的同时检验计量模型的空间相关性，分析 LM-lag 与 LM-err 的显著性。如果二者都不显著，则直接采用传统的 OLS 回归模型进行实证分析；如果 LM-lag 显著，则适合采用空间自回归模型；如果 LM-err 显著，则适合采用空间误差模型；如果二者都显著，则要继续分析 Robust LM-lag 和 Robust LM-err 的显著性。如果 Robust LM-lag 比 Robust LM-err 更为显著，则适合采用空间自回归模型；反之，则适合采用空间误差模型。根据蒙特卡罗实验结果，上述空间计量经济模型的选择方法是有效的（Rey，2011）。

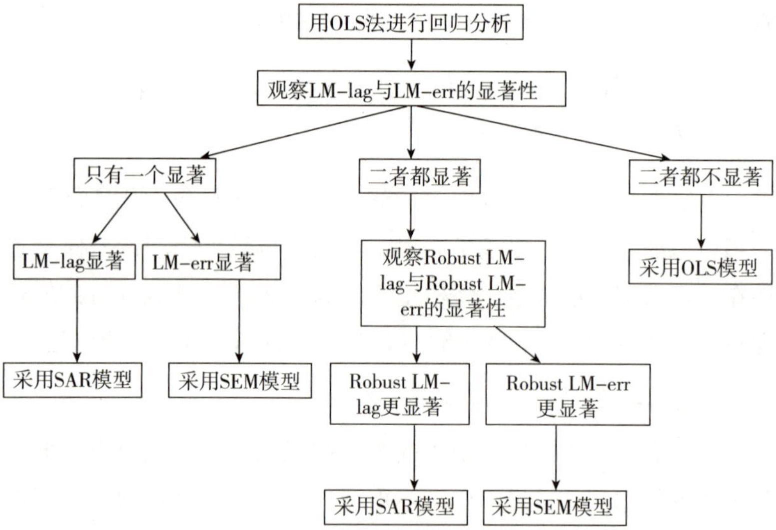

图 5.8　空间计量经济模型的一般选择流程

2. 面板随机效应与固定效应的选择方法

面板随机效应与固定效应的选择方式有两种：一种是用固定效应模型进行计量分析，而后进行似然比 LR 检验分析，如果检验统计量能通过 5% 的显著性水平检验，则采用固定效应模型；另一种是用随机效应模型进行计量分析，并进行 Hausman 检验，如果 Hausman 检验统计量能通过 5% 的显著性水平检验，则选择随机效应模型是合理的。

除此之外，还有一些检验统计量也可以作为空间计量经济模型的判定标准：比如拟合优度（R^2）、似然比率、施瓦茨准则（SC）、自然对数似然函数值（Ln(L)）以及赤池信息准则（AIC）等。如果AIC与SC值越小，而R^2和Ln(L)越大，则空间计量经济模型的拟合度更高。

二、样本数据来源

根据前文的分析，在归纳当前研究成果并结合数据的可得性以及本书研究需要的基础上，笔者选择省际环境全要素生产率指数作为空间面板计量模型的被解释变量，并选择经济发展水平、外资利用因素、技术进步因素、产业结构因素、能源消耗因素和政府环境规制因素作为模型的解释变量。本章使用分省面板数据，结合与前文的衔接性和数据的可得性，所有变量的样本区间为2003~2013年。同时，由于数据缺失问题严重，西藏自治区被剔除在外，重庆市与四川省的数据合并后考虑①，本章内容选择除去中国香港、澳门、中国台湾和西藏自治区外的29个省（直辖市、自治区）为研究对象。数据来源于2003~2014年的《中国统计年鉴》《中国科技统计年鉴》《中国能源统计年鉴》《中国环境统计年鉴》、各省份的统计年鉴以及中国经济与社会发展统计数据库。具体指标及数据来源如下所示。

（一）被解释变量

笔者在第四章已经阐释过，除了环境全要素生产率的增长率之外，相对环境全要素生产率水平被认为是衡量长期经济增长更为合适的指标。鉴于此，本研究选择累积相对环境全要素生产率指数（CETFP）作为空间面板计量模型的被解释变量。这一指标的样本数据在第四章已经进行了测算，需要注意的是，第四章测算的省际累积相对环境全要素生产率是以2002年的环境技术效率值为基期环境全要素生产率水平的，详细数据如表

---

① 由于在测算资本存量时，采用张军等（2004）的省际资本存量估计数据并以同样的算法将时间延长到2013年，为了数据的连续性与可操作性，参照其处理方式把重庆市归入四川省。

4.5 所示。

（二）经济发展水平

为了消除人口数量对经济增长测度的影响，笔者选择人均地区生产总值的对数作为经济发展水平的替代指标，用符号 Ln（RJGDP）表示。人均地区生产总值是由各省地区生产总值除以其人口数量计算得出的。其中，各省份的地区生产总值以 2002 年为基期，根据各地区的 GDP 指数，折算为 2002 年不变价。并且，为了缓解异方差现象，对人均地区生产总值进行对数处理，这不会对变量之间的协整关系产生影响，而且还会消除人均地区生产总值绝对数与被解释变量“省际环境全要素生产率水平”在量纲上的差别。原始数据来源于历年的《中国统计年鉴》。

（三）外资利用因素

为了避免直接使用外商直接投资额可能造成的共线性问题，笔者选择各省份的外商直接投资强度（即外商直接投资额占地区生产总值的比重）作为外资利用因素的替代指标，用符号 WZLY 表示。需要注意的是，为了货币单位的统一性，采用历年的人民币汇率对外商直接投资额进行了单位转化处理。引入该指标可以检验“污染天堂”假说在省际环境污染中是否成立。数据来源为 2003~2014 年各省份的统计年鉴以及中国经济与社会发展统计数据库。

（四）技术进步因素

如前文分析，关于技术进步因素，本章分别考察自主创新与技术引进对省际环境全要素生产率的影响。

1. 自主创新

自主创新选择各省份专利授权数量构建的“自主创新知识存量”作为替代指标，用符号 ZHCX 表示。之所以构建“自主创新知识存量”是因为国家或区域所具有的技术水平在很大程度上依赖于过去研究开发活动所积累的知识与经验，“自主创新知识存量”能比较准确的衡量一个地区的技术进步能力与潜力（魏巍贤等，2010）。

构建自主创新知识存量需要重点分析两个因素：第一是知识的衰减

率，表示旧的知识与技术的老化速度。也就是说，由于新发明与新技术的不断出现，已有旧的知识与技术也就逐渐被淘汰。第二是知识的扩散率，在通常情况下，一种新知识或者新技术从产生到大规模的应用需要经过一段时间，也就是存在“技术扩散”的过程。鉴于此，在构建自主创新知识存量的过程中要考虑到从新专利产生到实际大规模应用存在一定的滞后，也就是需要衡量知识的扩散率。本书借鉴 Popp（2001）的思路，使用各省份的专利授权数量构建知识存量指标，并采用此指标估计自主创新对省际环境全要素生产率水平的影响，其测算方法如式（5.13）所示①。

$$ZS_{i,t} = \sum_{s=0}^{\infty} e^{-\beta_1 s}(1 - e^{-\beta_2(s+1)})ZLSQ_{i,s} \tag{5.13}$$

在式（5.13）中，$ZS_{i,t}$ 代表第 i 个省（直辖市、自治区）在第 t 年的知识存量；β_1 代表知识的衰减率；β_2 代表知识的扩散率；$ZLSQ$ 代表专利授权数量；s 代表从基期到当前年份的时间②。

根据式（5.13），测度自主创新知识存量的难点在于确定知识衰减率 β_1 与知识扩散率 β_2。由于知识衰减率 β_1 难以直接计算，国外学者通常对此进行间接测算：一种方法是根据某种技术的平均使用寿命的倒数来表示知识衰减率；另一种方法是通过计算专利残存件数来衡量。国内已经有学者通过以上两种方法对我国自主创新知识存量的衰减率进行了测算，结果分别是7%与36%③。通过与大量国外文献进行比较分析（美国的平均知识衰减率 β_1 是44%④），用7%作衰减率明显偏低，因而，笔者选择36%作为知识衰减率 β_1。根据 Popp（2001）的测度结果，专利技术的扩散率大约是3%⑤，因此，笔者选择3%作为知识扩散率 β_2。在知识衰减率 β_1 与知识

---

① Popp D. Induced Innovation and Energy Prices [J]. The American Economic Review, 2001 (4): 160~180.

② 为了保证当前年份的自主创新知识存量不是0，知识的扩散率是与 s+1 相乘，详细的前提假设与推导过程见 Popp（2001）。

③ 蔡虹，许晓雯．我国技术知识存量的构成与国际比较研究［J］．研究与发展管理，2005 (4): 15~20.

④ 根据 Popp（2000）的测算结果，美国的平均知识衰减率是44%。

⑤ Popp（2001）根据一定的样本统计与概率分布测算出专利技术扩散率近似为3%，详细前提假设和推导过程参见相关文献。

扩散率 β_2 确定的基础上，新专利的产生对现有自主创新知识存量的影响也就容易测度了。由式（5.13）可知，某种新专利对当前年份的自主创新知识存量影响为 $e^{-\beta_1 s}(1-e^{-\beta_2(s+1)})$。通过简单运算可以得出，某种新专利在产生后的三年内对现有自主创新知识存量的影响最大；第四年以后，由于知识与技术的除旧更新，技术的陈腐效应超过了扩散效应开始起主导作用。因而，此专利对现有自主创新知识存量的影响逐渐下降，这也符合经济学基本理论。

2. 技术引进

技术引进选择国外技术引进合同经费构建的“技术引进存量”作为替代指标，用符号 JSYJ 表示。笔者采用永续盘存法对技术引进存量进行测度，如式（5.14）所示。

$$K_{it}^{f}=E_{it}^{f}+(1-\delta)K_{i,t-1}^{f} \quad (5.14)$$

在式（5.14）中，K_{it}^{f} 代表第 i 个省（直辖市、自治区）在第 t 年的技术引进存量；K_{it-1}^{f} 代表第 i 个省（直辖市、自治区）在第 $t-1$ 年的技术引进存量；E_{it}^{f} 代表第 i 个省份第 t 年的国外技术引进合同金额；δ 代表折旧率，根据魏巍贤等（2010）的研究成果，本书设定折旧率为 15%①。笔者假设样本期间之前（2002 年以前）所有年份的国外技术引进合同金额的平均增长率是 g（一般设为 5%②），那么，基期国外技术引进存量的计算公式如式（5.15）所示。

$$K_{1}^{f}=E_{1}^{f}\times(1+g)/(1+\delta) \quad (5.15)$$

计算出基期技术引进存量后，就可以根据永续盘存法测算出各省份在所有样本时期内的技术引进存量。需要注意的是，在测算技术引进存量前，要采用历年的人民币汇率对国外技术引进合同金额进行单位转化处理，以便统一货币单位；此外，还要采用历年各省份的固定资产投资价格指数将国外技术引进合同金额折算成实际值。

---

① 魏巍贤，杨芳．技术进步对中国二氧化碳排放的影响［J］．统计研究，2010，27（7）：36~44.

② 吴延兵．自主研发、技术引进与生产率——基于中国地区工业的实证研究［J］．经济研究，2008（8）：51~64.

由于自主创新知识存量指标与技术引进存量指标的数值相对较大，考虑到计量模型的估计需要以及指标的经济意义，笔者对这两个指标的数据进行取对数处理。原始数据来源于2003~2014年《中国科技统计年鉴》、各省份统计年鉴以及中国经济与社会发展统计数据库。

（五）产业结构因素

第二产业特别是工业，在创造地区生产总值的同时，也是环境污染的主要来源之一。本章选择第二产业增加值占地区生产总值的比重作为产业结构因素的替代指标，用符号CYJG表示。原始数据来源于历年的《中国统计年鉴》。

（六）能源消耗因素

笔者选择万元GDP能耗表示能源消耗因素，用符号NYXH表示。原始数据来源于2003~2014年《中国能源统计年鉴》。

表5.8　中国省际环境全要素生产率影响因素指标的统计描述

影响因素	样本数目	平均值	最小值	最大值	标准差
经济发展水平［Ln(RJGDP)］	319	9.8260	8.2164	11.3323	0.6328
外资利用因素（WZLY）	319	0.0257	0.0007	0.1050	0.0207
自主创新因素［Ln(ZHCX)］	319	6.3701	0.9783	10.5247	1.7523
技术引进因素［Ln(JSYJ)］	319	12.7238	7.5073	16.4445	1.7246
产业结构因素（CYJG）	319	47.7922	22.3000	60.1329	7.7580
能源消耗因素（NYXH）	319	1.2988	0.3448	4.5240	0.7169
政府环境规制（HJGZ）	319	0.1760	0.0067	0.9900	0.1395

注：根据《中国统计年鉴》《中国科技统计年鉴》《中国能源统计年鉴》《中国环境统计年鉴》、各省份的统计年鉴以及中国知网统计数据库整理得出。

（七）政府环境规制

为了避免污染治理投资完成额与人均地区生产总值形成共线性，政府环境规制因素采用各省份污染治理投资完成额占地区生产总值的比重（即各省份污染治理强度）作为替代指标，用符号HJGZ表示。引入政府环境规制因素可以检验“波特假说”在中国是否成立。原始数据来源于2003~

2014 年《中国环境统计年鉴》以及各省份的统计年鉴，人均地区生产总值的数据来源同前文所述。

以上中国省际环境全要素生产率影响因素指标的描述性统计分析如表 5.8 所示。需要说明的是，空间地理因素数据需要根据空间面板计量经济模型测算得出，暂时没有相关的统计描述。

第四节　省际环境全要素生产率影响因素的空间面板估计

本节采用 2003~2013 年中国 29 个省（直辖市、自治区）的统计数据构建空间面板计量经济模型，实证分析各影响因素对我国省际环境全要素生产率的影响机理。以各省份累积相对环境全要素生产率指数（CETFP）作为被解释变量；以前文 7 个影响因素指标——人均地区生产总值的对数［Ln(RJGDP)］、外商直接投资强度（WZLY）、各省份自主创新知识存量［Ln(ZHCX)］、国外技术引进存量［Ln(JSYJ)］、第二产业增加值占地区生产总值的比重（CYJG）、万元 GDP 能耗（NYXH）以及各省份污染治理投资完成额占地区生产总值的比重（HJGZ）作为解释变量构建计量经济模型进行分析。为了更清晰的对比，笔者同时运用传统的面板数据计量模型和空间面板数据计量模型进行了回归分析。

一、空间面板计量模型选择结果

面板数据的非平稳性会使计量结果出现偏误，因而，在采用面板数据进行实证分析之前，先要进行数据的平稳性检验。面板数据的平稳性检验方法包括 PP-Fisher 检验、Breitung 检验、ADF-Fisher 检验、LLC 检验以及 IPS 检验等。出于检验结果的稳健性考虑，笔者选择了 PP-Fisher、LLC、ADF-Fisher 和 IPS 四种常用方法对相关数据进行平稳性检验。如表 5.9 所示，所有变量的一阶差分均在 1%的显著性水平下通过了 PP-Fisher、LLC、ADF-Fisher 和 IPS 四种面板单位根检验。由此可知，中国省际环境全要素生产率影响因素变量都是一阶单整，可以进行下一步的实证分析。

笔者首先对模型进行传统的面板数据回归分析。在构建传统面板回归模型之前，要根据 Hausman 检验结果确定应该选择采用固定效应模型还是采用随机效应模型。Hausman 检验结果如表 5.10 所示，面板回归模型的 Hausman 检验统计量值为 98.0060，并且通过了显著性水平为 1%的检验，拒绝原假设（采用随机效应模型），因而，应该选择固定效应模型。传统面板回归模型的估计结果如表 5.12 所示。

表 5.9 环境全要素生产率影响因素的面板数据平稳性检验

变量	PP-Fisher		LLC		ADF-Fisher		IPS	
	统计值	概率	统计值	概率	统计值	概率	统计值	概率
Ln(RJGDP)	384.470	0.000	-11.007	0.000	168.730	0.000	-7.020	0.000
WZLY	424.514	0.000	-3.726	0.000	122.692	0.000	-4.516	0.000
Ln(ZHCX)	400.935	0.000	-3.499	0.000	126.357	0.000	-4.746	0.000
Ln(JSYJ)	472.099	0.000	-17.750	0.000	226.847	0.000	-10.267	0.000
CYJG	448.206	0.000	-10.212	0.000	174.385	0.000	-7.344	0.000
NYXH	395.270	0.000	-9.889	0.000	185.555	0.000	-7.934	0.000
HJGZ	401.362	0.000	-17.504	0.000	218.816	0.000	-9.920	0.000

注：由 Eviews8.0 软件计算得出。

表 5.10 传统面板数据回归模型的 Hausman 估计结果

Test Summary	Chi-Sq. Statistic	Chi-Sq. d. f.	Prob.
Cross-section random	90.0060	7	0.0000

注：由 Eviews8.0 软件计算得出。

除此之外，还要对模型的空间溢出效应进行实证检验。本书采用 Matlab7.0 软件对样本数据进行最小二乘（OLS）回归分析；与此同时，对模型进行 LM-lag、LM-err、Robust LM-lag、Robust LM-err 以及 Moran's I 指数检验。首先，根据 Moran's I 指数检验结果判断模型变量之间是否具有空间相关性。如表 5.11 所示，Moran's I 指数值为 0.0716，通过了显著性水平为 10%的检验，因而，拒绝原假设（不存在空间效应），我国省际环境全要素生产率具有显著的空间依赖性，有必要构建空间计量经济模型。然后，根据 LM-lag、Robust LM-lag、LM-err 以及 Robust LM-err 四个统计量值及其显著性来判断应该选择空间自回归模型（SAR）还是空间误差模型（SEM）。检验结果如表 5.11 所示，LM-lag 与 LM-err 两个统计量都在 10%的显著性水平下通过了检验。因而，继续比较 Robust LM-lag 与 Robust LM-err 的显著性水平，统计量 Robust LM-lag 比 Robust LM-err 的显著性水平更高，鉴于此，选择构建空间自回归模型最为适合。

表 5.11　面板数据计量模型的空间效应检验

检验方法	统计量值	P 值
Moran's I	0.0716	0.0880
LM-lag	6.7180	0.0100
LM-err	2.7791	0.0960
Robust LM-lag	13.0677	0.0000
Robust LM-err	9.1288	0.0030

注：由 Matlab7.0 软件 OLS 回归模型计算得出。

为了更清晰地表现传统面板回归模型（OLS）、面板数据空间自回归模型（SAR）与面板数据空间误差模型（SEM）三种回归结果的差异，笔者同时给出这三种方法的实证结果。根据前文检验结果，OLS、SAR 和 SEM 三种计量模型都选择固定效应模型进行分析，这样能对三种面板计量模型在估计过程中产生的异方差现象起到一定的缓解作用。而且选择面板数据可以增加样本数量，使样本自由度提高，解释变量的多重共线性现象会有所削弱，从而误差也会有所降低。表 5.12 同时把空间自回归模型与空间误差模型的空间固定效应、时间固定效应以及空间时间双固定效应的计量结果依次列出进行对比分析。

笔者还采用固定效应模型进行了似然比 LR 检验，结果显示 LR 统计量通过了显著性水平为 1%的检验，这又从另一个角度说明选择固定效应模型是比较合适的。事实上，固定效应模型考虑到了不同省份的差异对环境全要素生产率的影响，而随机效应模型则对省际异质性有所忽略，因而固定效应模型更切合实际情况。如表 5.12 所示，根据空间自回归模型与空间误差模型三种固定效应的拟合度 R^2 与对数似然值 Log L 可以看出，时间固定效应计量模型的拟合度 R^2 以及对数似然值 Log L 统计量值最小；空间和时间双固定效应模型的拟合度 R^2 与对数似然值 Log L 统计量值最大。因而，选择空间和时间双固定效应模型比较合适。

对空间时间双固定效应下的空间自回归模型（SAR）与空间误差模型（SEM）的拟合效果做进一步的对比分析，发现 SAR 模型的拟合度 R^2 和 Log L 统计量都比 SEM 模型更高，结合前文表 5.11 的分析结果，选择空间自回归模型更为适合。根据表 5.12 还可以看出，引入空间变量后回归模型的拟合优度要明显高于传统面板数据回归模型，部分解释变量估计系数的显著性也有所提升，这些都充分说明了相对于传统面板数据模型，空间面板计量模型的估计结果更符合客观实际。

根据以上分析结果，笔者选择空间和时间双固定效应的空间自回归模型（SAR）对中国省际环境全要素生产率影响因素的计量结果进行详细分析。

表 5.12 中国省际环境全要素生产率影响因素的空间计量估计结果（2003~2013）

计量模型	传统面板固定效应	空间自回归模型			空间误差模型		
		空间固定	时间固定	双固定	空间固定	时间固定	双固定
Ln(RJGDP)	0.0850 (1.1902)	0.0206 (0.4890)	0.1716*** (8.6621)	0.1218* (1.7455)	0.0595 (1.2977)	0.1934*** (8.6287)	0.1613** (2.2812)
WZLY	-1.5082*** (-3.9904)	-1.4961*** (-4.0713)	0.1246 (0.3026)	-1.5247*** (-4.1337)	-1.5185*** (-4.1174)	-0.1993 (-0.5065)	-1.5148*** (-4.1077)
LnZHCX	0.0445** (2.1064)	0.0131 (1.0012)	0.0189** (2.1702)	0.0354* (1.7147)	0.0027 (0.1875)	-0.0167** (-1.9987)	0.0248 (1.1328)
Ln(JSYJ)	-0.0060 (-0.6801)	-0.0090 (-1.1553)	-0.0263*** (-2.9943)	-0.0057 (-0.6670)	-0.0063 (-0.8155)	-0.0138* (-1.7035)	-0.0033 (-0.3979)
CYJG	-0.0027** (-1.7821)	-0.0007 (-0.5735)	0.0020** (2.2776)	-0.0023 (-1.6077)	-0.0009 (-0.6907)	0.0037*** (4.3368)	-0.0024* (-1.6758)

续表

计量模型	传统面板固定效应	空间自回归模型			空间误差模型		
		空间固定	时间固定	双固定	空间固定	时间固定	双固定
NYXH	0.0375** (2.2590)	0.0336** (2.0995)	-0.0636*** (-4.3353)	0.0315* (1.9343)	0.0378** (2.3306)	-0.0828*** (-5.6959)	0.0349** (2.1203)
HJGZ	-0.0807* (-1.9042)	-0.0801** (-2.0851)	-0.0466 (-0.8841)	-0.0714* (-1.7278)	-0.0728* (-1.8570)	-0.0005 (-0.0101)	-0.0658 (-1.5946)
ρ	-	0.1890*** (2.7585)	0.6230*** (15.7765)	0.1830*** (2.6627)	—	—	—
λ	—	—	—	—	0.1869*** (2.6291)	0.7490*** (20.8688)	0.1840*** (2.5838)
R^2	0.1340	0.9317	0.7883	0.9334	0.9290	0.4820	0.9309
σ^2	0.0034	0.0033	0.0103	0.0032	0.0033	0.0115	0.0033
Log L	-	456.8458	259.1219	461.1173	455.4546	230.0975	459.6322

注：由 Matlab7.0 软件根据相关计量模型计算得出；圆括号内为 t 统计量值；***、** 和 * 分别表示在 1%、5%和 10%的显著性水平下显著。

由于并不清楚省际环境全要素生产率之间相互作用的具体过程，以上实证分析中选择的空间权重或许不能准确反映实际状况，因而，必须对前文空间计量回归结果进行稳健性检验。笔者通过变换空间权重矩阵来考察各项影响因素指标系数的符号与显著性的稳定情况，分别采用了三种不同的权重矩阵，具体方法如下所示：

$$W_{i,j}=\begin{cases}\dfrac{1}{{d_{i,j}}^2}, & i\neq j\\ 0, & i=j\end{cases} \tag{5.16}$$

式（5.16）是根据刘华军等（2014）的研究成果构造的地理距离空间权重矩阵①，该权重矩阵符合地理学第一定律②。其中，$d_{i,j}$ 表示省份 i 和

① 刘华军，杨骞．资源环境约束下中国 TFP 增长的空间差异和影响因素［J］．管理科学，2014，27（5）：133~144.

② Tobler W R. A computer movie simulating urban growth in the Detroit region［J］. Economic Geography，1970，46：234~240.

省份 j 的省会之间的球面距离。

$$W_{i,j}=\begin{cases}\dfrac{d_{\min}}{d_{i,j}}, & i\neq j\\ 0, & i=j\end{cases} \tag{5.17}$$

式（5.17）是根据 Blonigen 等（2004）的研究成果构造的距离空间权重矩阵①。其中，$d_{\min}$ 表示样本中各省份的省会之间最短的球面距离；$d_{i,j}$ 表示省份 i 和省份 j 的省会之间的球面距离。

$$W^{*}_{i,j}=W_{i,j}E \tag{5.18}$$

式（5.18）是根据刘华军等（2014）的研究成果构造的经济距离空间权重矩阵，目的在于考察不同省份之间由于经济发展的相互作用而对环境全要素生产率产生的影响（经济距离）。其中 E 表示不同省份之间经济差异性的矩阵，其表达式如式（5.19）所示。式（5.19）中 $\overline{z_i}$ 和 $\overline{z_j}$ 分别表示样本期间省份 i 和省份 j 的人均 GDP 的平均值。

$$E_{i,j}=\begin{cases}\dfrac{1}{|\overline{z_i}-\overline{z_j}|}, & i\neq j\\ 0, & i=j\end{cases} \tag{5.19}$$

以上几种空间权重矩阵形式都能够保证距离越远的省份权数越小，只是不同权重矩阵所对应的权数大小各不相同。将以上空间权重矩阵进行标准化处理后，采用极大似然估计方法进行空间回归分析，基于空间和时间双固定的空间自回归模型（SAR）计量结果如表 5.13 所示。

表 5.13　稳健性检验结果

变量	SAR 双固定回归结果	稳健性检验①	稳健性检验②	稳健性检验③
Ln(RJGDP)	0.1218* (1.7455)	0.1104 (1.5694)	0.1124 (1.6151)	0.0941 (1.3310)

① Blonigen B A, Davies R B, Waddell G R, et al. FDI in Space: Spatial Autoregressive Lags in Foreign Direct Investment [J]. NBER Working Paper, 2004 (10939).

续表

变量	SAR 双固定回归结果	稳健性检验①	稳健性检验②	稳健性检验③
WZLY	-1.5247*** (-4.1337)	-1.2715*** (-3.4207)	-1.2264*** (-3.3334)	-1.2007*** (-3.2119)
LnZHCX	0.0354* (1.7147)	0.0461** (2.2111)	0.0525** (2.5519)	0.0501** (2.3914)
Ln（JSYJ）	-0.0057 (-0.6670)	-0.0042 (-0.4856)	-0.0044 (-0.5097)	-0.0031 (-0.3605)
CYJG	-0.0023 (-1.6077)	-0.0019 (-1.2721)	-0.0022 (-1.5261)	-0.0022 (-1.4879)
NYXH	0.0315* (1.9343)	0.0386** (2.3573)	0.0477*** (2.9443)	0.0406** (2.4689)
HJGZ	-0.0714* (-1.7278)	-0.0830** (-1.9916)	-0.0824** (-1.9968)	-0.0842** (-2.0087)
ρ	0.1830*** (2.6627)	0.1580* (1.7901)	0.2220** (2.4235)	0.1220 (0.8103)
R^2	0.9334	0.9316	0.9330	0.9309
σ^2	0.0032	0.0033	0.0032	0.0033
Log L	461.1173	459.1710	456.8588	457.9385

注：由 Matlab7.0 软件根据相关计量模型计算得出；圆括号内为 t 统计量值；***、** 和 * 分别表示在 1%、5%和 10%的显著性水平下显著。

如表 5.13 所示，空间自回归模型的计量结果具有稳健性，各影响因素的系数符号没有变化，大小也变化不大，显著性水平也基本不变。某些影响因素的系数大小略有变化，但这只是由于空间权数的不同导致的，并不能说明空间自回归模型存在问题，本书空间面板计量模型的估计结果具有稳健性。

二、空间面板模型估计结果分析

（一）空间自回归系数的计量结果与分析

根据空间和时间双固定的 SAR 模型的计量结果，空间自回归系数 ρ 的估计值是0.1830，通过了显著性水平为1%的检验，并且符号为正。说明中国省际环境全要素生产率水平具有明显的正向空间相关性，与笔者的预期相一致，这也进一步证明了本研究的样本数据更适合空间计量模型而非传统面板数据模型。具体来说，累积相对环境全要素生产率指数较高的省份，周围邻接省份在其影响下，环境全要素生产率水平也会相对较高，反之亦然。也就是说，我国省际环境全要素生产率水平呈现出“局部俱乐部”的特点，相邻省份间的环境全要素生产率水平具有空间依赖性：一个省份的环境全要素生产率不但与其自身的经济发展水平、政府环境规制以及技术进步等因素有关，而且还在一定程度上受到空间特征相似的邻接省份环境全要素生产率的影响。中国当前的社会主义市场经济体系日趋完善，区域间的开放程度逐步扩大，各种生产要素的空间流动性也随之增大，不同省份之间的联系日渐紧密，因而，出现省际环境全要素生产率相互依赖的现象是必然的。鉴于此，各省份应该加强与环境全要素生产率水平较高的相邻省份之间的交流合作，学习其先进的节能减排技术与管理经验，共享环境保护成果。但在这种状态下，某些地方政府也可能会推行“搭便车”以及“污染产业转移”等“损人利己”的产业与政策，这会不利于经济、环境的协调可持续发展。

（二）影响因素变量系数的计量结果与分析

1. 经济发展水平

根据表5.12的计量结果可知，在2003~2013年，经济发展水平对我国各省份的环境全要素生产率起到正向促进作用；经济发展水平指标的估计系数是0.1218，t统计量值为1.7455，并且通过了显著性水平为1%的检验。这表明我国经济发展水平每提高1%，省际环境全要素生产率水平就会提高0.1218%。本书的实证结果也和“环境库兹涅茨曲线”假说相一致：随着经济发展与人民生活水平的提高，人们的环保意识会逐渐增强，对环境质量的要求也日渐提高，这会减少环境污染事件，从而提高环境全要素生产率。由此也可以反映出现阶段中国总体经济增长质量较好，粗放型的经济增长方式已经得到了很大改善，转变经济发展方式的工作取得了一定的进展。

如表5.14所示，对比分析我国各省（直辖市、自治区）的人均地区生产总值、地区经济增长率与环境全要素增长率数据，可以看出，经济发展水平（人均地区生产总值）比较低的省份，其经济增长一般属于粗放型增长方式，以牺牲环境为代价发展经济，从而会抑制环境全要素生产率的提高。比如经济比较落后的贵州省、甘肃省和云南省，2013年经济增长率分别是11.9%、10.4%和11.4%，均为10%以上的高增长率；但三个省份的环境全要素生产率都下降了，下降程度分别为3.27%、5.08%和2.31%。不同的是，经济发展水平比较高的省份，比如2013年人均GDP最高的三个省份：天津市、北京市和上海市，其经济增长率分别只有7.9%、5.2%和6.1%；尽管经济增长率都在10%以下，比贵州省、甘肃省等地区要低，但其经济增长质量较好，能够带动本省环境全要素生产率水平的提高。当年天津市、北京市和上海市的环境全要素生产率都有所增长，增长程度分别为0.99%、0.49%和0.03%。综上所述，贵州省、甘肃省和云南省等经济基础薄弱的省份，其经济增长反而会抑制环境全要素生产率水平的提高，这与全样本空间自回归模型的计量结果有所不同。由此可知，回归模型关于“经济发展水平对环境全要素生产率起正向促进作用”的结论只是针对样本时期在全国整体范围内适用。经济发展水平与环境全要素生产率的关系并不是一成不变的，经济发展对环境全要素生产率水平的作用方向可能与各省份自身的经济基础状况有关。

表5.14　各省份经济发展水平、经济增长率与环境全要素生产率数据比较（2013年）

省份	人均地区生产总值（元/人）	环境全要素生产率	经济增长率（%）	省份	人均地区生产总值（元/人）	环境全要素生产率	经济增长率（%）
贵州	22922	0.9673	11.9	宁夏	39420	1.0600	8.6
甘肃	24296	0.9492	10.4	湖北	42613	0.9751	9.7
云南	25083	0.9769	11.4	陕西	42692	0.9423	10.6
广西	30588	1.0362	9.3	吉林	47191	1.0245	8.2
安徽	31684	0.9612	9.8	山东	56323	0.9802	9.0

续表

省份	人均地区生产总值（元/人）	环境全要素生产率	经济增长率（%）	省份	人均地区生产总值（元/人）	环境全要素生产率	经济增长率（%）
江西	31771	0.9951	9.7	福建	57856	1.1008	10.2
河南	34174	0.9728	8.9	广东	58540	0.9999	7.8
山西	34813	0.9866	8.4	辽宁	61686	0.9865	8.6
海南	35317	0.9673	8.7	内蒙古	67498	0.9302	8.7
青海	36510	0.9757	9.9	浙江	68462	1.0329	7.8
湖南	36763	0.9466	9.3	江苏	74607	0.9520	9.3
新疆	37181	0.9999	9.6	上海	90092	1.0003	6.1
黑龙江	37509	0.9806	7.9	北京	93213	1.0049	5.2
四川	37625	0.9631	10.5	天津	99607	1.0099	7.9
河北	38716	0.9621	7.5				

注：数据根据2014年《中国统计年鉴》以及EBM-Malmquist-Luenberger环境全要素生产率模型整理计算得出。

表5.15　中国按行业分类外商直接投资（2013年）

行业分类	实际外资利用额（万美元）	行业分类	实际外资利用额（万美元）
合计	11758620	农林牧渔业	180003
采矿业	36495	制造业	4555498
电、气、水的生产与供应业	242910	建筑业	121983
交通、仓储与邮政业	421738	信息、计算机与软件业	288056
批发零售业	1151099	餐饮住宿业	77181
金融业	233046	房地产业	2879807
商务、租赁业	1036158	科技与地质勘查业	275026
环境、水利与公共设施管理业	103586	居民及其他服务业	65693
教育业	1822	社会福利、保障、卫生业	6435
文体娱乐业	82079	社会组织与公共管理业	5

注：表中数据来自2014年《中国统计年鉴》。

2. 外资利用因素

由表 5. 12 可知，外商直接投资强度的估计系数是-1. 5247，t 统计量值是-4. 1337，并且通过了显著性水平为 1%的检验。这表明从全国整体来看，2003~2013 年外商直接投资会显著抑制我国省际环境全要素生产率水平的增长，不利于环境保护与经济发展“双赢”平衡的实现。之所以出现这种实证结果可能是由于在样本期间内，我国的外商直接投资确实符合“污染天堂假说”。“污染天堂假说”指出，由于一些发展中国家实行比较低的环境标准，这种外部性内部化的差异使企业在这些国家承担的环境成本也比较低。鉴于此，外资企业为了规避其本国严格的环境标准，会把资源、能源消耗大、污染排放严重的产业转移到经济落后的国家进行生产，这无疑会消耗发展中国家大量的资源，并对其环境保护工作十分不利。已经有国内学者经过实证测算发现，我国的外商直接投资和环境政策变量之间存在正向相关关系，我国相对较低的环境政策标准是吸引外商直接投资最重要的因素之一，我国已经成为了发达国家的“污染避难所”（潘兴侠；2014）①。目前，中国很多基础比较薄弱的省份还是依靠投资拉动经济发展，盲目追求 GDP 的高增长，以牺牲环境为代价发展经济，引入了大量的高能耗、高排放等污染性很强的产业，导致“污染避难所”的负面作用超过了外商直接投资生产活动对经济增长的正向作用，这显然会导致省际环境全要素生产率水平的下降。如表 5. 14 所示，2013 年中国实际引入的外商直接投资有将近一半属于高污染排放、高资源消耗的第二产业。当前我国多数中、西部省份的经济发展水平还不高，劳动力成本较低，很多省份确实成为了发达国家或地区的“低级污染产业”转移承接地，这严重阻碍了我国经济、环境的协调可持续发展。

3. 技术进步因素

如前文所述，关于技术进步因素，本书分别设定了自主创新知识存量和技术引进存量两个指标。根据表 5. 12 的估计结果可知，自主创新知识存量对省际环境全要素生产率具有显著的正向提升作用，估计系数是

---

① 潘兴侠．我国区域生态效率评价、影响因素及收敛性研究［D］．江西：南昌大学，2014.

0.0354，t统计量值是1.7147，并通过了显著性水平是10%的检验；而技术引进存量对省际环境全要素生产率具有轻微的负向抑制作用，估计系数是-0.0057，t统计量值是-0.6670，并没有通过显著性检验。中国省际环境全要素生产率水平总体不高的主要原因之一就是，技术水平较低，生产设备与管理模式都较为落后。生产设备的更新、绿色技术的发展都依赖于技术进步，而自主创新与技术引进又是促进技术进步的两种主要途径。因此，研究这两种方式对环境全要素生产率影响的差异具有重要意义。

表5.16　2013年我国省际环境全要素生产率水平与自主创新知识存量水平对比

省份	环境全要素生产率水平	自主创新知识存量	省份	环境全要素生产率水平	自主创新知识存量
江苏	1.1110	37223.21	河北	1.0840	2684.85
浙江	1.2940	29543.53	陕西	0.6490	2591.59
广东	1.0050	28703.00	江西	0.8180	1288.32
山东	1.2260	12733.80	山西	0.6130	1210.13
上海	1.1790	10433.76	吉林	0.7940	1150.76
四川	0.7490	10362.35	广西	0.7280	1052.85
北京	1.1110	8952.47	云南	0.4480	1028.43
安徽	0.7610	5757.16	贵州	0.5480	942.29
福建	1.2490	4983.04	新疆	0.6160	678.68
河南	0.7370	4376.59	甘肃	0.4900	583.70
湖北	0.6690	4243.81	内蒙古	0.8370	570.80
辽宁	0.8360	4176.17	宁夏	0.5030	203.66
湖南	0.6780	3637.72	海南	0.8480	191.76
天津	1.4290	3255.22	青海	0.6320	96.24
黑龙江	0.6620	2719.11			

注：笔者整理计算得出。

自主创新知识存量对省际环境全要素生产率有显著的正向影响。上海市、浙江省和北京市等省份的环境全要素生产率居于全国领先水平与它们具有较高的自主创新知识存量密切相关。如表5.16所示，2013年浙江省、上海市和山东省的自主创新知识存量水平在全国29个省份中占到前五名，较高的知识存量水平也推动这三个省份的累积相对环境全要素生产率也位列全国前五名。而新疆维吾尔自治区、甘肃省和宁夏回族自治区的自主创新知识存量水平处于全国后六名，相应的环境全要素生产率水平也位于全国后六位。笔者在前文分析中已经指出多数文献采用的研发经费支出表示自主创新是不合理的（见 5.2.2 节分析），通过本书自主创新知识存量的系数估计值与其他文献研发经费支出的系数估计值对比也进一步证实了笔者的观点：比如，沈可挺等（2011）采用研究与实验发展经费支出表示研发水平，通过空间面板模型测算出的研发水平的系数值为负，而且不显著[①]；吴青青（2015）也采用研发经费投入强度作为自主创新的替代指标，空间计量分析结果显示自主创新的估计系数值为 0.009，明显低于本书测算的 0.0354[②]，这说明采用研发经费支出作为自主创新的替代指标会造成估计结果有偏误，不能准确地衡量自主创新因素对我国环境全要素生产率的影响。本书的“自主创新知识存量”能够较好地反映自主创新的成果，笔者采用存量指标综合考虑了研发活动影响的时滞性，估计结果更为合理。

不同于自主创新对省际环境全要素生产率的正向影响，技术引进因素的系数估计结果为-0.0057，但没有通过显著性检验。这表明我国的技术引进具有一定程度的无效性，笔者认为，可能是由于引进国外技术的过程存在问题，使我国技术引进不够环保；此外，发达国家由于竞争与自身利益的需要，不会把其先进的核心技术转移到发展中国家，可能只把劳动密集型产业以及相对落后产业的技术输出到我国；并且我国总体技术水平比较低，对国外先进技术的消化和吸收的能力也比较低，这些都会造成我国技术引进的无效。本书对技术引进系数的估计结果与吴青青（2015）的计量结果（0.001）有一定的差异，这是由于该文直接采用国外技术引进合同金额衡量技术引进情况，而笔者是通过构建“技术引进存量”作为技术引进的替代指标。由于技术引进和自主创新对环境全要素生产率的影响不

---

① 沈可挺，龚健健．环境污染、技术进步与中国高耗能产业——基于环境全要素生产率的实证分析［J］．中国工业经济．2011，（12）：25~34.

② 吴青青．我国省际绿色全要素生产率的空间计量分析［D］．安徽：安徽财经大学，2015.

只体现在当年，对以后若干年的环境全要素生产率都会产生一定的影响，所以，无论是技术引进还是自主创新因素的替代指标都应该考虑到其对环境全要素生产率影响的时滞作用，选择存量指标，本书的研究结果显然更符合实际。

通过以上分析可以发现，自主创新和技术引进对环境全要素生产率的影响具有很大的差异。自主创新能够显著促进环境全要素生产率的提高，而技术引进却有轻微的抑制作用，但自主创新因素的正向作用更大。因而，技术进步对环境全要素生产率的总效应仍为正向，这也肯定了前文的预期假设，技术进步依然是我国环境全要素生产率增长的源泉。在样本期间，自主创新是我国技术进步的主要途径，由于发达国家不会把先进的核心技术转移到我国；而且我国基础薄弱，对先进技术的吸收能力较低，技术引进不但没有与自主创新途径结合推动全要素生产率的提高，而且还会阻碍全要素生产率的增长。因此，在制定相关政策建议时，要特别注意不同的技术进步模式对环境全要素生产率影响的差异。

4. 产业结构因素

根据表 5.12 的回归结果，解释变量产业结构的估计系数是-0.0023，t 统计量值是-1.6077，但并没有通过显著性水平检验，说明产业结构因素在一定程度上会阻碍省际环境全要素生产率的提高，这与前文 5.2 节笔者的预期相一致。而且还可以从表 5.12 中发现，产业结构因素对环境全要素生产率的估计系数绝对值在所有解释变量中是最小的，说明产业结构水平对全要素生产率的负向影响比较小。这可能是由于第二产业是在创造 GDP 的同时产生环境污染的，对生产率的正向作用会抵消一部分负向作用，但总效用依然为负。此外，产业结构因素在不同省份之间可能存在“模仿效应”，也就是说，如果某省份提高了第二产业的比重，推动了本省 GDP 的提高，周边省份受其影响可能也会采取相似的经济发展模式，这样也会使邻接省份的环境全要素生产率也有所降低。第二产业增加值占 GDP 的比重每上升 1%，环境全要素生产率就会下降 0.0023%，也就是说第二产业所占比重越大，越不利于环境保护与经济发展“双赢”平衡的实现。鉴于此，我国需要进一步加快产业结构的优化升级，提高工业产品的技术含量，注重降低能源消耗和污染排放，促进经济建设与资源、环境协调发展，实现新型工业化和可持续发展的良性互动。如图 5.9 所示，2003~2013 年，中国三次产业占比从第二产业、第三产业到第一产业逐渐减小，第二产业所占比重依然是最高的；但从时序演变趋势来看，第二产业占比逐年下降，第三产业比重逐渐上升，这种趋势将有利于环境全要素生产率水平的提高。

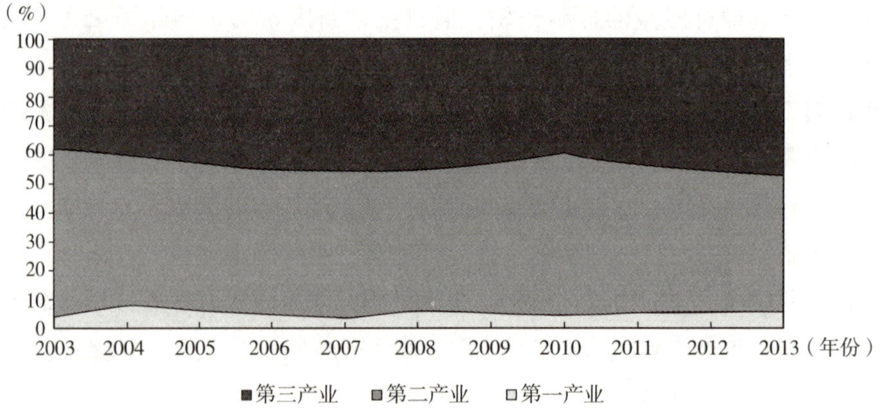

图 5.9　我国 2003~2013 年三次产业占比情况

5. 能源消耗因素

由表 5.12 可知，万元 GDP 能耗的估计系数是 0.0315，t 统计量值是 1.9343，并且通过了显著性水平为 10%的检验。这表明，在样本期间内，能源消耗因素对我国省际环境全要素生产率具有显著的正向影响作用。众所周知，经济增长与生产率提升都同时伴随着资源、能源的消耗，各省份的能源消耗强度每提高 1%，环境全要素生产率就会上升 0.0315%。由此可知，在考虑资源环境因素的约束下，各省份的能源消耗仍然会促进经济增长与生产率提高，也就是说，能源消耗因素对经济发展的正向作用超过了其产生环境污染的负向作用。但也必须注意合理利用能源，过度消耗资源、能源会导致环境承载压力过重，进而可能会降低环境全要素生产率。要达到环境保护与经济发展的“双赢”平衡，即在经济发展的同时减少环境污染，既不以牺牲环境为代价发展经济，也不能因为治理环境而停滞经济发展。

6. 政府环境规制

根据表 5. 12 的回归结果，解释变量政府环境规制因素的估计系数是 -0. 0714，t 统计量值是 -1. 7278，并通过了显著性水平为 10%的检验。说明政府环境规制不但没有推动我国省际环境全要素生产率的提升，反而还会产生一定程度的负向影响。这表明“波特假说”在我国短期内是不成立的；与此同时，政府环境规制在一定程度上增加了企业的生产成本；此外，可能大部分省份环境污染治理投资利用效率较低，还挤占了资本在其他领域的投资，这些对环境全要素生产率的负向作用大于其产生的“刺激技术创新”“提高环保意识”等方面的正向作用。当然，出现这种结果可能也是由于计量模型无法包含所有影响环境全要素生产率的因素，这种负向影响或许是多种因素综合作用产生的，从而实证结果显示，样本期间内的政府环境规制因素并没有促进环境全要素生产率的提高。之所以出现这种现象，笔者认为可能有如下几种原因：首先，污染治理投资结构不科学，部分省份可能把资金用于“面子工程”，很少资金能够切实用于治理环境、节能减排。其次，可能因为政府部门监管不到位，缺乏长期有效的监督机制，导致已经建成的环保设施使用效率不高，降低了污染治理投资的效益，没有达到预期的节能减排目标。再次，大部分省份的污染治理投资仍然相对不足，而且不同年份间有一定的波动，缺乏持续性的环境污染治理投资产生的影响较小；2014 年全国环境污染治理投资总额占 GDP 的比重仅有 1. 51%①，这对于遏制环境污染所起的作用实在是微乎其微。最后，部分地方政府的环境理念不够端正，环境治理投资一般都是针对已有污染的事后处理，这种管理模式并不能刺激企业使用先进的绿色环保技术，因而治标不治本。鉴于此，我国应该采取一系列政策措施，从根本上解决资源、能源使用效率低下与节能减排技术落后的问题，真正发挥环境治理投资的作用，具体的政策建议在本书第六章会详细阐述。

① 数据来源于中国经济与社会发展统计数据库。

第五节 本章小结

本章采用空间计量经济学方法对中国省际环境全要素生产率的影响因素进行了实证研究，主要内容包括以下几个方面：

其一，笔者首先对中国省际环境全要素生产率进行了空间相关性检验：①首先介绍了空间异质与空间依赖两种空间效应，并对空间相关性的检验方法进行了详细分析。②中国 29 个省份 2003~2013 年环境全要素生产率水平的全域 Moran's I 指数都显著为正，这说明我国省际累积相对环境全要素生产率存在明显的高—高聚集和低—低聚集的空间正相关现象。而且在整个样本期间内，全局 Moran's I 指数总体有所上升，说明中国省际环境全要素生产率的空间自相关性随着时间推移逐渐增强了。③根据中国 29 个省份 2003~2013 年的 Moran 散点图可知，中国省际累积相对环境全要素生产率主要存在两个正向空间集聚：处于第一象限的高—高“优势”集聚状态与处于第三象限的低—低“劣势”集聚状态。这也进一步印证了中国省际累积相对环境全要素生产率呈现出显著的空间正相关性。此外，中国省际环境全要素生产率水平在空间地理分布中存在明显的“路径依赖”，呈现出显著的集聚性特征，并且区域流动性较低，各省份难以脱离其原来所在的集群。④根据省际环境全要素生产率的 LISA 检验结果发现，环境全要素生产率水平在我国空间分布上已经形成了三个不同的集聚区域：分别是京津冀高环境全要素生产率集聚区、长三角高环境全要素生产率集聚区和西北部低环境全要素生产率集聚区。

其二，其次在归纳现有文献并深刻理解环境全要素生产率内涵的基础上，笔者从经济发展水平、外资利用因素、技术进步因素、产业结构因素、能源消耗因素、政府环境规制和空间地理因素这七个方面着手，定性分析了各因素对省际环境全要素生产率的影响机理。其中，关于技术进步因素的设定与以往文献不同，本书分别考察了自主创新和技术引进这两种技术进步模式对环境全要素生产率影响的差异。

其三，然后笔者分别介绍了空间自回归模型、空间误差模型以及空间面板计量模型的理论、估计方法与模型的选择标准。并对各因素替代指标的处理方法和数据来源进行了详细介绍。其中，本书采用专利授权数量构建“自主创新知识存量”作为自主创新的替代指标；采用国外技术引进合同经费构建的“技术引进存量”作为技术引进的替代指标，这比现有文献中技术进步的其他替代指标更为合理。

其四，最后以省际环境全要素生产率水平为被解释变量，从经济发展水平、外资利用因素、技术进步因素、产业结构因素、能源消耗因素和政府环境规制这几个方面选择合适的影响因素替代指标为解释变量，把环境全要素生产率水平的空间相关效应纳入到面板数据计量分析框架中，引入空间自回归变量（空间误差变量）构建空间计量经济模型对省际环境全要素生产率的影响因素进行实证分析。回归模型估计结果显示：①经济发展水平对省际环境全要素生产率起到正向促进作用，这与“环境库兹涅茨曲线”假说相一致。但值得注意的是，此结论是针对样本时期在全国整体范围内适用，对于不同省份来说，经济发展对其环境全要素生产率水平的作用方向与各省份自身的经济基础状况有关。②从全国整体来看，样本期间外商直接投资会显著抑制环境全要素生产率水平的增长，不利于环境保护与经济发展“双赢”平衡的实现；本书的实证结果符合“污染天堂假说”。③自主创新和技术引进这两种技术进步模式对环境全要素生产率的影响具有很大的差异；自主创新能够显著促进环境全要素生产率的提高，而技术引进却有轻微的抑制作用；但自主创新因素的正向作用更大，因而，技术进步对环境全要素生产率的总效应仍为正向，技术进步依然是我国环境全要素生产率增长的源泉。④第二产业增加值占 GDP 的比重每上升 1%，环境全要素生产率就会下降 0.0023%，也就是说第二产业所占比重越大，越不利于环境保护与经济发展“双赢”平衡的实现。⑤在考虑资源环境因素的约束下，各省份的能源消耗仍然会促进经济增长与生产率提高，也就是说，能源消耗因素对经济发展的正向作用超过了其产生环境污染的负向作用。⑥在样本期间，政府环境规制的效果不够显著，环境治理投资的作用没有充分发挥出来，这表明“波特假说”在我国短期内是不成立的。

第六章
本书结论与政策建议

我国在“十二五”期间的环境保护与污染治理工作已经取得了一定的进展，尽管如此，由于经济高速增长导致的环境代价并没有呈现出明显的改善效果，节能减排与污染防治压力仍在继续增大。国家环保部环境规划院指出，环境污染与生态破坏的经济损失约占每年国内生产总值的7%～8%，并且出现了逐年上升的趋势。“十三五”规划已经提出了实行“最为严格的环境保护制度”与“更为高效的低碳循环发展模式”。当前中国必须对环境治理问题引起高度重视，不能继续走“先污染后治理”的道路。本书对我国省际环境全要素生产率的研究可以提供一个比较全面的分析视角，从而更准确地理解环境保护与经济发展之间的复杂关系；对环境全要素生产率的正确测算与分析也有助于检验环境经济政策的有效性，从而为决策者提供更可靠的信息与数据支持。本章是对前文所有内容的归纳总结。首先，第一节回顾并总结了此前各章节的主要内容与研究结论；其次，第二节针对本书的理论与实证研究结果，提出了一些关于提高中国省际环境全要素生产率水平、实现环境保护与经济发展“双赢”平衡的政策建议；最后，第三节对本书尚未解决的问题与不足之处进行了简单阐述，并对后续研究进行了展望。

第一节　研究结论

本书首先对国内外相关研究现状、环境经济学理论基础和概念以及中国环境现状进行了简要分析，并建立了中国省际环境全要素生产率研究框架；其次采用当前学术界前沿的非参数混合径向 EBM 模型结合 Malmquist-Luenberger 指数对中国省际环境效率与环境全要素生产率及其分解项进行了测度，分别从静态与动态两方面测算各省（直辖市、自治区）的环境生产率，探究不同省份环境全要素生产率无效率的原因；接下来以生产率的收敛假说等理论为基础，对我国不同省份环境全要素生产率的收敛性与动态演化趋势进行了研究；最后运用空间面板计量经济模型考察了经济发展水平、外资利用因素、技术进步因素、产业结构因素、能源消耗因素以及政府环境规制对中国省际环境全要素生产率的影响。

一、中国省际环境全要素生产率的测算结果

不同于以往研究，本书第三章把资源环境因素纳入传统的经济效率与全要素生产率的研究框架中，以我国 29 个省份的投入、产出数据为基础，采用非参数混合径向 EBM 模型结合 Malmquist-Luenberger 指数对中国省际环境效率与环境全要素生产率进行了测算与比较分析，科学客观地评价了 2002 年以来中国各省（直辖市、自治区）经济发展的环境代价，这对于进一步明确我国环境生产率的改进方向具有重要意义。根据研究结果可以得到如下结论：

第一，评价方法的选择对中国省际环境效率与环境全要素生产率的测算结果具有显著影响，与其他方法相比，基于非期望产出的 EBM 模型结合 Malmquist-Luenberger 指数对我国环境生产率的评价更符合实际情况。一方面，不考虑资源环境因素的传统 CCR 模型会高估我国整体的环境效率；而 SBM 模型由于不能处理投入和产出变量同时具有径向和非径向特征的情况，会低估省际环境效率值。经笔者测算，基于非期望产出的 SBM 模型环境效率值基本维持在 0.53 上下，而基于非期望产出的 EBM 模型环境效率测算结果有明显的上升，效率值多数处于 0.78 左右。另一方面，根据 EBM-Malmquist-Luenberger 模型的测算结果，全国平均环境全要素生产率指数是 1.0016，其中，东部省份的环境全要素生产率增长了 1.51%，而中部省份和西部省份的环境全要素生产率分别下降了 0.98%和 0.42%；而基

于 SBM-Malmquist-Luenberger 模型的测算结果却是全国环境全要素生产率在 2002~2015 年增长了 4.23%，其中，东部省份、中部省份和西部省份分别增长了 6.70%、3.26%和 2.27%，两种模型测算结果出入很大。SBM-Malmquist-Luenberger 模型明显高估了各省份环境全要素生产率的增长，中西部省份更是把实际的“环境全要素生产率下降”测算成了“环境全要素生产率上升”，说明现有大量文献中采用 DEA-SBM 模型测算环境效率的做法会得出与实际情况相悖的结论，需谨慎使用。而基于非期望产出的 EBM 模型适用于处理“径向而不可分”与“非径向而可分”同时存在的情况，能够弥补 SBM 模型的缺陷，测算结果也就更为客观。

第二，从全国总体特征来看，2002~2015 年基于非期望产出的 EBM 模型测算的中国省际环境效率处于 0.77~0.82。其中，2002 年平均环境效率值最高，而 2008~2015 年的环境效率值比 2002~2007 年更低，这种总体趋势与 CCR 和 SBM 模型环境效率测算结果类似。各省份的环境效率水平都相对较高，北京市、上海市、广东省的环境效率值一直为 1，处于全国领先地位，实现了环境保护和经济发展的双赢平衡。宁夏回族自治区、青海省和新疆维吾尔自治区的环境效率平均值都在 0.55 以下，属于全国环境效率最落后的地区。环境效率高的省份与环境效率低的省份分布表现出“高—高、低—低”的格局，也就是说基于非期望产出的 EBM 环境效率具有空间相关性与集聚特性。整体来看，我国省际环境效率均值呈现出下降的趋势，这表明中国多数省份经济发展与环境保护的协调性在下降，我国必须通过减少资源、能源投入并减少环境污染等非期望产出才能提高 EBM 环境效率，否则会严重阻碍经济社会的可持续发展。

第三，从区域视角来看，三大区域的环境效率差异比较明显。东部省份维持在 0.93 左右的高水平，中部省份环境效率多数处于 0.76 左右，而西部省份只有 0.63 左右。我国东部省份不但在经济水平方面高于中西部地区，而且在环境保护与污染治理方面仍然显著优于中西部省份，各省份的环境效率与经济发展程度是密切相关的。首先，东部沿海省份会通过产业转移，把资本密集型的重工业转移到内陆省份，其本身则主要发展低污染、低能耗的第三产业，从而平衡经济发展与环境保护的关系，提高环境效率；其次，经济基础雄厚的东部沿海省份会投入充足的资金治理环境污染，环境技术水平更为先进；再次，中部省份已经进入高速发展的阶段，工业增长方式较为粗放，以环境污染与资源消耗为代价发展经济，经济环境协调程度较低；最后，西部地区生态环境比较脆弱，片面追求短期经济效益而忽略了环境保护，同时，西部内陆承接了东部省份的转移产业，导致产业结构不合理、资源利用效率低下，从而环境效率水平最低。

第四，2002~2015 年中国省份环境效率改进总体呈现出加速的趋势（所有省区的 EBM-Malmquist-Luenberger 指数平均值是 1.0016）。从分地区来看，东、中、西部三个地区的环境全要素生产率变动趋势和全国大体一致，这表明宏观经济状况对中国区域经济增长产生相对较大的影响。尽管变动趋势基本一致，但不同区域的环境全要素生产率变动仍然存在显著差异，东部省份的环境全要素生产率最高，西部次之，中部最低。究其原因可能是不同省份本身存在异质性特征，并且环境技术创新水平不同所造成的差异性结果。力度不断增强的环境政策与措施的确促进了东部省份的环保技术创新与治污能力的提高，也证实了环境保护与生产率提升的“双赢”平衡是可行的；而中西部省份可能还是将重点放在了经济增长方面，被动地进行节能减排，导致污染治理效果不明显。

第五，从环境全要素生产率的分解项来看，全国环境全要素生产率上升的主要驱动力是技术进步，而技术效率对环境全要素生产率的提高起阻碍作用。其中，技术进步可以进一步分解为纯技术进步和规模技术进步，经测算可知，技术进步主要是由于规模效应导致的，而中国各省的前沿技术却出现了轻微的倒退现象。技术效率进步可以进一步分解为纯技术效率进步和规模效率进步，样本期间纯技术效率不但没有提高，反而下降了 0.58%，而规模效率却上升了 0.15%。由于环境全要素生产率在 2002~2015 年总体提高了 0.16%，所以，技术进步仍在提高环境全要素生产率增长中起主要作用。各省份在促进环境技术进步的同时也必须在技术效率提高方面引起高度重视，只有提高技术效率才能实现“内涵式”的发展。

二、省际环境全要素生产率的收敛性判断

第四章根据收敛假说的相关理论与方法考察中国省际环境全要素生产

率的收敛性及其动态演化趋势。不同于以往研究，笔者不但采用增长回归分析模型检验了省际环境全要素生产率的收敛趋势，运用核密度估计方法对我国环境全要素生产率增长分布的形状动态进行了分析，而且还应用马尔可夫链方法通过省际环境全要素生产率分布的状态转移，刻画了中国省际环境全要素生产率增长分布的内部流动性。主要研究结论包括如下几点：

第一，全国、东部和中部省份的环境全要素生产率存在 δ 收敛趋势，但检验结果并不显著；西部地区不存在 δ 收敛性，因此可以认为，中国环境全要素生产率并不存在显著的 δ 收敛趋势，省际环境全要素生产率的差异不会自动消失。全国及分地区环境全要素生产率 δ 收敛现象不显著的原因可能是不同省份在不同时间所呈现出的 δ 收敛或者发散趋势没有连续性。全国与东部、中部地区环境全要素生产率都存在显著的绝对 β 收敛，生产率水平较低的省份对生产率水平较高的省份具有显著的“追赶效应”，逐渐向同一稳态均衡水平收敛；然而，西部地区环境全要素生产率却不存在显著的绝对 β 收敛趋势，这与 δ 收敛性检验结果基本一致。鉴于此，当前我国不但要加大中、西部省份在生态经济领域的投入，还必须要加强省际环境技术交流与合作，进一步推动先进绿色技术向中、西部扩散。全国与东部、中部、西部地区的环境全要素生产率都存在显著的条件 β 收敛趋势，收敛速度分别为 11.57%、15.62%、11.83% 和 12.34%。说明全国省份的环境全要素生产率存在向其自身的稳态水平收敛的趋势。

第二，笔者采用核密度估计方法对中国省际环境全要素生产率增长分布的形状动态进行了研究，从生产率增长的分布形状角度评价了环境全要素生产率增长分布的动态演化机制：①2003～2013 年省际累积相对环境全要素生产率水平的集中程度在降低，省际差距变大，两极分化现象逐渐增强，环境生产率增长具有一定的“俱乐部趋同”现象，不同地区的环境全要素生产率增长具有显著的差异性。②2003～2013 年中国各省份存在一定程度的环境技术进步，部分省份累积相对环境技术进步指数的增长速度要领先于其他省份，环境技术进步水平低的省份数量在减少；2005 年以前省际累积相对技术进步指数的多极分化现象比较明显，但波峰高度有所上升，表明省际差距在逐渐缩小；2008~2013 年环境技术进步水平提高的同时，多极分化现象更为明显，省际差异继续扩大，呈现出分散趋势。③中国省际累积相对环境技术效率复杂多变，分布具有两极或多极分化的特征，省际累积相对环境技术效率差异明显，2010 年开始出现的“双峰”特征不容忽视；中国累积相对环境技术效率在 2003~2013 年出现了恶化，总体来看，省际差异扩大。④从全国来看，累积相对环境技术进步对累积相对环境全要素生产率的影响更大，这也与第三章测算的省际环境全要素生产率指数中环境技术进步指数推动作用更显著的结论相互印证。

第三，为了弥补核密度估计方法不能展示出环境全要素生产率增长分布内部各省份相对位置的动态变化与其发生概率的局限性，笔者采用马尔可夫链方法通过环境全要素生产率增长分布中各省份的状态转移，刻画出了环境全要素生产率增长分布的内部流动性：①省际环境全要素生产率的流动性偏低，变动具有“黏性”特点，呈现出“俱乐部趋同”现象，难以实现绝对趋同。之所以出现这种现象，可能是由于环境全要素生产率增长和自然经济基础密切相关。②环境全要素生产率转移都发生在相邻状态中，跨越式增长难以实现。③中国省际环境全要素生产率形成了高生产率、中高生产率、中低生产率以及低生产率四种状态类型的集聚现象。④根据马尔可夫链过程的稳态分布可知，各省份的环境全要素生产率增长差异显著，并且会持续存在，短时间内难以实现均衡发展。

三、省际环境全要素生产率影响因素的空间计量分析

每个省份都不是独立存在的个体，与其他省份都有经济和社会上的往来。根据地理学第一定律（Tobler）：世界上所有事物都是相互联系的，事物距离越近，则相关性越高；距离越远则相关性越低。因而，省际经济行为之间都会具有空间效应，区域间的经济行为在地理上具有一定的空间交互作用。这种空间作用导致传统的计量经济模型的前提假设（研究样本相互独立）不再成立，进而导致回归结果偏离实际情况。鉴于此，本书运用空间计量经济学把空间结构与空间效应纳入到研究框架中，对中国省际环境全要素生产率的影响因素进行了实证研究，并得出了如下主要结论。

第一，笔者首先对中国省际环境全要素生产率进行了空间相关性检验：①2003~2013年我国省际累积相对环境全要素生产率存在明显的高—高聚集和低—低聚集的空间正相关现象。并且省际环境全要素生产率的空间自相关性随着时间推移而逐渐增强。②中国省际累积相对环境全要素生产率主要存在两个正向空间集聚，处于第一象限的高—高“优势”集聚状态与处于第三象限的低—低“劣势”集聚状态。这也进一步印证了中国省际累积相对环境全要素生产率呈现出显著的空间正相关性。此外，中国省际环境全要素生产率水平在空间地理分布中存在明显的“路径依赖”，呈现出显著的集聚性特征，并且区域流动性较低，各省份难以脱离其原来所在的集群。③环境全要素生产率水平在我国局域空间分布中基本形成了三大集聚区域：分别是京津冀高环境全要素生产率集聚区、长三角高环境全要素生产率集聚区和西北部低环境全要素生产率集聚区。纵观以上检验结果可知，在不考虑空间效应的情况下研究环境全要素生产率的影响因素可能会产生较大的偏差，不符合实际状况。鉴于此，将空间地理因素纳入到环境全要素生产率影响因素的分析框架中是十分必要的，应该重视地理因素以控制相邻地区的影响。

第二，空间地理因素对中国省际环境全要素生产率具有显著的正向影响。根据空间和时间双固定的SAR模型的计量结果，空间自回归系数ρ为正，并且通过了显著性水平为1%的检验。说明中国省际环境全要素生产率水平具有明显的正向空间相关性，与笔者的预期相一致，空间地理因素是影响省际环境全要素生产率的重要因素之一。一个省份的环境全要素生产率不但与其自身的经济发展水平、政府环境规制以及技术进步等因素有关，而且还在一定程度上受到空间特征相似的邻接省份环境全要素生产率的影响。中国当前的社会主义市场体系日趋完善，区域间的开放程度逐步扩大，各种生产要素的空间流动性也随之增大，不同省份之间的联系日渐紧密，因而，出现省际环境全要素生产率相互依赖的现象是必然的。

第三，根据空间面板计量模型的估计结果可知：①在2003~2013年，经济发展水平对省际环境全要素生产率起到正向促进作用，这与“环境库兹涅茨曲线”假说相一致。由此也可以反映出现阶段中国总体经济增长质量较好，粗放型的经济增长方式已经得到了很大改善，转变经济发展方式的工作取得了一定的进展。但值得注意的是，此结论是针对样本时期在全国整体范围内适用，对于不同省份来说，经济发展对其环境全要素生产率水平的作用方向与其自身的经济基础状况有关。②从全国整体来看，样本期间外商直接投资会显著抑制环境全要素生产率水平的增长，不利于环境保护与经济发展“双赢”平衡的实现。本书的实证结果符合“污染天堂假说”，我国已经成为了发达国家的“污染避难所”。③第二产业增加值占GDP的比重每上升1%，环境全要素生产率就会下降0.0023%；也就是说第二产业所占比重越大，越不利于环境保护与经济发展“双赢”平衡的实现。④在考虑资源环境因素的约束下，各省份的能源消耗仍然会促进经济增长与生产率提高，也就是说，能源消耗因素对经济发展的正向作用超过了其产生环境污染的负向作用。但也必须注意合理利用能源，过度消耗资源、能源会导致环境承载压力过重，进而可能会降低环境全要素生产率。⑤在样本期间，政府环境规制的效果不够显著，环境治理投资的作用没有充分发挥出来，这表明“波特假说”在我国短期内是不成立的。

第四，值得一提的是，关于技术进步因素的设定与以往文献不同，本书分别考察了自主创新和技术引进这两种技术进步模式对环境全要素生产率影响的差异。其中，采用专利授权数量构建“自主创新知识存量”作为自主创新的替代指标；采用国外技术引进合同经费构建的“技术引进存量”作为技术引进的替代指标。无论从理论上分析还是实证结果检验，本书所选指标都比现有文献中技术进步的其他替代指标更为合理。根据空间面板计量模型的估计结果可知：自主创新和技术引进这两种技术进步模式对环境全要素生产率的影响具有很大的差异；自主创新能够显著促进环境全要素生产率的提高，而技术引进却有轻微的抑制作用，我国的技术引进具有一定程度的无效性；但自主创新因素的正向作用更大，因而，技术进步对环境全要素生产率的总效应仍为正向，技术进步依然是我国环境全要素生产率增长的源泉；并且在样本期间，自主创新是我国技术进步的主要途径。鉴于此，在制定相关政策建议时，要特别注意不同的技术进步模式对环境全要素生产率影响的差异。

第二节　主要政策建议

前文所有章节研究的最终目的是发现中国资源、环境与经济协调发展过程中所存在的问题，并探究出产生问题的原因，以便找出提高我国省际环境全要素生产率水平的路径与方法。根据第二章到第五章的省际环境全要素生产率的理论与实证分析，本书得到了比较客观、全面且有意义的结论（见第六章第一节）；这些结论可以相互印证、互为补充，共同形成了对我国省际环境全要素生产率比较立体、全面的认知，弥补了现有文献分析的零散性与局限性。同时，本研究的结论为改善当前我国经济社会发展过程中伴随的环境效率偏低、污染排放超标、绿色生产技术落后等问题提供了解决路径，为我国实现环境保护与经济发展的“双赢”平衡提供了理论依据与数据支撑。根据省际环境全要素生产率的测算结果、省际环境全要素生产率的收敛性判断及其影响因素的空间计量分析结果，本节从经济发展、外资利用、技术进步、产业结构、能源消耗、政府环境规制以及区域协调等角度提出促进中国环境保护与经济发展“双赢”平衡、推动区域经济协调可持续增长的政策建议。

一、提高经济增长质量，转变经济发展模式

当前中国经济发展水平对环境全要素生产率起到正向促进作用（见第五章第四节实证结果），这可以反映出现阶段中国总体经济增长质量较好，转变经济发展方式的工作取得了一定的进展。但此结论只是针对样本时期在全国整体范围内适用，对于不同省份来说，经济发展对其环境全要素生产率水平的作用方向与其自身的经济基础状况有关。鉴于此，全面提高我国经济发展质量，进一步推进经济增长方式由粗放型向集约型转变仍是提高环境全要素生产率的重要路径。

（一）提高经济增长质量，由“以物为本”转型为“以人为本”的增长观

根据前文分析可知，我国大部分尤其是中、西部省份的经济发展仅仅是经济规模的扩大，经济质量还有待提高。因此，各级政府应该转换官员的工作重心，不再以 GDP 作为考察政绩的唯一指标。将资源环境因素纳入国民经济统计中，进行绿色 GDP 核算，更加科学、客观地衡量社会经济与环境状况；并将绿色 GDP 作为各地方政府绩效考核的重要指标，使得各省份的经济发展从单纯的规模扩张转化升级为经济质量的提高。

尤其是 2008 年以来，我国经济增长逐渐进入了中高速发展的新常态，而经济增长质量是新常态的新向度（叶初升等，2015）。经济增长质量是指当经济数量增长到一定程度后，经济增长的效率提高、稳定性提高、创新能力提高、结构优化、福利分配改善、生态环境代价低，从而使得经济得以可持续增长的结果。因而，为了提高我国经济增长质量，就要树立“以人为本”的发展观，在经济发展过程中注重人的全面发展，提高医疗教育水平、改善生态生活环境、健全基础设施与公共服务等与“人的全面发展”相关的问题；通过知识创新与技术改进等途径提高要素效率，重视宏观经济的稳定性和协调性；调整收入分配格局，在经济发展过程中将收入分配向落后地区与低收入人群倾斜；调整公共服务，实现基本公共服务的均等化，使得经济增长的福利向每个阶层人群平等流动，实现经济、环境的协调可持续发展。

（二）建立“源头控制—过程控制—成果控制”的生态经济发展模式

首先，实行“源头控制为主，末端治理为辅”的经济可持续发展模式。当前我国多数省份仍属于“先污染，后治理”的“事后治理”模式，这种末端治理模式的缺陷是投入成本很高，而经济效益几乎为零；并且受限于环境技术普遍偏低，许多污染物治理难度很大。鉴于此，各省份应该从源头开始控制，推广使用清洁能源，提高能源、资源的利用效率，尽可能减少污染物的产生。特别是对于一些污染去除率较高的省份，必须加大力度转向以源头控制为核心的生产模式，实现环境保护与经济发展的双赢平衡。

其次，加强过程控制，推行“循环经济”与“成本内化”的发展模式。加强生产过程中的节能减排力度是实现经济向绿色、清洁、安全方向转变最重要的环节。“循环经济”是指在经济发展的过程中，以资源、能源的高效、循环利用为中心，以减量化（Reduce）、再使用（Reuse）和再循环（Recycle）为行为准则，按照清洁生产的方式，对资源、能源以及废弃物进行综合利用的生产过程；使得经济系统与生态系统的物质循环相协调，保护生态平衡，具有“低开采”“低排放”和“高利用”的特点。因而，实行循环经济发展模式符合可持续发展的理念，有助于提高省际环境全要素生产率。“成本内化”是指把资源环境因素纳入经济系统中去，按照人与自然协调发展的本质要求，在“近期治理、长期构建”战略原则的指导下，把原来工业经济系统运行过程中的外部成本在新的生产运行系统、生活方式与居住系统中内部化，实现经济形态的重建，使生产力在更有效的模式下持续发展。

最后，加强成果控制，开发绿色产品，发展功能经济与分享经济。绿色产品是指生产过程及其自身具有低污染、节能性、节水性、可回收、可再生等特性的产品类型，是绿色环保技术应用的最终成果。绿色产品可以促进生产与消费方式的转变，以市场调节的途径来实现保护环境的目的。各省份应该根据自身禀赋开发具有地区特色的绿色产品，并使之成为新风尚，进而激励企业生产绿色产品以获取经济利益。功能经济是指以“节约资源、循环利用”为原则，提高产品质量的同时减少产品数量，生产耐用性高、使用寿命长的产品，以提高资源利用率、降低物质消耗。具体来说，各省份可以推行“集约使用”设施（诸如公共交通、污染治理设备等），并鼓励二手产品交易等措施。分享经济是将闲置的车辆、服务、房屋和时间等进行利用、共享，从而产生经济价值。当前互联网已经成为分享经济的重要载体，尽管分享经济不直接进行商品生产，但会通过资源重新配置产生新产品，并且能刺激新的消费需求。各省份应该积极推动分享经济发展，以便有效利用过剩产能，促进供给侧结构性改革，进而提高环境全要素生产率。

二、积极引导外资流向，优化外资引进结构

根据前文研究结论可知，样本期间外商直接投资会显著抑制我国环境全要素生产率水平的增长。显然，我国的外资引入方式不够合理，在“唯GDP至上”的观念下，引入了大量高排放、高能耗的污染性低级产业，尽管在一定程度上促进了经济增长，但也付出了沉重的环境代价。因而，必须要有选择性地引进外资，优化外资结构，提高外资质量，避免成为发达国家的“污染避难所”。

（一）树立科学的政绩观，提高外资引进质量

要摒弃“只要金山银山，不要青山绿水”的错误政绩观，不能以牺牲环境为代价引进高污染的低端外资产业。地方政府应该制定出考虑资源环境因素、可持续发展的外资利用策略，促使招商引资政策与外商直接投资的目标取向相一致。在引进外资时，不但要重视经济效益，更要关注其环境效益。通过管制措施迫使外资企业进一步优化资源配置、加强污染治理，并且刺激企业引进其母国先进的绿色生产技术和加强自主研发，促使企业由资源密集型转变为技术密集型，进而改变其使用我国廉价环境要素的不良动机。由于发达国家的绿色环保与能源节约技术比较先进，因而，各地方政府应该重点引进国外先进的绿色生产技术与生态经济模式，提高我国的外资利用率。出台相应的优惠政策引导外资流向高新技术产业、清洁能源产业等环保领域；同时通过提高税收等措施限制大量外资流向高能耗、高污染的重工业领域。以出口高科技含量的产品为主，提高国际竞争力，减少发达国家进行贸易环境污染转移的机会，进而促进我国环境全要素生产率的提高。

（二）加强外资企业环保审批与环境监督体系建设

首先，环保部门应该在执法过程中平等对待外资企业，不得给予外商直接投资企业的“优惠待遇”，在引进外资时提高环境标准，增加环境保护的相关协议。其次，改变我国环境技术标准偏低的现状，加快与国际环保标准接轨，从而促使外资企业在生产的全过程中自觉遵守相关的环保规定，减少污染排放。再次，各级环保执法单位应充分利用我国现有的环境

法律法规，加大环境执法力度，严厉打击外资企业的各种环境违法行为。最后，在外资企业中选派环境监督人员，对企业生产过程进行全程监督，及时发现并上报其环境污染与资源浪费等情况，迫使外资企业严格遵守我国相应的环境标准。

三、增强自主创新能力，科学引进先进技术

通过前文分析可知，尽管技术进步因素对环境全要素生产率的总效应为正向，但自主创新和技术引进两种不同的技术进步途径对环境全要素生产率的影响具有很大的差异。自主创新能够显著促进环境全要素生产率的提高，而技术引进却有轻微的抑制作用。鉴于此，本书在制定与此相关的政策建议时，特别注意了不同技术进步模式对环境全要素生产率影响的差异。

（一）提高自主创新能力，促进绿色技术进步

从计量分析结果来看，“自主创新知识存量”对省际环境全要素生产率的估计系数为正，这表明自主创新知识存量越多，我国环境全要素生产率水平也会相应越高。除此之外，已有相关国际经验证明，研究创新的根本动力还是来源于本国企业。因此，实现环境保护与经济发展“双赢”平衡的关键是依靠自主创新，毕竟，发达国家不会把其先进的核心技术转移给我国。具体来说，政府部门应该通过市场调节与行政管理措施相结合的方式改善当前的科技活动机制，推动企业的自主创新，增加科技研发的财政投入，加大研究经费投入力度，对于清洁能源产业、高新技术产业等环保领域要特别扶持；加强对研发投入经费的监管，确保研发经费专款专用，提高研究经费的投入产出比例，杜绝套用、挪用研发经费等腐败行为；引进并培养高新技术人才，加大教育资金的投入，提升技术人员的综合素质与创新能力，促进环保技术进步；加强知识产权保护与奖励政策，积极引导并提高企业自主研发的积极性，指导制定民族企业国际化的长期发展战略，对自主创新技术专利与本土品牌予以特别奖励；把自主创新作为关系国计民生的大事给予高度重视，为企业自主创新提供良好的外部环境；着力建立绿色技术工程体系，重点开发节能减排技术、生态产业技术

与废弃物综合利用技术[1]；此外，还要结合能源税、环境税、发展风险投资与孵化项目等政策增强企业自主创新的动力，促进我国经济环境的协调可持续发展。只有立足于自主创新，掌握关键技术与系统集成能力，研发出大量的专有技术与自主知识产权，才能拥有转变经济增长方式和优化升级经济结构的主动权。

（二）科学引进先进技术，加强技术消化吸收能力

盲目或重复地引进国外技术不但不会促进我国环境全要素生产率的提高，反而还会有一定的负面影响。众所周知，发达国家的技术水平还是比我国先进很多，而自主创新不但包括原始创新，还包括国外引进技术的再创新以及集成创新。因而，通过国外技术引进也可以间接促进我国自主创新水平的提高。所以，在鼓励企业自主创新的同时，也要重视国外先进技术的引进。通过多方面渠道引进并学习发达国家的先进技术，并将其与自主创新能力培养结合起来，这也是促进我国技术进步和提高环境全要素生产率的重要渠道。需要注意的是，政府或企业要科学合理地引进国外先进技术，不能盲目地“崇洋媚外”，引进劳动密集型或者资源密集型等低端产业的技术；也不能仅仅关注技术的高端性，引入不适合本地发展的技术，导致技术引进无效。此外，还要加强对引进的先进技术的消化吸收能力，刺激对已经消化吸收技术的再创新能力，充分利用国际科技资源加快我国发展速度。企业是我国引进先进技术并消化吸收再创新过程的主要载体，鉴于此，在引进重大项目时，要联合设计研究单位与制造企业进行合作，达到共同消化吸收的目的。地方政府也要整合国内外与省内外的相关资源，建立组织机构与研发单位、企业的技术创新战略同盟，加强“产学研”的密切结合，进而提高我国对先进技术的消化吸收与再创新能力。

四、推进产业结构调整，加快产业结构优化升级

第五章第四节研究结果表明，第二产业增加值占地区生产总值的比重对我国省际环境全要素生产率具有显著的负向作用；也就是说，该比重值

① 王云珠．生态文明建设助力我省节能环保产业发展［N］．太原日报，2015-06-09.

越高，则环境全要素生产率水平越低。鉴于此，应该继续推进产业结构调整，淘汰落后产能与“僵尸”企业，促进产业结构优化升级，提高供给效率。

首先，夯实第一产业基础，发展现代生态农业：加强农业研发力度，引进先进农业生产技术；实施科教兴农战略，构建知识密集型的第一产业，从而开发优良新品种，减少对农药、化肥等有害物质的使用；推广有机农业，提高第一产业投入产出量，促进农业生产率的提高；加快城镇化进程，转移农村剩余劳动力，实现农业规模化经营，进一步推动农业市场化与专业化的进程，提高农业生产效率；鼓励第一产业技术创新，大力扶持有机绿色农产品，积极发展特色农牧业，推动第一产业生态化发展，提高农产品的技术含量与经济价值。

其次，改善第二产业内部结构，发展先进制造业与高新技术产业：样本期间我国第二产业所占比重仍然较大，其中工业（包含制造业、煤气、采掘业、水的生产与供应业、电力等）是第二产业的主导部门，因而，调整工业结构至关重要。资本密集型工业（包括石油化工、电力工业、钢铁业等行业）与劳动密集型工业（包括纺织、家具、皮革等制造业）通常需要投入大量的资本与劳动力，这些行业往往生产设备落后、技术水平低下，不利于环境全要素生产率的提升；而技术密集型工业（包括新材料工业、信息产品制造业、原子能工业等）主要依靠智力与技术要素，具有低能耗、低污染和高效益的特点，有利于提高环境全要素生产率水平。鉴于此，应该着力发展技术密集型工业，大力发展先进制造业与高新技术环保产业；减少传统的资本与劳动密集型工业的比重，淘汰落后的“三高”（高能耗、高污染、高排放）产业，加大产业重组；对于传统支柱产业则要积极改造更新高耗能的生产设备，加快开发节能减排的生产技术，进一步延伸产业链并促进支柱产业高端化。总之，就是要走具有中国特色的新型工业化道路，从根本上解决环境破坏的产业根源问题。

最后，大力发展第三产业，推行生态型服务业：积极发展现代物流业、金融保险业、教育服务业、旅游业、文化产业、体育产业、互联网、电子商务等第三产业。这些产业具有科技含量高、能源消耗低、经济效益好、环境污染少的特点，有助于环境全要素生产率水平的提高。加快发展第三产业不但是优化升级产业结构的需要，而且是转变经济发展方式的必然。因而，政府部门应该继续从财政税收、信贷支持、土地和价格优惠等方面完善推动第三产业发展的政策体系；健全相应的制度标准，不断优化第三产业的发展环境；规范市场监督，拓宽融资渠道，加大政策扶持力度；重点深化服务业改革，加快“服务化”进程；使得节能环保型产业成为新常态下经济增长的新动力与新兴支柱产业。

五、优化能源结构，大力发展清洁能源

前文实证研究结果表明，在样本期间内，能源消耗因素对我国省际环境全要素生产率具有显著的正向影响，也就是说，能源消耗因素对经济发展的正向作用超过了其产生环境污染的负向作用。鉴于此，我国应该分阶段谨慎地实行节能减排政策，这是由于能源消耗推动了经济发展，如果短期内强制施行过度的能源政策可能会影响经济增长。因而，各省份应该积极拓宽能源来源渠道，广泛利用国际市场获取更多的国外能源以保证能源的充分供应；分阶段、分次序地减少高能耗产业，减少对煤炭与石油能源的依赖，调整化石能源消耗结构，逐渐实现各省份能源结构的优化升级；通过增加能源开发税等税种、制定能源消耗阶梯税率、控制高能耗产业的信贷投放规模等系列措施逐渐引导企业减少不可再生能源的消耗；鼓励高科技清洁能源产业的发展，降低可再生能源与新能源行业的增值税以及设备进口关税，积极推进太阳能、风能、地热能等可再生新能源的开发利用；实行能源产品价格改革，根据市场供需进行能源定价，形成更为有效的能源交易市场；从发达国家引进先进的能效提升技术，参与诸如“清洁发展机制”“全球核伙伴计划”等国际合作机制，抢占新能源开发的制高点，增强我国能源消耗与经济增长脱钩的能力以及在国际能源领域的话语权；通过开展思想教育、知识普及等方式充分调动社会公众参与低碳生活、节能减排的积极性，通过推行绿色消费方式来倒逼能源结构的优化升级。

六、调整政府环境规制措施，确保环境政策的连贯性

根据第五章实证研究结果，样本期间，政府环境规制的效果不够显

著，环境治理投资的作用没有充分发挥出来，“波特假说”在我国短期内是不成立的。这表明当前我国在环境规制政策制定和执行方面还存在很多缺陷，因此，必须加快调整政府环境规制手段与规制强度，实施连贯性的环境管制政策，促进省际环境全要素生产率水平的提升。

首先，要对政府环境经济政策进行调整，积极建设包含价格政策、税收政策和微观刺激在内的政策体系：实行绿色税收政策，完善排污费、环境税、能源税等税种的征收制度，针对不同的对象实施差别税收、阶梯税率等政策，促使企业与公众保护环境、节约能源；推行绿色价格政策，根据资源、能源的真实价值调整其价格；设立稳健的环保信贷投资制度，对节能环保项目加大信贷投资力度并提供优惠的贷款利率与还贷条件；通过发行中长期债权、进行财政补贴等系列措施解决大型环保项目的资金问题；推行绿色倾斜策略，拒绝或减少贷款给高能耗、高污染的工程项目；健全政府环保激励机制，引导企业研发、利用清洁生产技术，提高资源利用效率，促进环境全要素生产率水平的提高。

其次，要对环境政策执行机制进行调整，实施连贯性的环境管制政策：政府部门应该合理使用环境污染治理投资，加大对污染治理投资的监管力度，构建环保投资绩效评价体系并进行全方位的督查，保证投入的资金能够对污染治理起到相应的作用；消除地方政府进行环境管制的“政策应对性”①，实施具有连贯性、一致性的环境规制政策；健全环保执法的内部监督机制，切实执行“环保执法监督制度”②；完善环境政策实施的保障机制，加强环境政策的可操作性；健全环保执法的外部监督机制，强化各级监察机关的审判监督，并接受社会公众的舆论监督；健全民主考核评议制度与行政执法责任制，提高环境执法工作人员的业务水平与综合素质；直接管制与经济手段相结合，加强政府的激励引导与政策扶持力度，调动企业进行节能减排的积极性；加强教育宣传，提高全体社会公众的环保

---

① 实施环境管制的“政策应对性”指的是样本时期各省份环境污染治理投资额比重偏低，并且不同年份差异较大。

② 加强环保执法监督制定的制度包括：环保规范性文件备案制度、重大行政处罚备案制度、法律法规与规章实施情况报告制度、行政执法监督检查制度、行政复议制度。

意识。

最后，要科学地界定政府环境规制范围，由于政府过度干预经济活动会导致效率损失，不利于环境全要素生产率水平的提高，因而，要合理控制政府的干预范围与强度；提供公平自由的市场环境，把经济决策权交给市场主体，政府主要负责市场环境与秩序的维护；而市场主体进行决策并承担经济后果与影响，实现政府部门从“管理者”转变为“服务者”，这样更有利于市场经济的发展与环境全要素生产率水平的提高。

七、绿色消费策应供给侧改革，推动生态经济持续增长

所谓绿色消费，指的是具有保护环境与节约资源特点的消费方式，实际表现包括：力行勤俭节约的优良传统，避免浪费资源、能源，崇尚绿色环保的产品与服务，尽可能减少消费过程中的环境污染。2015 年我国的煤炭消费量首次实现了下降（较 2014 年煤炭消费量降低了 3.7%），并且天然气、风电、水电以及核电等洁净能源的消费量占比有所上升（洁净能源消费量占比从 2011 年的 13.0%上升到 2015 年的 17.9%）。鼓励各省积极发展绿色消费，不但能促进各地区实现消费结构升级，提高居民生活质量；而且通过需求结构的改革，能够推进供给与需求的有效对接，策应供给侧结构性改革，最终实现生态经济持续稳定的发展。

具体包括如下措施：①大力推广绿色产品消费。在各省份推广能效标识为 2 级以上的节能家电以及节能环保汽车、节能高效电机、高效照明产品等，逐步提高节能电器市场的占有率。②继续推广节水洗衣机、节水水龙头以及节水马桶等节约水资源的产品设备。③鼓励使用新能源汽车，着力建设与电动汽车配套的充电基础设施，并且提供与新能源汽车相应的服务，加快实现新能源汽车的广泛应用。④扩大绿色消费市场。建设专门的绿色产品通道，鼓励商场、市场、超市等商品流通部门设立专门的绿色产品销售区，同时出台一定的政策推动绿色商场、绿色市场、节能超市等系列绿色流通企业，并积极拓展农村绿色产品消费市场。⑤提供绿色产品与服务的有效供给。鼓励并引导各地区的企业利用“大众创业、万众创新”的平台，积极研发并制造绿色产品，努力提升产品与服务的环境效益。利

用“互联网+”推动绿色消费，支持电商企业和实体企业合作开发经营绿色产品，推广绿色产品、二手产品的网络销售与在线交易，以便满足公众多元化的绿色消费需求。

在“供给侧结构性改革”的主线下，各省份应该在“十三五”时期贯彻绿色发展理念，促进经济的绿色转型；推进绿色产业成为新的经济增长点，绿色消费与外贸成为各省份的经济增长引擎；拉动中国经济走出下行压力、步入中高端的同时着力改善生态环境，争取实现环境保护与经济发展的双赢平衡。

八、制定差别化的省域环境全要素生产率增长政策

由前文实证分析结果可知，我国省际环境全要素生产率存在显著的空间正相关性和空间异质性，不同省份的环境全要素生产率增长水平及其收敛趋势不同，则其环境、经济发展的协调性也就不同。三大区域的地理位置、资源禀赋、技术创新、产业结构等经济发展条件具有很大的差异。鉴于此，结合我国空间特征与梯度发展模式，因地制宜实施差别化的省域环境经济政策，统筹不同省份环境全要素生产率增长，对于实现全国整体经济可持续发展具有十分重要的意义。

从中国东、中、西部的对比分析中可知，中部、西部省份的环境全要素生产率水平与东部省份的差距相对较大；而且中、西部省份与东部省份环境效率的差距有继续增大的趋势；而中部和西部省份之间的环境效率差距有缩小的趋势。可见，我国环境全要素生产率差异是由东部—中部差异以及东部—西部差异主导的。鉴于此，应该充分发挥东部省份的优势，形成全国省份的示范标杆；同时着力提高中部和西部省份的环境全要素生产率。根据每个省份不同的禀赋条件，实施差异化的生态经济政策，促使落后地区快速提高环境全要素生产率水平，逐渐缩小省际差异，实现省域经济、环境的协调可持续发展。

（一）充分发挥东部发达省份的示范带头作用

保持并进一步提升优势省份较高的环境全要素生产率，充分发挥东部地区示范带头作用。由 EBM-Malmquist-Luenberger 评价结果可知，东部省

份诸如北京市、上海市、江苏省、浙江省等对中国整体环境效率与环境全要素生产率水平具有明显的拉动作用。因而，要促进全国环境全要素生产率以及环境效率水平的提升，必须先要保障东部发达省份环境生产率水平的稳步提高，并在其示范效应下，促进中、西部落后省份向东部省份集聚，辐射、引领其他地区以至全国环境全要素生产率水平的提高。根据Moran散点图和LISA集聚图可知，部分东部沿海发达省份的环境全要素生产率增长具有明显的优势，分别形成了以北京市为中心的京津冀高环境全要素生产率聚集区和以上海市为中心的长三角高环境全要素生产率聚集区。这些省份在地理位置和经济基础方面优于国内其他省份，因而，东部领先省份应该发挥其现有优势，构建“产学研”一体化的生产体系。进一步优化资源配置、调整产业结构、研发高新环保技术、改造更新落后设备，将其在技术创新、人力资本、资源禀赋、外商投资等方面的优势真正转化为环境全要素生产率的提升。

具体包括如下措施：①对于北京市、上海市、江苏省等优势省份，要加强“高碳排放、高能耗、高耗水”等污染性企业的绿色升级改造，特别是要逐渐淘汰钢铁、电解铝、平板玻璃等行业的低端过剩产能，特别要控制电力、化工、建材与钢铁等重点行业的碳排放量，推进企业“关停并转”①。基于发达省份在人力资本与绿色技术方面的优势，着力更新改造工艺技术装备，实现资源与能源的集约式利用与管理。②利用东部省份在高科技专业人才和先进绿色生产技术等方面的丰富资源，持续推进创新驱动发展战略，促进互联网和各行业的进一步融合，加快新兴产业成长壮大，充分发挥其“稳定就业形势、促进结构升级”的突出作用，推进东部沿海省份成为社会经济深化改革的“龙头”。③东部省份提升环境全要素生产率的另一个关键点在于节能减排技术的研发与绿色消费市场的扩大。利用先进的科技开发清洁能源，推广污染处理技术；倡导居民低碳生活、环保出行、绿色消费。④东部省份还要继续利用比较优势，促进各种生产要素的合理流动与资源的优化配置；推动集约式发展，提高产品的附加值，实

① 指的是企业关闭、停办、合并与转产的简称。

现产业链的延伸；引导劳动密集型与低附加值型产业的有序转移。⑤大力发展节能环保产业，培育其成为新的经济增长点并成为支柱性行业，为发展循环经济、节约自然资源与提高环境全要素生产率提供物质保障与技术支撑；此外，节能环保产业自身的产业链较长、关联度较大，具有很强的吸纳就业能力，能有效拉动绿色经济转型与生态经济增长。

（二）着力提升中西部省份环境全要素生产率，缩小与东部省份的差距

关注提升落后省份的环境全要素生产率，缩小其与优势省份的差距。根据环境全要素生产率评价结果与 Moran 散点图和 LISA 集聚图可知，中、西部多数省份的环境全要素生产率增长具有明显的劣势，形成了以青海省为中心的中西部低环境全要素生产率聚集区，经济发展具有较强的不可持续性。鉴于此，中西部省份应该加快部署环境全要素生产率增长的“赶超战略”，努力缩小与优势省份之间的差距。国家也应该对中西部省份实行一定的倾斜政策，特别是在人才教育培养和研发创新投入方面加强扶持力度；还要重视中西部省份的基础设施建设，促进中西部省份的产业结构优化升级以及环境、经济的协调发展。中西部省份还应该加强与东部优势省份的交流合作，主动接受优势省份的辐射，充分利用中西部劳动力与自然资源等方面的天然优势，积极开展与东部省份的专业化分工与合作，学习吸收发达地区先进的绿色技术与管理模式。

具体包括如下措施：①对于黑龙江省、吉林省等老工业基地，应该充分发挥其在装备制造业、军工以及重机械等方面的产业优势、技术优势与实力，将工作重点放在传统产业的改造提升与清洁工艺技术的开发上。一方面要加快传统产业转型升级，止住经济出血点，降低资源、能源的漏损率，更新落后的技术设备，对产品进行深加工，延伸产业链并促进工业发展高端化；另一方面要针对工业增速衰减、企业效益低迷的现实状况，以保护环境与节能减排为重点，积极引进先进的绿色生产设备与先进工艺技术，从源头上减少资源、能源的浪费与污染物的产生，同时设置排放净化设备，提高“工业三废”的利用程度，提高“事后治理”效果。②继续建设“两型社会示范区”，推进诸如长株潭城市群、武汉城市圈、皖江城市区、中原城市圈以及鄱阳湖生态经济区等中西部“两型社会”改革试验区

建设，倡导文明、环保、节能的生活、消费方式，促进中西部落后省份环境全要素生产率的提高。③对于山西省、安徽省等资源型省份应该着力推进城市转型发展，提高非化石能源的使用比重，推动煤炭等化石能源的清洁、高效利用，加快储能与智能电网构建，提高建筑的节能标准，建设"近零排放区"等生态示范工程，有效地控制碳排放量。④在执行严格环境标准的前提下，主动承接东部发达省份的产业转移与技术转移，引进东部省份的先进技术与资本，加强与东部发达省份的专业化分工与互动协作。充分利用中西部省份的劳动力以及资源、能源方面的优势，形成特色产业集群。⑤科学开发中西部资源，充分考虑到资源的生态价值，增加环保研发项目的投入力度，在发展经济的同时注重能源的高效利用与污染物减排，防止走"先污染，后治理"的错误道路。⑥强化中西部省份的绿色约束性指标管理，严格控制资源、能源消耗和建设用地的总量与强度，减少单位产出的生产要素投入，促进低碳循环发展，提高节能减排标准，提高生态经济发展的绿色内涵。⑦鼓励中西部省份进行产业、企业以及园区的循环式组合、生产与改造，将过去"资源—产品—废弃物"的传统线性增长方式转型升级为物质循环流通的可持续发展模式。⑧西部省份薄弱的经济基础、落后的绿色生产技术以及稀缺的高级人才严重制约了环境全要素生产率与环境效率水平的提升。鉴于此，西部落后省份的工作重点还在于发展经济、进一步提升经济实力。一方面要在避免重复建设、转移落后技术与增加污染排放的前提下，主动有效地引进东部省份的资本与绿色技术，大力支持东部发达省份以高新技术转移、重组收购兼并、投资办厂等方式在西部省份发展；另一方面，要考虑到西部自然资源的生态价值以及自主创新对资源重要性的影响，尽力摆脱环境库兹涅茨曲线的约束，使得西部省份在发展经济的初期就高效、合理地利用资源、能源并严格监管污染物排放，实现环境保护与经济发展的双赢平衡。⑨此外，中西部省份还要特别注意培养和引进人才，改善人才培养模式与发展环境，建立相应的优惠待遇引进高新技术人才，提高人才的利用效率并防止人才流失。

（三）重视空间效应，协调省域环境全要素生产率增长

重视空间效应，促进生产要素的跨省份流动。通过省际环境全要素生产率的收敛性分析，发现中国环境全要素生产率没有显著的绝对收敛趋势，省际差距不会自动消失；并且环境全要素生产率的流动性偏低，存在高生产率、中高生产率、中低生产率和低生产率四种状态类型集聚的现象，这显然对于环境全要素生产率较低的省份来说存在很大的劣势，不利于经济社会的和谐共赢发展。与此同时，第五章实证研究结果表明，省际环境全要素生产率水平具有显著的空间依赖性，不同省份的环境全要素生产率是相互影响的。因而，各地方政府应该摒弃“地方保护主义”观念，加强不同省份间的交流合作，这有助于环境技术的创新与管理水平的改进，可以充分发挥出各省份的资源禀赋优势，共享环境保护成果。发挥地方政府的引导作用，打破传统的行政地域壁垒，统筹规划、设立跨省环境合作机制与污染补偿制度，为省际交流合作提供良好的外部环境。制定关于省域合作比较规范的法律法规，政府部门需要有效引导不同省份之间的交流合作，为不同省份的交流合作提供健全的法律保障和有效的约束机制。进一步发挥正向影响因素的空间溢出效应，引导先进技术、人力资本、管理模式、配套资金等生产要素由发达省份向落后省份流动，形成合作共赢的良性循环发展。同时，还要遏制负向影响因素的空间溢出效应，避免邻接省份对本省环境全要素生产率增长产生不良影响。实现不同省份之间的经验共享、优势互补，推进区域经济一体化，最大限度地发挥空间溢出效应对我国省际环境全要素生产率的提升作用。在“十三五”乃至以后更长的时期内，让绿色发展成为区域经济增长的新动力，促进经济提质升级、持续增长。

第三节　工作展望

本书在借鉴现有文献的基础上，对我国省际环境全要素生产率进行了测度，研究了环境全要素生产率的地区差异、收敛性及其影响因素，并取得了一些成果。这对于推进“美丽中国”建设，实现“五化”① 同步发展

① 2015 年 3 月 24 日的中央政治局会议在“新型工业化、农业现代化、信息化和城镇化”的“四化”基础上又加入“绿色化”，“新四化”全面升级为“五化”。

以及引领经济新常态具有十分重要的理论与现实意义。但受限于笔者的能力与精力不足，本书仍然只是对该课题的初步尝试性研究，笔者认为还可以从以下几个方面开展深入研究：

首先，本书选择省域的空间尺度对中国环境全要素生产率的空间差异、收敛特征及其影响因素进行了研究，但省域的空间尺度相对较大，不能深入细致地分析较小空间尺度的经济环境状况。鉴于此，下一步研究应该把空间尺度扩展到城市以及企业层面，开展更加细致的微观生产者行为调查，从微观角度揭示环境全要素生产率的影响机理，以便得到更为全面丰富的研究成果。

其次，由于时间限制，笔者仅从宏观角度对中国整体环境全要素生产率水平进行了分析。由于这种总量分析缺乏详细的行业基础，难以对不同行业提供更为细致的政策建议，存在一定的局限性。下一步应该深入研究环境全要素生产率水平的行业差异，进一步了解不同行业发展对生态环境的影响，从而为我国产业结构优化升级以及引领经济发展新常态提供更为具体的政策指导。

最后，本书是在归纳现有文献并深刻理解环境全要素生产率内涵的基础上对省际环境全要素生产率的影响因素进行选择的。虽然在选择过程中想要尽可能详细的包含影响环境经济发展的各个方面，但由于笔者的学术能力和数据可得性的限制，仍然存在不完整、不全面的缺陷。因而，可以从更多的角度进行多方位的影响因素指标选择，这也是下一步的工作方向。

附　录

公式 3.1

$$
\begin{aligned}
&\min\theta \\
&\text{s.t.}\ \sum_{j=1}^{n}\lambda_j x_{ij} + s_i^- = \theta x_{ik} \\
&\qquad \sum_{j=1}^{n}\lambda_j y_{rj} - s_r^+ = y_{rk} \\
&\qquad \lambda \geqslant 0
\end{aligned}
$$

公式 3.2

$$
\min\rho = \frac{1 - \frac{1}{m}\sum_{i=1}^{m} s_i^- / x_{ik}}{1 + \frac{1}{q}\sum_{r=1}^{q} s_r^+ / y_{rk}}
$$

$$
\begin{aligned}
&\text{s.t.}\ X\lambda + s^- = x_k \\
&\qquad Y\lambda - s^+ = y_k \\
&\qquad \lambda,\ s^-,\ s^+ \geqslant 0
\end{aligned}
$$

公式 3.3

$$
\min\rho = \frac{1 - \frac{1}{m}\sum_{i=1}^{m} s_i^- / x_{ik}}{1 + \frac{1}{q_1 + q_2}\left(\sum_{r=1}^{q_1} s_r^+ / y_{rk} + \sum_{i=1}^{q_2} s_i^{b-} / b_{rk}\right)}
$$

$$
\begin{aligned}
&\text{s.t.}\ X\lambda + s^- = x_k \\
&\qquad Y\lambda - s^+ = y_k
\end{aligned}
$$

$$B\lambda + s^{b-} = b_k$$

$$\lambda,\ s^-,\ s^+ \geqslant 0$$

公式 3.4

$$\gamma^* = \min\theta - \varepsilon_x \sum_{i=1}^{m} \frac{\omega_i^- s_i^-}{x_{ik}}$$

$$\text{s.t.} \sum_{j=1}^{n} x_{ij}\lambda_j + s_i^- = \theta x_{ik},\ i = 1,\ \cdots,\ m$$

$$\sum_{j=1}^{n} y_{rj}\lambda_j \geqslant y_{rk},\ r = 1,\ \cdots,\ s$$

$$\lambda_j \geqslant 0,\ s_i^- \geqslant 0$$

公式 3.5

$$\gamma^* = \min \frac{\theta - \varepsilon_x \sum_{i=1}^{m} \frac{\omega_i^- s_i^-}{x_{ik}}}{\varphi + \varepsilon_y \sum_{r=1}^{s} \frac{\omega_r^+ s_r^+}{y_{rk}} + \varepsilon_b \sum_{p=1}^{q} \frac{\omega_p^{b-} - s_p^{b-}}{b_{pk}}}$$

$$\text{s.t.} \sum_{j=1}^{n} x_{ij}\lambda_j + s_i^- = \theta x_{ik},\ i = 1,\ \cdots,\ m$$

$$\sum_{j=1}^{n} y_{rj}\lambda_j - s_r^+ = \varphi y_{rk},\ r = 1,\ \cdots,\ s$$

$$\sum_{p=1}^{n} b_{ij}\lambda_j + s_p^{b-} = \varphi b_{tk},\ p = 1,\ \cdots,\ q$$

$$\lambda_j \geqslant 0,\ s_i^-,\ s_r^+,\ s_p^{b-} \geqslant 0$$

公式 3.6

$$ML(x^{t+1},\ y^{t+1},\ b^{t+1},\ x^t,\ y^t,\ b^t) = \sqrt{\frac{E_c^t(x^{t+1},\ y^{t+1},\ b^{t+1})}{E_c^t(x^t,\ y^t,\ b^t)} \times \frac{E_c^{t+1}(x^{t+1},\ y^{t+1},\ b^{t+1})}{E_c^{t+1}(x^t,\ y^t,\ b^t)}}$$

公式 3.7

$$EC = \frac{E_c^{t+1}(x^{t+1},\ y^{t+1},\ b^{t+1})}{E_c^t(x^t,\ y^t,\ b^t)}$$

公式 3.8

$$TC = \sqrt{\frac{E_c^t(x^t,\ y^t,\ b^t)}{E_c^{t+1}(x^t,\ y^t,\ b^t)} \times \frac{E_c^t(x^{t+1},\ y^{t+1},\ b^{t+1})}{E_c^{t+1}(x^{t+1},\ y^{t+1},\ b^{t+1})}}$$

公式 3.9

$$ML=EC\times TC$$

公式 3.10

$$ML(x^{t+1},\ y^{t+1},\ b^{t+1},\ x^{t},\ y^{t},\ b^{t})=\sqrt{\frac{E_c^{t}(x^{t+1},\ y^{t+1},\ b^{t+1})}{E_c^{t}(x^{t},\ y^{t},\ b^{t})}\times\frac{E_c^{t+1}(x^{t+1},\ y^{t+1},\ b^{t+1})}{E_c^{t+1}(x^{t},\ y^{t},\ b^{t})}}$$

$$=EC\times TC=\frac{E_c^{t+1}(x^{t+1},\ y^{t+1},\ b^{t+1})}{E_c^{t}(x^{t},\ y^{t},\ b^{t})}\times\sqrt{\frac{E_c^{t}(x^{t},\ y^{t},\ b^{t})}{E_c^{t+1}(x^{t},\ y^{t},\ b^{t})}\times\frac{E_c^{t}(x^{t+1},\ y^{t+1},\ b^{t+1})}{E_c^{t+1}(x^{t+1},\ y^{t+1},\ b^{t+1})}}$$

$$=\frac{E_v^{t+1}(x^{t+1},\ y^{t+1},\ b^{t+1})}{E_v^{t}(x^{t},\ y^{t},\ b^{t})}\times\left\{\frac{E_c^{t+1}(x^{t+1},\ y^{t+1},\ b^{t+1})}{E_v^{t+1}(x^{t+1},\ y^{t+1},\ b^{t+1})}\times\frac{E_v^{t}(x^{t},\ y^{t},\ b^{t})}{E_c^{t}(x^{t},\ y^{t},\ b^{t})}\right\}\times$$

$$\sqrt{\frac{E_v^{t}(x^{t},\ y^{t},\ b^{t})}{E_v^{t+1}(x^{t},\ y^{t},\ b^{t})}\times\frac{E_v^{t}(x^{t+1},\ y^{t+1},\ b^{t+1})}{E_v^{t+1}(x^{t+1},\ y^{t+1},\ b^{t+1})}}\times$$

$$\sqrt{\frac{E_c^{t}(x^{t},\ y^{t},\ b^{t})}{E_v^{t}(x^{t},\ y^{t},\ b^{t})}\times\frac{E_c^{t}(x^{t+1},\ y^{t+1},\ b^{t+1})}{E_v^{t}(x^{t+1},\ y^{t+1},\ b^{t+1})}\times\frac{E_v^{t+1}(x^{t},\ y^{t},\ b^{t})}{E_c^{t+1}(x^{t},\ y^{t},\ b^{t})}\times\frac{E_v^{t+1}(x^{t+1},\ y^{t+1},\ b^{t+1})}{E_c^{t+1}(x^{t+1},\ y^{t+1},\ b^{t+1})}}$$

$$=PEC\times SEC\times PTC\times STC$$

公式 3.11

$$K_{i,t}=I_{i,t}+(1-\delta_{i,t})\ K_{i,t-1}$$

公式 4.1

$$\sigma_t=\sqrt{\frac{1}{N-1}\sum_{i=1}^{N}(ETFP_{i,t}-\overline{ETFP_t})^2}$$

公式 4.2

$$CV=\frac{1}{\overline{ETFP_t}}\sqrt{\frac{1}{N-1}\sum_{i=1}^{N}(ETFP_{i,t}-\overline{ETFP_t})^2}$$

公式 4.3

$$\sigma_t=c+\theta\times t+\mu_t$$

公式 4.4

$$(\ln ETFP_{iT}-\ln ETFP_{i0})/T=\alpha+\beta\ln ETFP_{i0}+\varepsilon_{it}$$

公式 4.5

$$\beta=-(1-e^{-\lambda T})$$

公式 4.6

$$g=\alpha+\beta\ln y_0+\gamma X+\varepsilon$$

公式 4.7

$$\ln(ETFP_{it}/ETFP_{i,t-1})=\alpha+\beta\ln ETFP_{i,t-1}+\varepsilon_{it}$$

公式 4.8

$$\beta=-(1-e^{-\lambda T})$$

公式 4.9

$$F_N(y)=\frac{1}{N}\sum_{i=1}^{N}I(X_i\leqslant y)$$

公式 4.10

$$K_0(x)=\begin{cases}1/2 & -1\leqslant x\leqslant 1\\ 0 & \text{其他}\end{cases}$$

公式 4.11

$$f(x)=\frac{1}{Nh}\sum_{i=1}^{N}K\left(\frac{x-X_i}{h}\right)$$

公式 4.12

$$\underset{N\to\infty}{Lim}h(N)=0, \underset{N\to\infty}{Lim}nh(N)=N\to\infty$$

公式 4.13

$$MISE(f_h)=E\int\{f_h(x)-f(x)\}^2dx$$

公式 4.14

$$h_{opt}=\left[\frac{\int K(z)^2dz}{n(\int z^2K(z)dz)^2(\int f^n(x)^2dx)}\right]^{1/5}$$

公式 4.15

$$K(u)=\frac{p(p+2)}{2S_p}(1-u_1^2-u_2^2-\cdots-u_p^2)$$

公式 4.16

$$K_h(x-X_i)=\frac{p(p+2)}{2hS_p}\left[1-\left(\frac{x_1-X_{i1}}{h}\right)^2-\cdots-\left(\frac{x_p-X_{ip}}{h}\right)^2\right]$$

公式 4.17

$$CETFP_h = ETE_h^{2002} \times \prod_{t=2003}^{T} ETFP_h^t$$

公式 4.18

$$CEEC_h = ETE_h^{2002} \times \prod_{t=2003}^{T} EEC_h^t$$

公式 4.19

$$CETC_h = ETE_h^{2002} \times \prod_{t=2003}^{T} ETC_h^t$$

公式 4.20

$$a_i(t+1) = \sum_{i=1}^{n} a_i(t) p_{ij} (i = 1, 2, \cdots, n)$$

公式 4.21

$$P_{ij} = n_{ij} / n_i$$

公式 4.22

$$\begin{cases} \pi_j = \sum_{i=1}^{N} \pi_i p_{ij}, \ j = 1, 2, \cdots, N \\ \pi_j > 0, \ \sum_{i}^{N} \pi_j = 1 \end{cases}$$

公式 4.23

$$CML_h = \prod_{t=2003}^{T} ML_h^t$$

公式 5.1

$$Moran's\ I = \frac{N \sum_i \sum_j w_{ij}(x_i - \bar{x})(x_j - \bar{x})}{(\sum_i \sum_j w_{ij}) \sum_i (x_i - \bar{x})^2} = \frac{\sum_i \sum_{j \neq i} w_{ij}(x_i - \bar{x})(x_j - \bar{x})}{S^2 \sum_i \sum_j w_{ij}}$$

公式 5.2

$$x_{i,-1} = \sum_j w_{ij} x_{ij} / \sum_j w_{ij}$$

公式 5.3

$$Z = \frac{Moran's\ I - E(I)}{\sqrt{Var(I)}}$$

公式 5.4

$$I_i = \frac{(x_i - \bar{x})}{s_x^2} \sum_j [w_{ij}(x_j - \bar{x})]$$

公式 5.5

$$W_{i,j} = \begin{cases} 0 & 若地区\ i\ 与\ j\ 不相邻 \\ 1 & 若地区\ i\ 与\ j\ 相邻 \end{cases}$$

公式 5.6

$$Y = \rho WY + X\beta + \mu$$
$$\mu \sim N(0,\ \sigma^2 I_n)$$

公式 5.7

$$Y = X\beta + \varepsilon$$
$$\varepsilon = \lambda W\varepsilon + \mu$$
$$\mu \sim N(0,\ \sigma^2 I_n)$$

公式 5.8

$$Y_t = \rho WY_t + X_t\beta + u + \mu_t$$
$$\mu_t \sim N(0,\ \sigma^2 I_n)$$

公式 5.9

$$Y_t = X_t\beta + u + \varepsilon_t$$
$$\varepsilon_t = \lambda W\varepsilon_t + \mu_t$$
$$\mu_t \sim N(0,\ \sigma^2 I_n)$$

公式 5.10

$$(I - \rho W)\ Y_t = X_t\beta + u + \mu_t \quad t = 1,\ 2,\ \cdots,\ T$$

公式 5.11

$$(I - \rho W)\ \frac{1}{T}\sum_{t=1}^{T} Y_t = \frac{1}{T}\sum_{t=1}^{T} X_t\beta + \frac{1}{T}\sum_{t=1}^{T} u + \frac{1}{T}\sum_{t=1}^{T} \mu_t$$

公式 5.12

$$(I - \rho W)(Y_t - \bar{Y}) = (X_t - \bar{X})\beta + (\mu_t - \bar{\mu})$$

公式 5.13

$$ZS_{i,t}=\sum_{s=0}^{\infty}e^{-\beta_1 s}(1-e^{-\beta_2(s+1)})ZLSQ_{i,s}$$

公式 5.14

$$K_{it}^{f}=E_{it}^{f}+(1-\delta)K_{i,t-1}^{f}$$

公式 5.15

$$K_{1}^{f}=E_{1}^{f}\times(1+g)/(1+\delta)$$

公式 5.16

$$W_{i,j}=\begin{cases}\frac{1}{{d_{i,j}}^2}, & i\neq j\\ 0, & i=j\end{cases}$$

公式 5.17

$$W_{i,j}=\begin{cases}\frac{d_{\min}}{d_{i,j}}, & i\neq j\\ 0, & i=j\end{cases}$$

公式 5.18

$$W_{i,j}^{*}=W_{i,j}E$$

公式 5.19

$$E_{i,j}=\begin{cases}\frac{1}{|\bar{z}_i-\bar{z}_j|}, & i\neq j\\ 0, & i=j\end{cases}$$

参考文献

[1] 卞亦文. 基于 DEA 理论的环境效率评价方法研究 [D]. 合肥：中国科学技术大学，2006.

[2] 蔡昉，都阳. 中国地区经济增长的趋同与差异——对西部开发战略的启示 [J]. 经济研究. 2000，10（325）：30~37.

[3] 蔡昉，林毅夫. 中国经济 [M]. 北京：中国财政经济出版社，2003：25~55.

[4] 蔡虹，许晓雯. 我国技术知识存量的构成与国际比较研究 [J]. 研究与发展管理. 2005（4）：15~20.

[5] 陈安平，李国平. 中国地区经济增长的收敛性：时间序列的经验研究 [J]. 数量经济技术经济研究. 2004（11）：31~35.

[6] 陈诗一. 能源消耗、二氧化碳排放与中国工业的可持续发展 [J]. 经济研究. 2009（4）：41~55.

[7] 陈晓玲，李国平. 我国地区经济收敛的空间面板数据模型分析 [J]. 经济科学. 2006（5）：5~17.

[8] 陈玉桥. 省域环境技术效率空间视角分析 [J]. 南方经济. 2013（31）：64~76.

[9] 成刚. 数据包络分析方法与 MaxDEA 软件 [M]. 北京：知识产权出版社，2014：11~212.

[10] 戴彬，金刚，韩明芳. 中国沿海地区海洋科技全要素生产率时空格局演变及影响因素 [J]. 地理研究. 2015，34（2）：328~340.

[11] 丁黎黎，朱琳，何广顺. 中国海洋经济绿色全要素生产率测度及影响因素 [J]. 中国科技论坛. 2015（2）：72~78.

［12］ 高帆．我国区域农业全要素生产率的演变趋势与影响因素——基于省际面板数据的实证分析［J］．数量经济技术经济研究．2015（5）：3~19.

［13］ 郭庆旺，赵志耘，贾俊雪．中国省份经济的全要素生产率分析［J］．世界经济．2005（5）：46~53.

［14］ 胡彪，王锋，李健毅等．基于非期望产出 SBM 的城市生态文明建设效率评价实证研究——以天津市为例［J］．干旱区资源与环境．2015（4）：13~18.

［15］ 胡晓珍，杨龙．中国区域绿色全要素生产率增长差异及收敛分析［J］．财经研究．2011，37（4）：123~134.

［16］ 胡永泰．中国全要素生产率：来自农业部门劳动力再配置的首要作用［J］．经济研究．1998（3）：31~39.

［17］ 黄桂田，孙露晞．技术进步的非连续性与生产要素的阶段性转换——对英国 200 年经验的实证及对中国的启示［J］．经济学家．2013（12）：27~35.

［18］ 黄砚玲．地理加权空间经济计量模型的 GMM 估计及区域金融发展收敛性实证研究［D］．广州：华南理工大学，2012.

［19］ 黄祎，孙广生，黄金枝．全要素生产率分析新方法：Fare-Primont 指数［J］．东北大学学报：自然科学版．2015，36（3）：448~452.

［20］ 黄永春，石秋平．中国区域环境效率与环境全要素的研究——基于包含 R&D 投入的 SBM 模型的分析［J］．中国人口·资源与环境．2015，25（12）：25~34.

［21］ 贾俊雪，郭庆旺．中国区域经济趋同与差异分析［J］．中国人民大学学报．2007（5）：61~68.

［22］ 江涛涛，郑宝华．低碳经济下中国区域全要素生产率的收敛性研究［J］．经济问题．2011（12）：31~35.

［23］ 匡远凤，彭代彦．中国环境生产效率与环境全要素生产率分析［J］．经济研究．2012（7）：62~74.

［24］ 匡远凤．技术效率、技术进步、要素积累与中国农业经济增长——基于 SFA 的经验分析［J］．数量经济技术经济研究．2012（1）：3~18.

［25］李宾，曾志雄．中国全要素生产率变动的再估算：1978~2007年［J］．数量经济技术经济研究．2009（3）：3~15.

［26］李斌，彭星，欧阳铭珂．环境规制、绿色全要素生产率与中国工业发展方式转变——基于36个工业行业数据的实证研究［J］．中国工业经济．2013（4）：56~68.

［27］李谷成．技术效率、技术进步与中国农业生产率增长［J］．经济评论．2009（1）：60~68.

［28］李婧，谭清美，白俊红．中国区域创新生产的空间计量分析——基于静态与动态空间面板模型的实证研究［J］．管理世界．2010（7）：43~65.

［29］李静．中国区域环境效率的差异与影响因素研究［J］．南方经济．2009（12）：24~34.

［30］李强，冯波．中国省际碳全要素生产率增长及收敛性［J］．北京理工大学学报：社会科学版．2014（3）：14~21.

［31］李小平，朱钟棣．中国工业行业的全要素生产率测算——基于分行业面板数据的研究［J］．管理世界．2005（4）：56~64.

［32］李小胜，宋马林．“十二五”时期我国碳排放额度分配评估及效率研究［J］．经济科学．2015（5）：58~69.

［33］李小胜，宋马林．环境规制下的全要素生产率及其影响因素研究［J］．中央财经大学学报．2015（1）：92~98.

［34］李小胜，余芝雅，安庆贤．中国省际环境全要素生产率及其影响因素分析［J］．中国人口资源与环境．2014，24（10）：17~23.

［35］林光平，龙志和，吴梅．我国地区经济收敛的空间计量实证分析：1978~2002年［J］．经济学（季刊）．2005，4（S1）：67~82.

［36］林毅夫，刘培林．中国的经济发展战略与地区收入差距［J］．经济研究．2003（3）：19~25.

［37］刘秉镰，李清彬．中国城市全要素生产率的动态实证分析：1990~2006——基于DEA模型的Malmquist指数方法［J］．南开经济研究．2009（3）：139~152.

[38] 刘晗，王钊，姜松．基于随机前沿生产函数的农业全要素生产率增长研究 [J]. 经济问题探索．2015 (11)：35~42.

[39] 刘华军，鲍振，杨骞．中国二氧化碳排放的分布动态与演进趋势 [J]. 资源科学．2013，35 (10)：1925~1932.

[40] 刘华军，杨骞．资源环境约束下中国 TFP 增长的空间差异和影响因素 [J]. 管理科学．2014，27 (5)：133~144.

[41] 刘瑞翔．探寻中国经济增长源泉：要素投入、生产率与环境消耗 [J]. 世界经济．2013 (10)：123~141.

[42] 罗良清，胡晓琳．中国省域环境保护与经济发展双赢平衡研究——基于环境效率视角 [J]. 科技进步与对策．2016，33 (2)：40~47.

[43] 马大来，陈仲常，王玲．中国省际碳排放效率的空间计量 [J]. 中国人口·资源与环境．2015，25 (1)：67~77.

[44] 马越越．低碳约束下的中国物流产业全要素生产率研究 [D]. 大连：东北财经大学博士论文，2014.

[45] 梅国平，甘敬义，朱清贞．资源环境约束下我国全要素生产率研究 [J]. 当代财经．2014 (7)：13~20.

[46] 潘丹，孔凡斌．我国农业全要素生产率差异与收敛分析——基于环境污染视角 [J]. 江西社会科学．2013 (9)：43~47.

[47] 潘丹．考虑资源环境因素的中国农业生产率研究 [D]. 南京农业大学博士学位论文，2012.

[48] 潘兴侠．我国区域生态效率评价、影响因素及收敛性研究 [D]. 南昌：南昌大学，2014.

[49] 彭国华．我国地区经济的长期收敛性——一个新方法的应用 [J]. 管理世界．2006 (9)：53~58.

[50] 彭国华．中国地区收入差距、全要素生产率及其收敛分析 [J]. 经济研究．2005 (9)：19~29.

[51] 蒲英霞，马荣华，葛莹等．基于空间马尔可夫链的江苏区域趋同时空演变 [J]. 地理学报．2005，60 (5)：817~826.

[52] 钱争鸣，刘晓晨．环境管制、产业结构调整与地区经济发展[J]．经济学家．2014（7）：73~81.

[53] 屈小娥．考虑环境约束的中国省际全要素生产率再估算[J]．产业经济研究．2012（1）：35~43.

[54] 沈可挺，龚健健．环境污染、技术进步与中国高耗能产业——基于环境全要素生产率的实证分析[J]．中国工业经济．2011（12）：25~34.

[55] 沈裕谋，张亚斌．两化融合对中国工业绿色全要素生产率的影响研究[J]．湖南科技大学学报：社会科学版．2014（3）：70~77.

[56] 石风光．基于方向性距离函数的中国省区二氧化碳排放绩效研究[J]．科技管理研究．2014，34，(21) 238~242.

[57] 石风光．中国省区工业绿色全要素生产率影响因素分析[J]．工业技术经济．2015（6）：137~144.

[58] 宋马林．环境效率评价方法及其统计属性研究[D]．中国科学技术大学博士学位论文，2011.

[59] 宋学明．中国区域经济发展及其收敛性[J]．经济研究．1996（9）：38~44.

[60] 宋长青，刘聪粉，王晓军．中国绿色全要素生产率测算及分解：1985~2010[J]．西北农林科技大学学报：社会科学版．2014，14（3）：120~127.

[61] 孙爱军，房静涛，王群伟．2000~2012年中国出口贸易的碳排放效率时空演变[J]．资源科学．2015，37（6）：1230~1238.

[62] 孙传旺，刘希颖，林静．碳强度约束下中国全要素生产率测算与收敛性研究[J]．金融研究．2010（6）：17~33.

[63] 孙琳琳，任若恩．中国资本投入和全要素生产率的估算[J]．世界经济．2005，28（12）：3~13.

[64] 孙玉涛．基于分布动态学的跨国创新俱乐部收敛研究[J]．管理评论．2013，25（6）：59~66.

[65] 陶长琪，齐亚伟．中国全要素生产率的空间差异及其成因分析[J]．数量经济技术经济研究．2010（1）：19~32.

[66] 陶长琪，周璇．环境规制、要素集聚与全要素生产率的门槛效应研究［J］．当代财经．2015（1）：10~22.

[67] 田晶，何遒，周梦杰．运用Q统计分析网络空间现象关联模式［J］．武汉大学学报·信息科学版．2014（4）：486~491.

[68] 涂正革．环境、资源与工业增长的协调性［J］．经济研究．2008（2）：2~16.

[69] 汪小平．中国农业劳动生产率增长的特点与路径分析［J］．数量经济技术经济研究．2007（4）：14~25.

[70] 王兵，黄人杰．中国区域绿色发展效率与绿色全要素生产率：2000~2010——基于参数共同边界的实证研究［J］．产经评论．2014，5（1）：16~35.

[71] 王兵，吴延瑞，颜鹏飞．环境管制与全要素生产率增长：APEC的实证研究［J］．经济研究．2008（5）：19~32.

[72] 王波，张群，王飞．考虑环境因素的企业DEA有效性分析［J］．控制与决策．2002（1）：24~28.

[73] 王佳，盛鹏飞．环境治理降低中国工业全要素增长了吗？——基于修正方向性距离函数的研究［J］．产业经济研究．2015（5）：31~39.

[74] 王俊．环境管制、R&D投资与生产率［J］．浙江社会科学．2016（1）：117~126.

[75] 王立成，牛勇平．科技投入与经济增长：基于我国沿海三大经济区域的实证分析［J］．中国软科学．2010（8）：169~177.

[76] 王玲玲．环境约束下海洋经济全要素生产率研究［D］．青岛：中国海洋大学博士论文，2014.

[77] 王效俐，刘娜娜．高校科技创新全要素生产率增长的差异与收敛［J］．中国科技论坛．2015（11）：18~23.

[78] 魏巍贤，杨芳．技术进步对中国二氧化碳排放的影响［J］．统计研究．2010，27（7）：36~44.

[79] 吴军，笪凤媛，张建华．环境规制与中国区域生产率增长［J］．统计研究．2010，27（1）：83~89.

［80］吴青青．我国省际绿色全要素生产率的空间计量分析［D］．蚌埠：安徽财经大学博士论文，2015.

［81］吴延兵．自主研发、技术引进与生产率——基于中国地区工业的实证研究［J］．经济研究．2008（8）：51~64.

［82］肖攀，李连友，唐李伟等．中国城市环境全要素生产率及其影响因素分析［J］．管理学报．2013，10（11）：1681~1689.

［83］徐晶晶．沿海地区绿色全要素生产率测度、收敛及影响因素研究［D］．浙江理工大学博士学位论文，2015.

［84］徐现祥，舒元．物质资本、人力资本与中国地区双峰趋同［J］．世界经济．2005，28（1）：47~57.

［85］杨海文．空间计量模型的选择、估计及其应用——基于经典方法与 MCMC 方法的比较［D］．南昌：江西财经大学博士论文，2015.

［86］叶初升，李慧．增长质量是经济新常态的新向度［J］．新疆师范大学学报（哲学社会科学版）．2015（7）：8~13.

［87］叶裕民．全国及各省区市全要素生产率的计算和分析［J］．经济学家．2002（3）：115~121.

［88］尹朝静，李谷成，卢毓．中国农业全要素生产率增长分布的动态演进机制［J］．统计与信息论坛．2014，29（3）：53~58.

［89］尹希果，孙惠．居民消费、空间依赖性与经济增长条件收敛——基于空间面板数据模型的研究［J］．中国经济问题．2011（4）：47~59.

［90］袁丹，雷宏振，黄雯等．我国生产性服务业全要素生产率的异质性及收敛性分析［J］．软科学．2015，29（6）：24~27.

［91］袁鹏．基于物质平衡原则的工业碳排放效率评估［J］．管理学报．2015，12（4）：609~618.

［92］袁天天，石奇，刘玉飞．环境约束下的中国制造业全要素生产率及其影响因素研究——基于经济转型期的经验研究［J］．武汉理工大学学报：社会科学版．2013，25（6）：860~867.

［93］张建辉．测算具有方向技术效率 DEA 方法［J］．数学理论与应用．2005，25（1）：7~12.

［94］张建升．省域全要素生产率地区差异的动态演进［J］．经济经纬．2011（6）：37~41.

［95］张军，施少华，陈诗一．中国的工业改革与效率变化——方法、数据、文献和现有的结果［J］．经济学（季刊）．2003（4）：1~38.

［96］张军，吴桂英，张吉鹏．中国省际物质资本存量估算：1952~2000［J］．经济研究．2004（10）：35~44.

［97］张乐，曹静．中国农业全要素生产率增长：配置效率变化的引入——基于随机前沿生产函数法的实证分析［J］．中国农村经济．2013（3）：3~13.

［98］张少华，蒋伟杰．加工贸易提高了环境全要素生产率吗——基于 Luenberger 生产率指数的研究［J］．南方经济．2014（11）：1~24.

［99］张胜利，俞海山．中国工业碳排放效率及其影响因素的空间计量分析［J］．科技与经济．2015，28（4）：106~110.

［100］张水平．安徽省工业全要素生产率增长及收敛性研究［J］．统计与决策．2014（20）：118~121.

［101］张婷，李红．珠三角地区县域经济增长收敛的空间计量分析［J］．华东经济管理．2013，27（7）：62~66.

［102］张子龙，王开泳，陈兴鹏．中国生态效率演变与环境规制的关系——基于 SBM 模型和省际面板数据估计［J］．经济经纬．2015（3）：126~131.

［103］章韬．经济地理外部性与城市全要素生产率差异——来自中国地级城市的证据［J］．上海经济研究．2013（12）：10~15.

［104］赵国浩，李玮，张荣霞等．基于随机前沿模型的山西省碳排放效率评价［J］．资源科学．2012，34（10）：1965~1971.

［105］郑宝华，谢忠秋．基于低碳经济的中国区域全要素生产率研究［J］．经济学动态．2011（10）：38~41.

［106］周力，刘馨月．市场风险、契约关系与农户空间溢出效应——基于人感染禽流感（H7N9）风险视角［J］．财经研究．2016，42（2）：121~131.

［107］周长富，杜宇玮，彭安平．环境规制是否影响了我国 FDI 的区位选择——基于成本视角的实证研究［J］．世界经济研究．2016（1）：110~120.

［108］Abramovitz，M. Catching up，forging ahead，and falling behind［J］. The Journal of Economic History. 1986，46（2）：385~406.

［109］Abrate，G.，F. Erbetta & G. Fraquelli. The cost of corruption in the Italian solid waste industry［J］. Industrial and Corporate Change. 2015，24（2）：439~465.

［110］Ai，H.，Z. Deng & X. Yang. The effect estimation and channel testing of the technological progress on China's regional environmental performance［J］. Ecological Indicators. 2015（51）：67~78.

［111］Aigner，D.，C. Lovell & P. Schmidt. Formulation and estimation of stochastic frontier production function models［J］. Journal of Econometrics. 1977，6（1）：21~37.

［112］Al-Amin，A. Q.，R. Rasiah & S. Chenayah. Prioritizing climate change mitigation：An assessment using Malaysia to reduce carbon emissions in future［J］. Environmental Science & Policy. 2015（50）：24~33.

［113］Ali，D. A. & K. Deininger. Is There a Farm Size-Productivity Relationship in African Agriculture? Evidence from Rwanda［J］. Land Economics. 2015，91（2）：317~343.

［114］Annicchiarico，B. & D. F. Di. Environmental policy and macroeconomic dynamics in a new Keynesian model［J］. Journal of Environmental Economics and Management. 2015（69）：1~21.

［115］Anselin，L. & D. A. Griffith. Do spatial effecfs really matter in regression analysis?［J］. Papers in Regional Science. 1988，65（1）：11~34.

［116］Anselin，L.，A. Varga & Z. Acs. Geographical spillovers and university research：A spatial econometricperspective［J］. Growth and change. 2000，31（4）：501~515.

［117］Anselin，L. Spatial externalities，spatial multipliers，and spatial econometrics [J]. International regional science review. 2003, 26 (2): 153~166.

[118] Antonelli, C. & G. Scellato. Firms size and directed technological change [J]. Small Business Economics. 2015, 44 (1): 207~218.

[119] Apergis, N. & C. Christou. Energy productivity convergence: new evidence from club converging [J]. Applied Economics Letters. 2016, 23 (2): 142~145.

[120] Arabi, B., S. Munisamy & A. Emrouznejad. A new slacks-based measure of Malmquist-Luenberger index in the presence of undesirable outputs [J]. Omega. 2015 (51): 29~37.

[121] Arndt, C., F. Asante & J. Thurlow. Implications of climate change for Ghana's economy [J]. Sustainability. 2015, 7 (6): 7214~7231.

[122] Arndt, C. & J. Thurlow. Climate uncertainty and economic development: evaluating the case of Mozambique to 2050 [J]. Climatic Change. 2015, 130 (1): 63~75.

[123] Aroca, P., M. Bosch & W. F. Maloney. Spatial dimensions of trade liberalization and economic convergence: Mexico 1985-2002 [J]. The World Bank Economic Review. 2005, 19 (3): 345~378.

[124] Arrigo, K. R., G. L. Dijken & A. L. Strong. Environmental controls of marine productivity hot spots around Antarctica [J]. Journal of Geophysical Research: Oceans. 2015, 120 (8): 5545~5565.

[125] Avkiran, N. K. & T. Rowlands. How to better identify the true managerial performance: state of the art using DEA [J]. Omega. 2008, 36 (2): 317~324.

[126] Avkiran, N. K., K. Tone & M. Tsutsui. Bridging radial and non-radial measures of efficiency in DEA [J]. Annals of Operations Research. 2008, 164 (1): 127~138.

[127] Baldos, U. L. & T. W. Hertel. The role of international trade in managing food security risks from climate change [J]. Food Security. 2015, 7

(2): 275~290.

[128] Barro, R. J., X. Sala & O. J. Blanchard. Convergence across states and regions [J]. Brookings papers on economic activity. 1991: 107~182.

[129] Barros, C. P. & P. Wanke. An analysis of African airlines efficiency with two-stage TOPSIS and neural networks [J]. Journal of Air Transport Management. 2015 (44): 90~102.

[130] Baumol, W. J. Productivity growth, convergence, and welfare: what the long-run data show [J]. The American Economic Review. 1986 (5): 1072~1085.

[131] Berg, S. A., F. R. Førsund & E. S. Jansen. Malmquist indices of productivity growth during the deregulation of Norwegian banking, 1980~1989 [J]. The Scandinavian Journal of Economics. 1992 (94) (supplement): 211~228.

[132] Berkhout, E., D. Glover & A. Kuyvenhoven. On-farm impact of the System of Rice Intensification (SRI): Evidence and knowledge gaps [J]. Agricultural Systems. 2015 (132): 157~166.

[133] Bernard, A. B. & S. N. Durlauf. Interpreting tests of the convergence hypothesis [J]. Journal of econometrics. 1996, 71 (1): 161~173.

[134] Biener, C., M. Eling & J. H. Wirfs. The determinants of efficiency and productivity in the Swiss insurance industry [J]. European Journal of Operational Research. 2016, 248 (2): 703~714.

[135] Blonigen, B. A., R. B. Davies & G. R. Waddell. FDI in Space: Spatial Autoregressive Lags in Foreign Direct Investment [J]. NBER Working Paper. 2004 (10939).

[136] Böhringer, C., T. F. Rutherford & D. G. Tarr. Market Structure and the Environmental Implications of Trade Liberalization: Russia's Accession to the World Trade Organization [J]. Review of International Economics. 2015, 23 (5): 897~923.

[137] Bouzaher, A., S. Sahin & E. Yeldan. How to go green: a general

equilibrium investigation of environmental policies for sustained growth with an application to Turkey's economy [J]. Letters in Spatial and Resource Sciences. 2015, 8 (1): 49~76.

[138] Braguinsky, S. & D. A. Hounshell. History and nanoeconomics in strategy and industry evolution research: Lessons from the Meiji - Era Japanese cotton spinning industry [J]. Strategic Management Journal. 2016, 37 (1): 45~65.

[139] Calcagnini, G., G. Giombini & G. Travaglini. Modelling energy intensity, pollution per capita and productivity in Italy: A structural VAR approach [J]. Renewable and Sustainable Energy Reviews. 2016 (59): 1482~1492.

[140] Cavalcanti, D. V., V. Tiago & K. Mohaddes. Commodity price volatility and the sources of growth [J]. Journal of Applied Econometrics. 2015, 30 (6): 857~873.

[141] Chang, H. Y. & Y. P. Lee. The relationship between business diversification and productivity: considering the impact of process innovation at different corporate life cycles [J]. Technology Analysis & Strategic Management. 2016: 1~14.

[142] Chang, Y. T., H. S. Park & J. B. Jeong. Evaluating economic and environmental efficiency of global airlines: a SBM-DEA approach [J]. Transportation Res. D: Transp. Environ. 2014 (27): 46~50.

[143] Charnes, A., W. W. Cooper & E. Rhodes. Evaluating program and managerial efficiency: an application of data envelopment analysis to program follow through [J]. Management science. 1981, 27 (6): 668~697.

[144] Chen, B., Y. Li & Y. Yin. FDI, Industry Heterogeneity and Employment Elasticity in China [J]. Review of Development Economics. 2016, 20 (1): 189~200.

[145] Chen, C. M., M. A. Delmas & M. B. Lieberman. Production frontier methodologies and efficiency as a performance measure in strategic management research [J]. Strategic Management Journal. 2015, 36 (1): 19~36.

[146] Chen, P. C., M. M. Yu & C. C. Chang. Total Factor Productivity Growth in China's Agricultural Sector [J]. China Economic Review. 2008, 19 (4): 580~593.

[147] Chen, S. The evaluation indicator of ecological development transition in China's regional economy [J]. Ecological Indicators. 2015 (51): 42~52.

[148] Chen, Z., C. P. Barros & M. R. Borges. A Bayesian stochastic frontier analysis of Chinese fossil-fuel electricity generation companies [J]. Energy Economics. 2015 (48): 136~144.

[149] Chu, S. N. & L. Song. Promoting private entrepreneurship for deepening market reform in China: a resource allocation perspective [J]. China & World Economy. 2015, 23 (1): 47~77.

[150] Chung, Y. H., R. Färe & S. Grosskopf. Productivity and undesirable outputs: a directional distance function approach [J]. Journal of Environmental Management. 1997, 51 (3): 229~240.

[151] Cooper, W. W., L. M. Seiford & J. Zhu. Data envelopment analysis: history, models, and interpretations [M]. Springer US, 2011.

[152] Cui, Q. & Y. Li. Evaluating energy efficiency for airlines: An application of VFB-DEA [J]. Journal of Air Transport Management. 2015 (44): 34~41.

[153] De, J. B. Productivity growth, convergence, and welfare: comment [J]. The American Economic Review. 1988, 78 (5): 1138~1154.

[154] Démurger, S., J. D. Sachs & W. T. Woo. Geography, economic policy, and regional development in china [J]. Asian Economic Papers. 2002, 1 (1): 146~197.

[155] Deshpande, A. & T. E. Weisskopf. Affirmative Action and Productivity in the Indian Railways [J]. The Review of Black Political Economy. 2015: 1~7.

[156] Dietz, S. & N. Stern. Endogenous Growth, Convexity of Damage

and Climate Risk: How Nordhaus' Framework Supports Deep Cuts in Carbon Emissions [J]. The Economic Journal. 2015, 125 (583): 574~620.

[157] Du, J. & Y. Temouri. High-growth firms and productivity: evidence from the United Kingdom [J]. Small business economics. 2015, 44 (1): 123~143.

[158] Egger, P. & S. Nigai. Energy demand and trade in general equilibrium [J]. Environmental and Resource Economics. 2015, 60 (2): 191~213.

[159] Elias, M. & S. Rey. Educational performance and spatial convergence in Peru [J]. Région et Développement. 2011 (33): 107~135.

[160] Fan, S. G. Production and Productivity Growth in Chinese Agriculture: New Measurement and Evidence [J]. Food Policy. 1997, 22 (3): 213~228.

[161] Färe, R., S. Grosskopf & F. Hernandez. Environmental performance: an index number approach [J]. Resource and Energy economics. 2004, 26 (4): 343~352.

[162] Färe, R., S. Grosskopf & B. Lindgren. Productivity changes in Swedish pharamacies 1980~1989: A non-parametric Malmquist approach [M]. Springer Netherlands, 1992.

[163] Farrell, M. J. The measurement of productive efficiency [J]. Journal of the Royal Statistical Society. 1957, 120 (3): 253~290.

[164] Ferguson, R. B. Groundwater quality and nitrogen use efficiency in Nebraska's Central Platte River Valley [J]. Journal of environmental quality. 2015, 44 (2): 449~459.

[165] Filippetti, A. & A. Peyrache. Labour Productivity and Technology Gap in European Regions: A Conditional Frontier Approach [J]. Regional Studies. 2015, 49 (4): 532~554.

[166] Fisher, V. K., E. T. Mansur & Q. J. Wang. Electricity shortages and firm productivity: Evidence from China's industrial firms [J]. Journal of Development Economics. 2015 (114): 172~188.

[167] Fleisher, B., H. Li & M. Q. Zhao. Human capital, economic growth, and regional inequality in China [J]. Journal of development economics. 2010, 92 (2): 215~231.

[168] Fuentes, R. & B. A. Lillo. Smoothed bootstrap Malmquist index based on DEA model to compute productivity of tax offices [J]. Expert Systems with Applications. 2015, 42 (5): 2442~2450.

[169] Fukuyama, H. & L. W. Willian. A Directional Slacks-based Measure of Technical Inefficiency [J]. Socio-Economic Planning Sciences. 2009, 43 (4): 274~287.

[170] Fung, M. K., C. K. Chow & H. Y. Van. Measuring the efficiency of airports in China with the DEA and endogenous-weight TFP methods [J]. International Journal of Transport Economics. 2008 (1): 45~73.

[171] Galor, O. Convergence? Inferences from theoretical models [J]. The Economic Journal. 1996, 106 (437): 1056~1069.

[172] Gonseth, C., O. Cadot & N. A. Mathys. Energy-tax changes and competitiveness: The role of adaptive capacity [J]. Energy Economics. 2015 (48): 127~135.

[173] Gregory, M. N., D. Romer & D. N. Weil. A contribution to the empirics of economic growth [J]. Quarterly Journal of Economics. 1992, 107 (2): 407~437.

[174] Griffith, D. A. A spatial filtering specification for the auto-Poisson model [J]. Statistics & probability letters. 2002, 58 (3): 245~251.

[175] Guan, W. & S. Xu. Spatial energy efficiency patterns and the coupling relationship with industrial structure: A study on Liaoning Province, China [J]. Journal of Geographical Sciences. 2015, 25 (3): 355~368.

[176] Hadi, V. A., J. Jablonsky & A. Esmaeilzadeh The slack-based measure model based on supporting hyperplanes of production possibility set [J]. Expert Systems with Applications. 2015, 42 (19): 6522~6529.

[177] Hailu, A. & T. Veeman. Non-parametric productivity analysis

with undesirable outputs: an application to Canadian pulp and paper industry [J]. American Journal of Agricultural Economics. 2001 (83): 605~616.

[178] Hailu, A. Pollution abatement and productivity performance of regional Canadian pulp and paper industries [J]. Journal of Forest Economics. 2003, 9 (1): 5~25.

[179] Hall, R. E. & C. I. Jones. Why do some countries produce so much more output per worker than others? [R]. National bureau of economic research. 1999.

[180] Harris, R. & J. Moffat. Plant-level determinants of total factor productivity in Great Britain, 1997~2008 [J]. Journal of Productivity Analysis. 2015, 44 (1): 1~20.

[181] Hayami, Y. & K. Inagi. International Comparisons of Agricultural Productivity [J]. Farm Econ. 1969 (11): 407~419.

[182] Haynes, K. E., S. Ratick & S. J. Cummings. Pollution prevention frontiers: a data envelopment simulation [J]. Environmental program evaluation: a primer. 1998 (1): 270~290.

[183] Islam, N. Growth empirics: a panel data approach [J]. The Quarterly Journal of Economics. 1995: 1127~1170.

[184] Jahanshahloo, G. R., A. H. Vencheh & A. A. Foroughi. Inputs/outputs estimation in DEA when some factors are undesirable [J]. Applied Mathematics and Computation. 2004, 156 (1): 19~32.

[185] Jason, D., A. Marc & C. Daniel. 2014 Environmental performance index full report and analysis [M]. New Haven: Yale University press, 2014.

[186] Jorgenson, D. W. & K. J. Stiroh. US economic growth at the industry level [J]. American Economic Review. 2000: 161~167.

[187] Ke, S. Domestic market integration and regional economic growth——China's recent experience from 1995~2011 [J]. World Development. 2015 (66): 588~597.

[188] Kounetas, K. Heterogeneous technologies, strategic groups and en-

vironmental efficiency technology gaps for European countries [J]. Energy Policy. 2015 (83): 277~287.

[189] Krugman, P. & A. J. Venables. The seamless world: a spatial model of international specialization [R]. National Bureau of Economic Research. 1995.

[190] Kutan, A. M. & T. M. Yigit. Real and nominal stochastic convergence: Are the new EU members ready to join the Euro zone? [J]. Journal of Comparative Economics. 2005, 33 (2): 387~400.

[191] Lata, R., T. Scherngell & T. Brenner. Integration Processes in European Research and Development: A Comparative Spatial Interaction Approach Using Project Based Research and Development Networks, Co-Patent Networks and Co-Publication Networks [J]. Geographical Analysis. 2015, 47 (4): 349~375.

[192] Lee, J. D., J. B. Park & T. Y. Kim. Estimation of the shadow prices of pollutants with production environment inefficiency taken into account: a nonparametric directional distance function approach [J]. Journal of environmental management. 2002, 64 (4): 365~375.

[193] Lemoine, F., S. Poncet & D. Ünal. Spatial rebalancing and industrial convergence in China [J]. China Economic Review. 2015 (34): 39~63.

[194] Li, K. & B. Lin. Impact of energy conservation policies on the green productivity in China's manufacturing sector: Evidence from a three-stage DEA model [J]. Applied Energy. 2016 (168): 351~363.

[195] Li, K. & B. Lin. Metafroniter energy efficiency with CO_2 emissions and its convergence analysis for China [J]. Energy Economics. 2015 (48): 230~241.

[196] Liang, T., X. Chen & C. Lu. Analysis on the efficiency of S&T activities of large and medium-sized industrial firms in Guangdong province: a stochastic frontier approach [J]. Studies in Science of Science. 2009 (3): 10~23.

[197] List, J. A. & C. Y. Co. The effects of environmental regulations

on foreign direct investment [J]. Journal of Environmental Economics and Management. 2000, 40 (1): 1~20.

[198] Loko, B. & M. A. Diouf. Revisiting the Determinants of Productivity Growth: What's New? [J]. IMF Working Papers. 2009: 1~29.

[199] Long, X., X. Zhao & F. Cheng. The comparison analysis of total factor productivity and eco-efficiency in China's cement manufactures [J]. Energy Policy. 2015 (81): 61~66.

[200] López, E., E. Vayá & A. J. Mora. Regional economic dynamics and convergence in the European Union [J]. The Annals of Regional Science. 1999, 33 (3): 343~370.

[201] Lucas, R. E. On the Mechanics of Economic Development [J]. Journal of Monetary Economics. 1988, 22 (1): 3~42.

[202] Luo, D., Y. Liu & Y. Wu. Does development zone have spillover effect in China? [J]. Journal of the Asia Pacific Economy. 2015, 20 (3): 489~516.

[203] Maddison, A. Growth and slowdown in advanced capitalist economies: techniques of quantitative assessment [J]. Journal of economic literature. 1987, 25 (2): 649~698.

[204] Malmquist, S. Index numbers and indifference surfaces [J]. Trabajos de Estadistica y de Investigacion Operativa. 1953, 4 (2): 209~242.

[205] Mao, W. & W. Koo. Productivity Growth, Technological Progress, and Efficiency Change in Chinese Agriculture after Rural Econominc Reforms: A DEA approach [J]. China Economic Review. 1998 (8): 157~174.

[206] Mcerlean, S. & Z. Wu. Regional Agricultural Labor Productivity Convergence in China [J]. Food Policy. 2003, 28 (6): 237~252.

[207] Meeusen, W. & B. J. Vanden. Efficiency estimation from Cobb-Douglas production functions with composed error [J]. International Economic review. 1977, 18 (2): 435~444.

[208] Mei, G., J. Gan & N. Zhang. Metafrontier environmental effi-

ciency for China's regions: A slack-based efficiency measure [J]. Sustainability. 2015, 7 (4): 4004~4021.

[209] Murty, S., R. R. Russell & S. B. Levkoff. On modeling pollution-generating technologies [J]. Journal of Environmental Economics and Management. 2012, 64 (1): 117~135.

[210] Nguyen, P. A., T. H. Phan & M. Simioni. Productivity Convergence in Vietnamese Manufacturing Industry: Evidence Using a Spatial Durbin Model [M]. Springer International Publishing, 2016: 603~619.

[211] Nishimizu, M. & J. M. Page. Total factor productivity growth, technological progress and technical efficiency change: dimension of productivity change in Yugoslavia, 1965~1978 [J]. The Economic Journal. 1982, 92 (368): 920~936.

[212] Oh, D. Productivity growth, technical change and economies of scale of Korean fossil-fuel generation companies, 2001~2012: A dual approach [J]. Energy Economics. 2015 (49): 113~121.

[213] Otsuka, A. & M. Goto. Total factor productivity and the convergence of disparities in Japanese regions [J]. The Annals of Regional Science. 2016 (2): 1~14.

[214] Ouyang, X. & C. Sun. Energy savings potential in China's industrial sector: From the perspectives of factor price distortion and allocative inefficiency [J]. Energy Economics. 2015 (48): 117~126.

[215] Pan, X., Q. Liu & X. Peng. Spatial club convergence of regional energy efficiency in China [J]. Ecological Indicators. 2015 (51): 25~30.

[216] Picazo, A. J., M. E. Reig & S. F. Hernandez. Directional distance functions and environmental regulation [J]. Resource and Energy Economics. 2005, 27 (2): 131~142.

[217] Popp, D. Induced Innovation and Energy Prices [J]. The American Economic Review. 2001 (4): 160~180.

[218] Prescott, E. C. & R. Lawrence. Klein lecture 1997: Needed: A

theory of total factor productivity [J]. International economic review. 1998 (3): 525~551.

[219] Quah, D. T. Empirics for growth and distribution: stratification, polarization, and convergence clubs [J]. Journal of economic growth. 1997, 2 (1): 27~59.

[220] Reinhard, S., C. K. Lovell & G. J. Thijssen. Environmental efficiency with multiple environmentally detrimental variables: estimated with SAF and DEA [J]. European Joumal of Operational Researeh. 2000, 121 (2): 287~303.

[221] Rey, S. J. Spatial empirics for economic growth and convergence [J]. Geographical Analysis. 2001, 33 (3): 195~214.

[222] Scherngell, T., M. Borowiecki & Y. Hu. Effects of knowledge capital on total factor productivity in China: A spatial econometric perspective [J]. China Economic Review. 2014 (29): 82~94.

[223] Seiford, L. M. & J. Zhu. Modeling undesirable factors in efficiency evaluation [J]. European Journal of Operational Research. 2002, 142 (1): 16~20.

[224] Song, M. & Y. Zhou. Quantitative Analysis of Foreign Trade and Environmental Efficiency in China [J]. Emerging Markets Finance and Trade. 2015 (9): 1~14.

[225] Tavana, M., H. Mirzagoltabar & S. M. Mirhedayatian. A new network epsilon-based DEA model for supply chain performance evaluation [J]. Computers & Industrial Engineering. 2013, 66 (2): 501~513.

[226] Tobler, W. R. A computer movie simulating urban growth in the Detroit region [J]. Economic Geography. 1970 (46): 234~240.

[227] Tone, K. & M. Tsutsui. An epsilon-based measure of efficiency in DEA-A third pole of technical efficiency [J]. European Journal of Operational Research. 2010, 207 (3): 1554~1563.

[228] Tone, K. A hybrid measure of efficiency in DEA [J]. GRIPS Re-

search Report Series. 2004 (18): 1~21.

[229] Tyfield, D., A. Ely & S. Geall. Low carbon innovation in China: from overlooked opportunities and challenges to transitions in power relations and practices [J]. Sustainable Development. 2015, 23 (4): 206~216.

[230] Wamboye, E. & K. Tochkov. External Debt, Labour Productivity Growth and Convergence: Evidence from Sub-Saharan Africa [J]. The World Economy. 2015, 38 (5): 856~877.

[231] Wan, J., K. Baylis & P. Mulder. Trade-facilitated technology spillovers in energy productivity convergence processes across EU countries [J]. Energy Economics. 2015 (48): 253~264.

[232] Wang, K. & Y. M. Wei. Sources of energy productivity change in China during 1997~2012: A decomposition analysis based on the Luenberger productivity indicator [J]. Energy Economics. 2016 (54): 50~59.

[233] Wang, Q., Z. Zhao & N. Shen et al. Have Chinese cities achieved the win-win between environmental protection and economic development? From the perspective of environmental efficiency [J]. Ecological Indicators. 2015 (51): 151~158.

[234] Wang, Z. & L. Yang. Delinking indicators on regional industry development and carbon emissions: Beijing-Tianjin-Hebei economic band case [J]. Ecological Indicators. 2015 (48): 41~48.

[235] Yang, L., H. Ouyang & K. Fang et al. Evaluation of regional environmental efficiencies in China based on super-efficiency-DEA [J]. Ecological Indicators. 2015 (51): 13~19.

[236] Yu, M. M. Measuring physical efficiency of domestic airports in Taiwan with undesirable outputs and environmental factors [J]. Journal of Air Transport Management. 2004, 10 (5): 295~303.

[237] Yu, S., J. Zhang & S. Zheng et al. Provincial carbon intensity abatement potential estimation in China: a PSO-GA-optimized multi-factor environmental learning curve method [J]. Energy Policy. 2015 (77): 46~55.

［238］Zaim, O. & F. Taskin. A Kuznets curve in environmental efficiency: an application on OECD countries ［J］. Environmental and resource economics. 2000, 17 (1): 21~36.

［239］Zhang, N. & Y. Choi. Total-factor carbon emission performance of fossil fuel power plants in China: A metafrontier non-radial Malmquist index analysis ［J］. Energy Economics. 2013 (40): 549~559.

［240］Zhang, N., F. Kong & Y. Yu. Measuring ecological total-factor energy efficiency incorporating regional heterogeneities in China ［J］. Ecological Indicators. 2015 (51): 165~172.

［241］Zhang, N., P. Zhou & Y. Choi. Energy efficiency, CO_2 emission performance and technology gaps in fossil fuel electricity generation in Korea: A meta-frontier non-radial directional distance function analysis ［J］. Energy Policy. 2013 (56): 653~662.

［242］Zhang, Z. & J. Ye. Decomposition of environmental total factor productivity growth using hyperbolic distance functions: A panel data analysis for China ［J］. Energy Economics. 2015 (47): 87~97.

［243］Zhao, X., H. Yin & Y. Zhao. Impact of environmental regulations on the efficiency and CO_2 emissions of power plants in China ［J］. Applied Energy. 2015 (149): 238~247.

［244］Zhou, P., B. W. Ang & J. Y. Han. Total Factor Carbon Emission Performance: A Malmquist Index Analysis ［J］. Energy Economics. 2010 (32): 194~201.

［245］Zofio, J. L. Malmquist productivity index decompositions: a unifying framework ［J］. Applied economics. 2007, 39 (18): 2371~2387.